HACKERS
Updated TOEFL WRITING BASIC

학습을 위한 **추가 혜택**

토플 보카 외우기
이용방법 고우해커스(goHackers.com) 접속 ▶
상단 메뉴 [TOEFL → 토플보카외우기] 클릭하여 이용하기

토플 스피킹/라이팅 첨삭 게시판
이용방법 고우해커스(goHackers.com) 접속 ▶
상단 메뉴 [TOEFL → 스피킹게시판/라이팅게시판] 클릭하여 이용하기

토플 공부전략 강의
이용방법 고우해커스(goHackers.com) 접속 ▶
상단 메뉴 [TOEFL → 토플공부전략] 클릭하여 이용하기

토플 자료 및 유학 정보
이용방법 고우해커스(goHackers.com)에 접속하여 다양한 토플 자료 및 유학 정보 이용하기

고우해커스 바로 가기 ▶

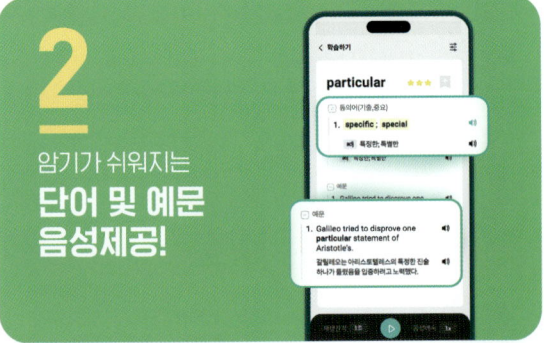
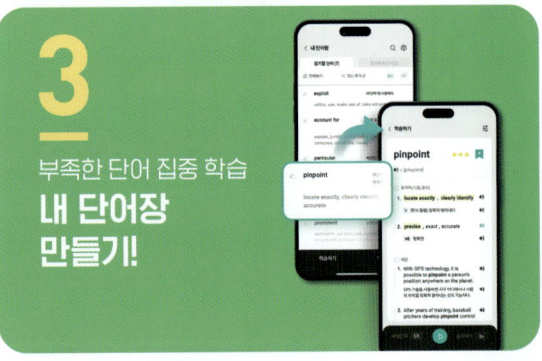

2026년 1월 21일 시행

Updated TOEFL

심층 분석, 이렇게 바뀐다

시대의 변화에 따라 영어 사용 환경이 달라진 것을 반영하여, 2026년 1월 21일 TOEFL 시험이 대대적으로 바뀐다.

『Hackers Updated TOEFL』은 수험자들이 **Updated TOEFL** 시험에도 철저히 대비할 수 있도록, 시험 변경사항과 새로운 문제 유형을 철저히 분석하여 가장 효과적인 핵심 전략과 출제 경향을 완벽 반영한 실전문제를 수록하고 있다.

Updated TOEFL, 얼마나 알고 계신가요?

	YES	NO
Q1. 시험 소요시간이 줄어들었다.	☐	☐
Q2. 리딩/리스닝 영역에서는 전반부 채점 결과에 따라 후반부 구성과 난이도가 달라진다.	☐	☐
Q3. 스피킹 영역이 시험의 마지막 순서다.	☐	☐

*정답은 모두 YES! 자세한 시험 변경사항은 이어지는 페이지에서 확인할 수 있습니다.

Updated TOEFL, 이렇게 바뀐다!

영역	문제 유형	문항 수			예상 시간	점수
		Module 1	Module 2 Lower	Module 2 Upper		
Reading 총 35문항 *더미 문제가 출제될 경우, 최대 48문항	TASK 1 Complete the Words 단어의 철자 완성하기	10문항	10문항	10문항	18~27분	1~6점
	TASK 2 Read in Daily Life 일상 지문 읽고 문제 풀기	5문항	5문항	0문항		
	TASK 3 Read an Academic Passage 학술 지문 읽고 문제 풀기	5문항	0문항	5문항		
Listening 총 35문항 *더미 문제가 출제될 경우, 최대 45문항	TASK 1 Listen and Choose a Response 문장 듣고 이어질 응답 고르기	8문항	7문항	3문항	18~27분	1~6점
	TASK 2 Listen to a Conversation 대화 듣고 문제 풀기	4문항	4문항	4문항		
	TASK 3 Listen to an Announcement 공지 듣고 문제 풀기	4문항	4문항	0문항		
	TASK 4 Listen to an Academic Talk 강의 듣고 문제 풀기	4문항	0문항	8문항		
Writing 총 12문항	TASK 1 Build a Sentence 단어 배열하여 문장 완성하기	10문항			23분	1~6점
	TASK 2 Write an Email 이메일 쓰기	1문항				
	TASK 3 Write for an Academic Discussion 학술 토론 의견 쓰기	1문항				
Speaking 총 11문항	TASK 1 Listen and Repeat 문장 듣고 따라 말하기	7문항			8분	1~6점
	TASK 2 Take an Interview 인터뷰 질문에 답변하기	4문항				
	Total				1시간 30분 내외	1~6점

시험 응시 72시간 이내 성적 발표

일상 지문이 추가되고, 단계별 적응형 구조가 도입된다.
- 단어 완성하기 유형과 일상 지문 읽기 유형이 추가되고, 학술 지문의 길이 감소
- Module 1의 결과에 따라 Module 2의 난이도와 구성이 달라지는 단계별 적응형 구조(multistage adaptive testing) 도입
- Module 1에 채점되지 않는 더미 문제 출제 가능 (Reading/Listening 영역 중 한 영역에서 출제)

일상 대화와 교내 공지가 추가되고, 단계별 적응형 구조가 도입된다.
- 짧은 일상 대화와 교내 공지 유형이 추가되고, 강의 지문의 길이 감소
- Module 1의 결과에 따라 Module 2의 난이도와 구성이 달라지는 단계별 적응형 구조(multistage adaptive testing) 도입
- Module 1에 채점되지 않는 더미 문제 출제 가능 (Reading/Listening 영역 중 한 영역에서 출제)

문장 완성 유형과 이메일 쓰기 유형이 추가된다.
- 문장 완성 유형과 이메일 쓰기 유형 추가
- 기존의 토론 글쓰기 유형은 그대로 유지
- 시험의 마지막 영역에서 세 번째 영역으로 순서 변경

문제 유형이 모두 바뀌고, 준비 시간이 없어진다.
- 따라 말하기 유형과 인터뷰 유형 추가
- 모든 유형에서 별도의 답변 준비 시간 없이 바로 답변 시작
- 시험의 세 번째 영역에서 마지막 영역으로 순서 변경

시험 소요 시간과 성적 발표 기간이 줄고, 점수 체계가 바뀐다.
- 시험 전체 소요 시간과 성적 발표 기간 감소
- 성적 체계가 0~120점 체계에서 1~6점 체계로 변경되고, 전체 점수 계산 방식이 영역별 합계에서 평균으로 변경

Updated TOEFL, 이렇게 대비하라!

READING

TASK 1	**Complete the Words** 단어의 철자 완성하기 (1지문 10문항) • 학술 지문에서 앞부분 절반의 철자만 제시되는 단어 10개의 뒷부분을 채워 완성하는 유형이다. • 다양한 학술 분야 주제의 지문이 70~100단어 분량으로 출제된다.
TASK 2	**Read in Daily Life** 일상 지문 읽고 문제 풀기 (1지문 2~3문항) • 이메일, 문자메시지, 광고, 공지, 기사, SNS 포스팅, 양식 등 다양한 형태의 지문이 출제된다. • 지문 길이는 15~100단어 분량으로 짧은 편이며, 일상적인 주제와 소재를 다룬다.
TASK 3	**Read an Academic Passage** 학술 지문 읽고 문제 풀기 (1지문 5문항) • 기존의 리딩 유형과 가장 유사하지만, 지문의 길이가 175~200단어로 감소했다. • 전공 심화 수준의 까다로운 내용은 출제되지 않으며, 문화적 편향 없는 보편적인 주제와 소재가 출제된다.

영역 심층 분석

1. 학술 지문의 비중이 줄고, 기본적인 어휘력과 일상생활에서 접하는 다양한 글을 읽고 이해하는 능력이 중요해진다.
2. 단계별 적응형 구조(multistage adaptive testing)가 도입된다.
   • 두 단계(Module)로 구성되며, Module 1의 결과에 따라 Module 2의 난이도와 구성이 조정된다.
   • Module 2에서 낮은 난이도의 구성이 나오면 리딩 영역 만점(6점)을 받는 것은 불가능하다.
3. 문항 당 풀이 시간은 줄어든다.
   • 전체 문항 수는 20문항에서 35~48문항으로 증가하고, 소요 시간은 약 35분에서 18~27분으로 감소했다.

핵심 대비 전략

TASK 1 풀이 시간을 단축하기 위해 어휘력을 키우고, 단어의 앞부분 철자만 보고 뒤에 이어질 철자를 채우는 연습을 한다.
• 평소에 영어로 된 글을 자주 읽으면서 다양한 단어에 익숙해진다. 특히, 단어의 정확한 철자까지 알아 둔다.
• 앞부분의 철자만 주어지고 뒷부분은 빈칸으로 주어지는 TASK 1 문제 형태에 익숙해지도록 많은 문제를 풀어 본다.

TASK 2 정답의 근거를 빠르게 찾을 수 있도록, 다양한 일상 지문의 형태와 흐름을 익힌다.
• 이메일, 메시지 대화문, 공지, 각종 양식 등, 다양한 일상 지문의 형태와 일반적인 흐름을 익힌다.

TASK 3 다양한 배경지식을 쌓고, 빠르고 정확한 독해를 통해 정답의 근거를 찾는 연습을 한다.
• 지문의 길이가 줄어도, TASK 3의 학술 지문은 여전히 난이도가 높기 때문에 빠르고 정확한 독해가 관건이다.
• 다양한 배경지식을 쌓으면 친숙하지 않은 주제의 지문을 보더라도 쉽고 빠르게 지문의 내용을 이해할 수 있다.

LISTENING

TASK 1	**Listen and Choose a Response** 문장 듣고 이어질 응답 고르기 · 7~8단어로 이루어진 한 문장을 듣고 이어질 응답을 고르는 유형이다. · 일상적인 대화 상황이 출제되며, 종종 구어체도 나온다. · 문항 당 풀이 시간은 최대 20초이다.
TASK 2	**Listen to a Conversation** 대화 듣고 문제 풀기 (1지문 2문항) · 식사, 쇼핑, 약속 등 일상적인 주제에 관한 두 사람 사이의 대화가 출제된다. · 대화 길이는 약 23초, 문항 당 풀이 시간은 최대 20초이다.
TASK 3	**Listen to an Announcement** 공지 듣고 문제 풀기 (1지문 2문항) · 대학 캠퍼스 내에서 행사, 강의, 시설 등에 대해 안내하는 공지가 출제된다. · 공지 길이는 약 21초, 문항 당 풀이 시간은 최대 20초이다.
TASK 4	**Listen to an Academic Talk** 강의 듣고 문제 풀기 (1지문 4문항) · 기존의 리스닝 강의 유형과 유사하지만, 지문의 길이가 약 1분 20초로 감소했다. · 전공 심화 수준의 까다로운 내용은 출제되지 않으며, 문화적 편향 없는 보편적인 주제와 소재가 출제된다. · 문항 당 풀이 시간은 최대 30초이다.

영역 심층 분석

1. 학술적인 내용뿐 아니라, 일상적인 주제에 대한 짧은 대화나 공지를 듣고 화자의 의도를 이해하는 능력도 평가한다.
2. 북미, 영국, 호주, 뉴질랜드 발음이 골고루 출제된다.
3. 단계별 적응형 구조(multistage adaptive testing)가 도입된다.
   · 두 단계(Module)로 구성되며, Module 1의 결과에 따라 Module 2의 난이도와 구성이 조정된다.
   · Module 2에서 낮은 난이도의 구성이 나오면 리스닝 영역 만점(6점)을 받는 것은 불가능하다.

핵심 대비 전략

TASK 1 질문을 확실하게 듣는 연습을 하고, 자주 출제되는 오답 패턴에 대비한다.
· 짧고 빠르게 지나가는 질문 문장을 놓치지 않고 들을 수 있도록 집중력을 강화한다.
· 자주 출제되는 오답 패턴을 확실히 익히고, 자주 틀리는 문제에 대해 자신이 오답을 선택한 이유를 꼼꼼하게 분석한다.

TASK 2&3 정확한 근거를 갖고 정답을 고를 수 있도록, 지문의 흐름과 내용을 정확히 파악하여 듣는 연습을 한다.
· 대화와 공지의 앞부분을 놓치지 않고 듣는 연습을 통해 주제를 확실히 파악할 수 있도록 한다.
· 일상 대화에서 자주 출제되는 구어체 표현에 익숙해진다.
· 공지의 빈출 주제와 일반적인 흐름, 자주 나오는 표현을 익힌다.

TASK 4 다양한 배경지식을 쌓고, 강의의 핵심 내용을 정리하며 듣는 연습을 한다.
· 지문의 길이가 줄어도, TASK 4의 강의는 여전히 난이도가 높기 때문에 핵심 내용을 놓치지 않고 정확히 듣는 것이 중요하다.
· 다양한 배경지식을 쌓으면 친숙하지 않은 주제의 강의를 듣더라도 내용을 정확히 파악할 수 있다.
· 평소에 문제를 풀 때 집중해서 들으며 주요 내용을 노트테이킹하는 연습을 한다.

Updated TOEFL, 이렇게 대비하라!

■ WRITING

TASK 1	**Build a Sentence** 단어 배열하여 문장 완성하기 · 완전한 형태로 주어지는 한 문장을 보고, 보기 단어를 배열하여 이어질 응답 문장을 완성하는 유형이다. · 문법적으로 정확하면서도 문맥에 맞는 자연스러운 응답이 될 수 있는 문장을 완성해야 한다. · 10문항이 출제되고, TASK 전체 제한 시간은 약 5분 50초이다.
TASK 2	**Write an Email** 이메일 쓰기 · 학교나 일상에서 일어날 법한 상황과 이메일을 쓰는 목적이 주어지고, 그에 맞춰 이메일을 작성하는 유형이다. · 일반적인 이메일의 구조에 맞게 작성해야 하며, 초대, 추천, 문제점 전달, 해결책 제안 등의 다양한 의사소통 목적에 맞는 형식과 표현을 적절히 활용해야 한다. · 7분 동안 최대한 길게 작성하도록 요구되는데, 110~130 단어 분량이 적절하다.
TASK 3	**Write for an Academic Discussion** 학술 토론 의견 쓰기 · 기존 토플에서 그대로 유지되는 유일한 유형이다. · 교수가 토론 주제를 간단히 설명하며 던진 질문과, 다른 학생 두 명의 의견을 읽고, 자신의 의견을 작성하는 유형이다. · 10분 동안 최소 100단어 이상 작성해야 한다.

영역 심층 분석

1. **기본적인 문법 규칙에 따라 문장을 쓰는 능력을 평가한다.**
   · 전달하고자 하는 의미를 제대로 전달하기 위해 지켜야 할 문법 규칙들을 잘 알고 있는지를 평가한다.
2. **온라인 의사소통 형식에 적절한 글을 쓰는 역량이 중요하다.**
   · 글을 쓰는 목적, 상대방과의 관계 등에 따라 적절한 문장 구조와 표현을 구사할 수 있어야 한다.

핵심 대비 전략

TASK 1 기본적인 영어 어순과 문법 규칙을 지키며 문장을 쓰는 연습을 한다.
· 수 일치, 시제 일치, 대명사와 접속사의 쓰임 등 기본적인 문법 규칙을 익혀 둔다.

TASK 2 이메일의 기본 구조를 익히고, 일상적인 의사소통 목적에 따라 자주 쓰는 표현을 익힌다.
· 인사말, 목적, 세부사항, 맺음말로 이어지는 이메일의 기본 구조를 지켜 답안을 작성하는 연습을 한다.
· 문의, 부탁, 항의, 감사 등 다양한 의사소통 목적 별로 자주 쓰이는 표현을 익혀 둔다.
· 평소에 많은 문제를 풀어 보며, 1~2분 동안 아웃라인을 잡고, 4~5분 동안 실제 답안을 쓰는 연습을 한다.

TASK 3 평소에 다양한 주제에 대해 브레인스토밍해 보고, 논리적인 답안을 쓰는 연습을 한다.
· 자신의 주장에 대해 논리적으로 타당한 이유와 근거를 생각해내는 연습을 한다.
· 다양한 주제에 대해 나올 수 있는 질문들과 답안에 활용할 수 있는 아이디어를 정리해 둔다.
· 평소에 2~3분 동안 답변 내용을 구상하고, 7분 동안 답안을 작성하는 연습을 한다.

■ SPEAKING

TASK 1 | **Listen and Repeat** 문장 듣고 따라 말하기
- 음성으로만 들려주는 문장 7개를 한 개씩 듣고 그대로 따라 말하는 유형이다.
- 일상 및 학교에서 접할 수 있는 시설, 행사, 절차 등에 대해 사람들에게 안내하는 상황이 제시되고, 배경이 되는 장소를 묘사한 그림이 제시된다.
- 각 문장은 한 번씩만 들려주고, 3초의 간격 후에 8~12초의 답변 시간이 주어진다.

TASK 2 | **Take an Interview** 인터뷰 질문에 답변하기
- 특정 주제에 대한 인터뷰 질문 4개에 답변하는 유형이다.
- 교육, 사회, 과학기술, 여가 등 다양한 주제로 인터뷰가 진행된다.
- 인터뷰 질문은 음성으로만 들려주고, 준비 시간 없이 바로 답변해야 한다.
- 한 질문에 대한 답변 시간은 45초가 주어진다.

영역 심층 분석

1. 실생활에서의 의사소통 방식을 반영하여, 즉각적으로 적절한 말을 하는 능력을 평가한다.
   - 상대방의 말을 정확히 듣고 기억하여 그대로 전달할 수 있어야 한다.
   - 상대방의 질문에 대해 즉각적으로 자신의 의견을 타당한 이유나 근거와 함께 말할 수 있어야 한다.
2. 북미, 영국, 호주, 뉴질랜드 발음이 골고루 출제된다.

핵심 대비 전략

TASK 1 문장을 들으면서 정확히 기억하고 그대로 따라 말하는 연습을 한다.
- 쉐도잉 연습을 통해 들리는 문장을 그대로 따라 말할 수 있도록 한다.
- 다양한 안내 상황 별로 자주 출제되는 표현을 익힌다.

TASK 2 질문을 듣는 동시에 답변 내용을 생각하고 바로 말할 수 있도록 충분히 연습한다.
- 기본적인 답변 구조를 익히고 그에 맞춰 말하는 연습을 충분히 해 둔다.
- 다양한 인터뷰 주제에 대해 나올 수 있는 질문들과 답변에 활용할 수 있는 아이디어를 정리해 둔다.

해커스 토플이 제공하는
토플 정복을 위한
특별한 혜택!

토플 적중 예상특강
(HackersIngang.com)

해커스어학원 선생님들의 이번 달 토플 적중 예상특강 제공

온라인 실전모의고사
(HackersIngang.com)

출제 경향을 완벽 반영한 온라인 모의고사로 실전 완벽 대비

단어암기 MP3
(HackersIngang.com)

단어암기 MP3로 언제, 어디서든 효과적인 단어 학습 가능

토플 스피킹/라이팅 첨삭 게시판
(goHackers.com)

무제한 1:1 첨삭을 통한 확실한 실력 향상

토플 쉐도잉 & 말하기 연습 프로그램
(goHackers.com)

쉐도잉 & 말하기 반복 훈련으로 빠른 실력 향상

토플 자료 및 유학 정보
(goHackers.com)

성공적인 토플 학습방법부터 유학 정보와 다양한 무료 학습자료까지 풍부한 정보 제공

HACKERS
Updated TOEFL
WRITING BASIC

해커스 어학연구소

무료 토플자료·유학정보 제공

goHackers.com

『Hackers Updated TOEFL Writing Basic』을 내면서

해커스 토플은 단순한 시험 대비를 넘어, 여러분의 실질적인 영어 실력 향상에 도움이 되고자 하는 작은 진심으로 출발했습니다. 해커스 토플 전 시리즈가 오랜 세월 **베스트셀러를 넘어 스테디셀러로 자리**할 수 있었던 이유는, 늘 **처음과 같은 마음으로** 더 좋은 책을 만들기 위해 고민하고, 최신 경향을 반영하기 위해 끊임없이 노력하기 때문입니다.

이번 『Hackers Updated TOEFL Basic (iBT)』 시리즈 또한 해커스의 전문성과 축적된 노하우를 바탕으로, 변화된 시험의 모든 유형을 면밀히 분석하고 정교한 문제 해결 전략을 담아 **기본부터 실전까지 대비할 수 있는 완결판**으로 완성하였습니다.

영작문의 기본을 확실히 잡습니다!

『Hackers Updated TOEFL Writing Basic (iBT)』은 기본서라고 해서 단순히 문장을 암기하거나 단문을 써 보는 데 그치지 않고, 논리적 사고를 통해 올바른 영어식 표현을 이끌어낼 수 있도록 영작의 기본적인 틀을 제시하고자 하였습니다.

체계적인 구성과 풍부한 문제로 실전도 문제 없습니다!

영작의 기본이 되는 문법과 필수 표현을 익혀 기본기를 다지고, Updated TOEFL의 경향을 반영한 풍부한 양의 연습 문제와 실전 문제를 풀어봄으로써 문제 유형에 대한 이해도를 높이고 실전 감각까지 익힐 수 있도록 하였습니다.

『Hackers Updated TOEFL Writing Basic (iBT)』이 여러분의 토플 목표 점수 달성에 확실한 해결책이 될 뿐 아니라, 실질적인 영어 실력의 향상과 함께 더 큰 꿈을 향해 나아가는 길에서 든든한 동반자가 되기를 소망합니다.

David Cho
& 해커스어학연구소

CONTENTS

『해커스 토플 라이팅 베이직』이 특별한 이유	6
TOEFL iBT 소개	10
TOEFL iBT Writing 소개	12
TOEFL iBT Writing 화면 구성	14
나만의 학습플랜	16

라이팅을 위한 문법 기본기 다지기

Day 01	문장 성분 · 형식 · 문장의 종류	22
Day 02	동명사 · to 부정사 · 분사	36
Day 03	명사절 · 부사절 · 관계절	50
Day 04	It · There · 비교 · 병치	64

라이팅을 위한 필수 표현 익히기

Day 05	유형별 표현: 경험 · 문의 · 제안 · 감사 · 사과	82
Day 06	유형별 표현: 의견 · 인과 · 비교 · 가정	96
Day 07	유형별 표현: 예시 · 인용 · 부연 · 요약	106
Day 08	주제별 표현: 일상 · 교육 · 환경 · 문화	116
Day 09	주제별 표현: 과학기술 · 경제 · 정치 · 사회	126

Hackers
Updated TOEFL
Writing Basic

TASK ❶ 단어 배열하여 문장 완성하기 Build a Sentence

Introduction			138
Day 10	답변 문장의 내용 예측하기	실수클리닉 동사의 형태	140
Day 11	예측한 답변 문장 완성하기	실수클리닉 수의 일치	148
Day 12	Task Test	실수클리닉 시제	158

TASK ❷ 이메일 쓰기 Write an Email

Introduction			166
Day 13	문제 파악하기	실수클리닉 자동사와 타동사	168
Day 14	아웃라인 잡기	실수클리닉 수동태	178
Day 15	이메일 쓰기	실수클리닉 연결어	188
Day 16	Task Test	실수클리닉 명사	204

TASK ❸ 학술 토론 의견 쓰기 Write for an Academic Discussion

Introduction			212
Day 17	답안 구조 잡기	실수클리닉 관사	214
Day 18	답안 핵심 문장 쓰기	실수클리닉 전치사	224
Day 19	답안 쓰기	실수클리닉 형용사와 부사	236
Day 20	Task Test	실수클리닉 주의해야 할 어순	250

Actual Test 258

Punctuation 266

정답·모범답안·해석 269
[책 속의 책]

『해커스 토플 라이팅 베이직』이 특별한 이유!

01 20일 완성, Writing 기본서!

▌영어 작문의 기본서

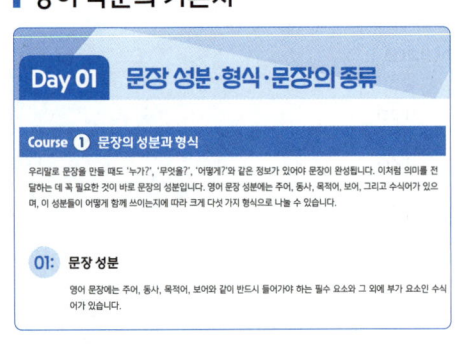

토플 라이팅뿐만 아니라 일반적인 영작문 작성에도 꼭 필요한 내용들을 수록함으로써, 전반적인 영작문 실력을 향상시키는 데 중점을 두었습니다. **영작을 위한 필수 문법 및 표현부터 답안 구조 잡는 방법까지 이 한 권으로 모두 학습**할 수 있습니다.

▌맞춤형 학습플랜

레벨테스트를 통해 자신의 실력을 미리 진단하고, **자신에게 가장 잘 맞는 학습플랜을 선택하여 학습**할 수 있습니다.

02 기본부터 실전까지 체계적인 Writing 학습!

문법 기본기 다지기/필수 표현 익히기

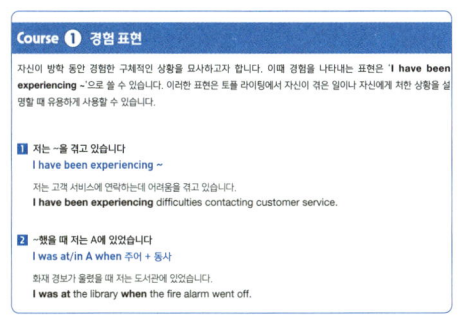

영어 문장을 쓸 때 **필수적인 문법을 정리**하여 라이팅의 기초를 다질 수 있도록 하였습니다. 또한, **아이디어를 이끌어 내는 표현들을 유형별/주제별로 모아 학습**할 수 있도록 하여 영어 작문의 탄탄한 기반을 다질 수 있도록 하였습니다.

Task 유형별 학습

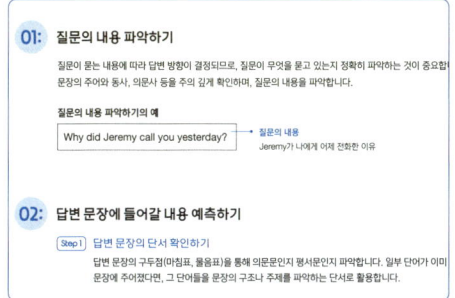

Task별 문제 유형을 상세히 학습하며 **최적화된 문제 풀이 전략을 익히고**, Daily Check-up과 Daily Test를 통해 **문제에 바로 적용**해볼 수 있습니다. 각 Task의 마지막 Day에서는 여러 유형의 문제들이 혼합된 실전 형태의 Task Test를 통해, 앞에서 학습한 내용을 바탕으로 **실전처럼 풀어볼** 수 있습니다.

Actual Test

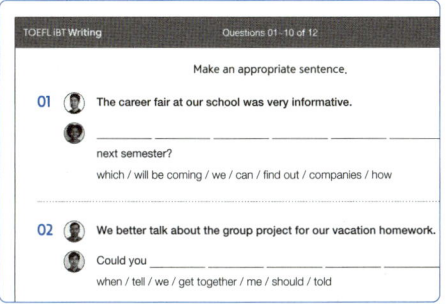

이 책의 최종 마무리 단계로, 한 회분의 실전 테스트를 수록하였습니다. **실제 Updated TOEFL Writing 시험과 동일한 형식을 갖춘 문제를 풀어봄**으로써, 실전에 효과적으로 대비할 수 있습니다.

『해커스 토플 라이팅 베이직』이 특별한 이유!

03 정확한 문제 이해와 모범 답안으로 실력 UP!

▎아웃라인

Task 2와 Task 3 문제에 대한 아웃라인 예시를 제공하여, 답안을 효과적으로 작성할 수 있는 **아웃라인 작성 방법을 익힐** 수 있도록 하였습니다.

▎모범답안/해석

교재에 수록된 모든 문제에 대한 모범 답안을 제공하여, 이를 바탕으로 **자신의 답안을 보완, 개선**할 수 있도록 하였습니다. 또한, 모든 문제와 답안에 대해 정확한 해석 및 중요 어휘를 제공하여, **문제와 답안을 정확하게 이해**할 수 있습니다.

04 해커스만의 다양한 학습자료 제공!

고우해커스(goHackers.com)

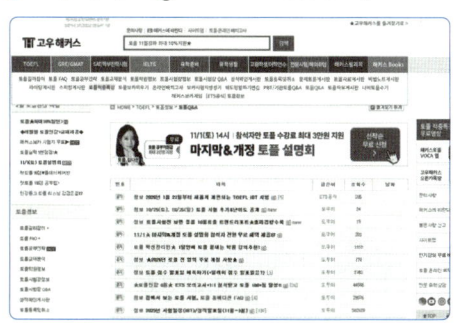

온라인 토론과 정보 공유의 장인 **고우해커스(goHackers.com)** 사이트에서 다른 학습자들과 함께 교재 내용에 관한 문의사항을 나누고 학습 내용을 토론할 수 있으며, **다양한 무료 학습자료와 TOEFL 시험 및 유학에 대한 풍부한 정보**도 얻을 수 있습니다.

해커스인강(HackersIngang.com)

해커스인강(HackersIngang.com) 사이트에서 제공하는 **온라인강의**를 수강하면 선생님의 상세한 설명을 통해 영작에 필요한 기본기 및 토플 라이팅 문제 유형별 전략을 좀더 깊이 있고 체계적으로 학습할 수 있습니다.

TOEFL iBT 소개

■ TOEFL iBT란?

TOEFL(Test of English as a Foreign Language) iBT(Internet-based test)는 미국의 비영리기관인 ETS(Educational Testing Service)에서 주관하는 국제 공인 영어 시험으로, 영어가 모국어가 아닌 수험자의 영어 실력을 읽기·듣기·쓰기·말하기 네 영역으로 나누어 평가합니다. 2026년 1월 21일부터 바뀌는 Updated TOEFL 시험은 Reading, Listening, Writing, Speaking 영역의 순서로 진행됩니다. Reading과 Listening 영역은 각 응시자의 Module 1 채점 결과에 따라 Module 2의 난이도와 구성이 달라지는 단계별 적응형 구조(multistage adaptive testing)로 진행됩니다.

■ TOEFL iBT 시험 구성

영역		TASK	문항 수	시험 시간	점수
Reading	TASK 1	Complete the Words	35~48문항 · Module 1: 20~33문항 · Module 2: 15문항	약 18~27분	1~6점
	TASK 2	Read in Daily Life (1지문 2~3문항)			
	TASK 3	Read an Academic Passage (1지문 5문항)			
Listening	TASK 1	Listen and Choose a Response	35~45문항 · Module 1: 20~30문항 · Module 2: 15문항	약 18~27분	1~6점
	TASK 2	Listen to a Conversation (1지문 2문항)			
	TASK 3	Listen to an Announcement (1지문 2문항)			
	TASK 4	Listen to an Academic Talk (1지문 4문항)			
Writing	TASK 1	Build a Sentence	12문항	약 23분	1~6점
	TASK 2	Write an Email			
	TASK 3	Write for an Academic Discussion			
Speaking	TASK 1	Listen and Repeat (1세트 7문항)	11문항	약 8분	1~6점
	TASK 2	Take an Interview (1세트 4문항)			
				약 2시간	1~6점

· Reading 또는 Listening 중 한 영역의 Module 1에서 더미 문제가 출제됩니다.
· Reading과 Listening 영역의 Module 1에서는 모든 TASK가 출제되지만, Module 2에서는 난이도에 따라 일부 TASK만 출제됩니다.

TOEFL iBT 점수 체계

2026년 1월 21일 시행되는 Updated TOEFL은 세계적으로 널리 쓰이는 외국어 능력 공통 기준인 CEFR(Common European Framework of Reference for Languages) 6단계와 직관적으로 연계되는 1~6점 구간 점수제(banded scoring scale)를 도입합니다. 각 영역 점수와 총점은 0.5점 단위로 올라가는 1~6점 점수대로 표시되고, 총점은 4개 영역 점수의 평균값을 가장 가까운 0.5 단위로 반올림하여 산출합니다. (예: 4개 영역 점수 평균이 5.25이면, 총점은 5.5로 표기)

* Updated TOEFL 시행 2년 동안은 기존의 0~120점 점수대도 함께 표기됩니다.

TOEFL 점수와 CEFR Level 환산표

TOEFL 점수	1.0	1.5	2.0	2.5	3.0	3.5	4.0	4.5	5.0	5.5	6.0
CEFR Level	A1		A2		B1		B2		C1		C2

TOEFL iBT 접수 및 성적 확인

실시일	· ETS Test Center 시험: 일주일에 약 2~3일 실시 · 홈에디션 시험: 일주일에 약 4~5일 실시
시험 장소	· ETS Test Center에서 치르거나, 집에서 홈에디션 시험으로 응시 가능
접수 방법	· ETS 토플 웹사이트 또는 전화상으로 접수
시험 당일 준비물	· 공인된 신분증 원본 반드시 지참 (자세한 신분증 규정은 ETS 토플 웹사이트에서 확인 가능) · 홈에디션 시험에 응시할 경우, 사전에 ETS 토플 웹사이트에서 필요한 프로그램 설치 및 준비물 확인하여 지참
성적 및 리포팅	· 시험 응시 후 바로 Reading/Listening 영역 비공식 점수 확인 가능 · 시험 응시일로부터 72시간 후에 온라인으로 성적 확인 가능 · 시험 접수 시, 자동으로 성적 리포팅 받을 기관 선택 가능 · MyBest Scores 제도 시행 (최근 2년간의 시험 성적 중 영역별 최고 점수 합산하여 유효 성적으로 인정)

TOEFL iBT Writing 소개

TOEFL iBT Writing 영역은 영어를 사용하는 국가의 학교 또는 일상 생활에서 필요한 작문 능력을 평가합니다. 따라서 학습자들은 시험을 준비하는 과정을 통해 TOEFL 고득점 달성뿐만 아니라, 실제 해외 대학 진학 후의 일상생활과 교육 환경에도 효과적으로 대비할 수 있을 것입니다.

■ TOEFL iBT Writing 구성

iBT Writing 영역은 세 가지 TASK로 구성됩니다.

TASK		문항 수	시험 시간
TASK 1	Build a Sentence	10 문항	5분 50초
TASK 2	Write an Email	1 문항	7분
TASK 3	Write for an Academic Discussion	1 문항	10분
		총 12문항	약 23분

■ TOEFL iBT Writing TASK 별 특징

TASK 1 Build a Sentence
두 사람의 짧은 대화문에서 첫 번째 사람의 말은 완전한 의문문 또는 평서문 형태로 제시되고, 두 번째 사람의 응답은 빈칸과 순서가 뒤섞인 단어들로 제시됩니다. 대화 내용이 자연스럽게 이어지고 문법적으로 올바른 형태가 되도록, 주어진 보기 단어를 알맞은 순서로 배열하여 응답 문장을 완성해야 합니다. 한 문항의 풀이 시간은 30~35초를 넘기지 않는것이 좋으며, TASK 1 안에서는 문제 이동이 가능합니다.

TASK 2 Write an Email
대학이나 일상생활에서 일어날 법한 상황과 이메일에 포함할 내용을 읽고, 상황과 목적에 적절한 형식과 내용을 갖춘 이메일을 작성하는 유형입니다. 교수에게 과제 제출 연장을 부탁하거나 친구에게 약속 변경을 요청하는 등의 다양한 상황이 출제됩니다. 답안 작성 시간 7분 동안 최대한 길게 작성하도록 요구됩니다.

TASK 3 Write for an Academic Discussion
대학 수업의 온라인 토론 게시판에 교수가 올린 토론 주제에 관한 질문과 두 학생이 올린 의견을 읽고, 자신의 의견을 작성하는 유형입니다. 자신의 입장을 정하고 이를 뒷받침할 수 있는 적절한 근거를 포함하여 100자 이상의 답안을 작성해야 합니다. 답안 작성 시간은 10분이 주어집니다.

■ TOEFL iBT Writing 채점 방식

TASK 1은 각 빈칸마다 틀리면 0점, 맞으면 1점을 매기고, TASK 2와 TASK 3은 아래의 채점 기준에 따라 0~5점의 점수를 매긴 후, 세 개 TASK의 원점수를 종합하여 1~6점 점수대의 Writing 영역 전체 점수로 환산합니다. 구체적인 환산 기준은 ETS에서 공개하지 않고 있습니다.

TASK 2&3 채점 기준표

점수	TASK 2 Write an Email	TASK 3 Write for an Academic Discussion
5점	답안이 효과적이며, 명확하게 표현되고, 언어 사용에서 일관된 능숙함을 보여준다. · 의사소통 목적을 효과적으로 뒷받침하기에 충분한 구체적인 내용을 담고 있다. · 다양한 문장 구조와 정확한 어휘, 관용어구를 유능하게 사용한다. · 사회적 관습에 적절한 표현 방식을 능숙하게 사용한다. · 사소한 오타 또는 철자 오류를 제외하고는 어휘 또는 문법적인 오류가 거의 없다.	답안이 온라인 토론 주제와 관련이 있고, 토론에 매우 명확하게 기여한다. 언어 사용에서 일관된 능숙함을 보여준다. · 설명, 예시, 세부사항 등이 서로 관련성이 있고 명료하게 제시된다. · 다양한 문장 구조와 정확한 어휘, 관용어구를 유능하게 사용한다. · 사소한 오타 또는 철자 오류를 제외하고는 어휘 또는 문법적 오류가 거의 없다.
4점	답안이 대체로 효과적이며, 쉽게 이해된다. 주어진 과제를 수행하기에 적절한 언어 사용 능력을 보여준다. · 의사소통 목적을 뒷받침하기에 충분한 구체적인 내용을 담고 있다. · 다양한 문장 구조와 정확한 어휘를 사용한다. · 사회적 관습에 적절한 표현 방식을 사용한다. · 어휘 또는 문법적 오류가 많지 않다.	답안이 온라인 토론 주제와 관련이 있고, 토론에 기여한다. 언어 능력은 답안의 아이디어를 쉽게 이해할 수 있게 한다. · 설명과 예시, 세부사항 등이 서로 관련성이 있고 적절하게 설명된다. · 다양한 문장 구조와 적절한 어휘를 사용한다. · 어휘 또는 문법적 오류가 많지 않다.
3점	답안이 전반적으로 과제를 수행하지만, 언어 능력의 한계 때문에 내용의 일부가 불명확하거나 효과적이지 않을 수 있다. · 의사소통 목적을 부분적으로 뒷받침하는 내용을 담고 있다. · 보통 수준의 문장 구조 다양성과 어휘 사용을 보여준다. · 눈에 띄는 어휘 또는 문법적 오류가 몇몇 있고, 사회적 관습에 적절하지 않은 표현 방식을 사용한다.	답안이 온라인 토론 주제와 대부분 관련이 있고 이해할 수 있는 수준에서 기여한다. · 설명과 예시, 세부사항의 일부가 누락되거나 불분명하거나 서로 연관성이 없다. · 문장 구조와 단어를 다양하게 사용하는 편이다. · 눈에 띄는 어휘 또는 문법적 오류가 몇몇 있다.
2점	답안이 과제를 수행하려는 시도를 보이지만, 언어 능력의 한계 때문에 이해하기 어렵다 · 내용이 제한적이거나 관련이 없다. · 문장 구조와 어휘 사용이 제한적이며, 몇몇 문장의 나열에 그친다. · 어휘 또는 문법적 오류가 자주 보인다.	답안이 온라인 토론에 기여하려는 시도를 보이지만, 언어 능력의 한계로 답안의 아이디어를 이해하기 어렵다. · 설명이 부족하거나 부분적으로만 관련이 있다. · 문장 구조와 어휘 사용이 제한적이다. · 어휘 또는 문법적 오류가 자주 보인다.
1점	답안이 과제를 효과적으로 수행하지 못하며, 언어 능력의 한계로 적절한 내용을 구성하지 못한다. · 구체적인 내용이 거의 없다. · 어휘 사용이 제한적이며 어구 단위의 단절된 구문으로 구성된다. · 심각한 어휘 또는 문법적 오류가 자주 보인다. · 독창적인 표현이 거의 없으며, 이해 가능한 내용은 대부분 문제에서 그대로 차용했다.	답안이 온라인 토론에 기여하지 못하며, 언어 능력의 한계로 아이디어를 표현하지 못한다. · 아이디어가 일관되지 않는다. · 문장 구조 및 어휘 사용의 범위가 매우 제한적이다. · 심각한 어휘 또는 문법적 오류가 자주 보인다.
0점	답안을 작성하지 않은 경우, 주제에 반하거나 영어로 되어 있지 않은 경우, 또는 문제를 그대로 복사하거나 문제와 전혀 연관성이 없는 경우이다.	답안을 작성하지 않은 경우, 주제에 반하거나 영어로 되어 있지 않은 경우, 또는 문제를 그대로 복사하거나 문제와 전혀 연관성이 없는 경우이다.

TOEFL iBT Writing 화면 구성

1. Writing Direction 화면

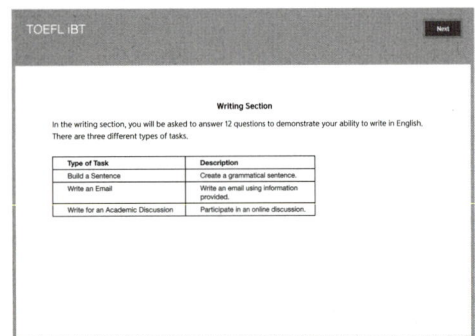

라이팅 시험에 대한 전반적인 설명이 주어지는 화면입니다. 총 12문항이 출제되고, 크게 3가지 TASK로 구성된다는 설명이 나옵니다.

2. TASK 1 문제 화면

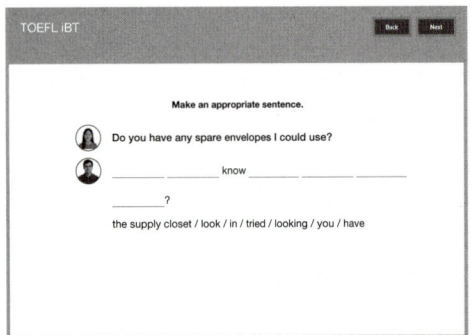

화면에 한 사람의 질문, 빈칸이 있는 응답 문장, 응답 문장을 완성할 때 사용할 보기 단어가 제시됩니다. 보기 단어를 하나씩 원하는 빈칸으로 드래그하여 문장을 완성합니다. TASK 1 내에서는 Next 버튼과 Back 버튼을 사용하여 문제 간 이동이 가능합니다.

3. TASK 2 문제 화면

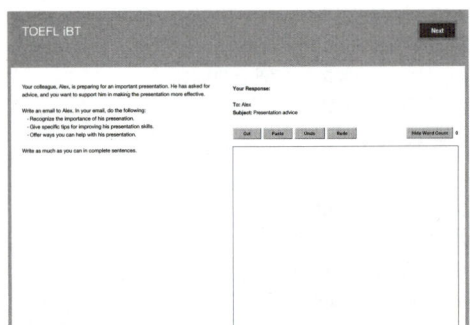

화면 왼쪽에 문제 디렉션, 이메일을 작성하는 상황과 포함해야 되는 항목이 제시되고, 화면 오른쪽에 답안을 작성할 수 있는 공간이 주어집니다. 화면 상단의 시간은 7분부터 카운트 되는데, 7분이 지나기 전에 답안 작성을 마칠 경우 Next 버튼을 클릭하여 다음 TASK로 넘어갈 수 있습니다.

4. TASK 3 문제 화면

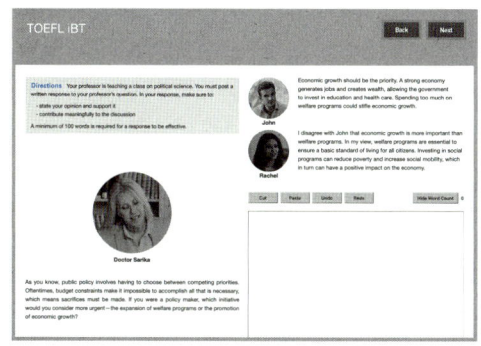

화면 왼쪽에 문제 디렉션과 교수의 질문이 제시되고, 화면 오른쪽 상단에는 다른 두 학생의 의견이, 하단에는 답안을 작성할 수 있는 공간이 주어집니다. 화면 상단의 시간은 10분부터 카운트 되는데, 10분이 지나기 전에 답안 작성을 마칠 경우 Next 버튼을 클릭하여 다음 영역으로 넘어갈 수 있습니다.

5. TASK 종료 화면

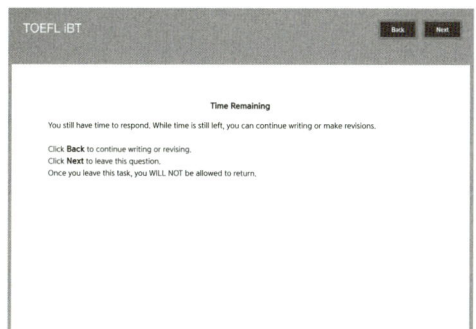

TASK를 종료하면 나오는 화면입니다. Back 버튼을 누르면 자신의 정답이나 답안을 다시 확인하거나 점검할 수 있습니다. Next 버튼을 클릭하면 다음 TASK나 영역으로 넘어가고, 진행하던 TASK로 다시 되돌아갈 수 없습니다.

나만의 학습플랜

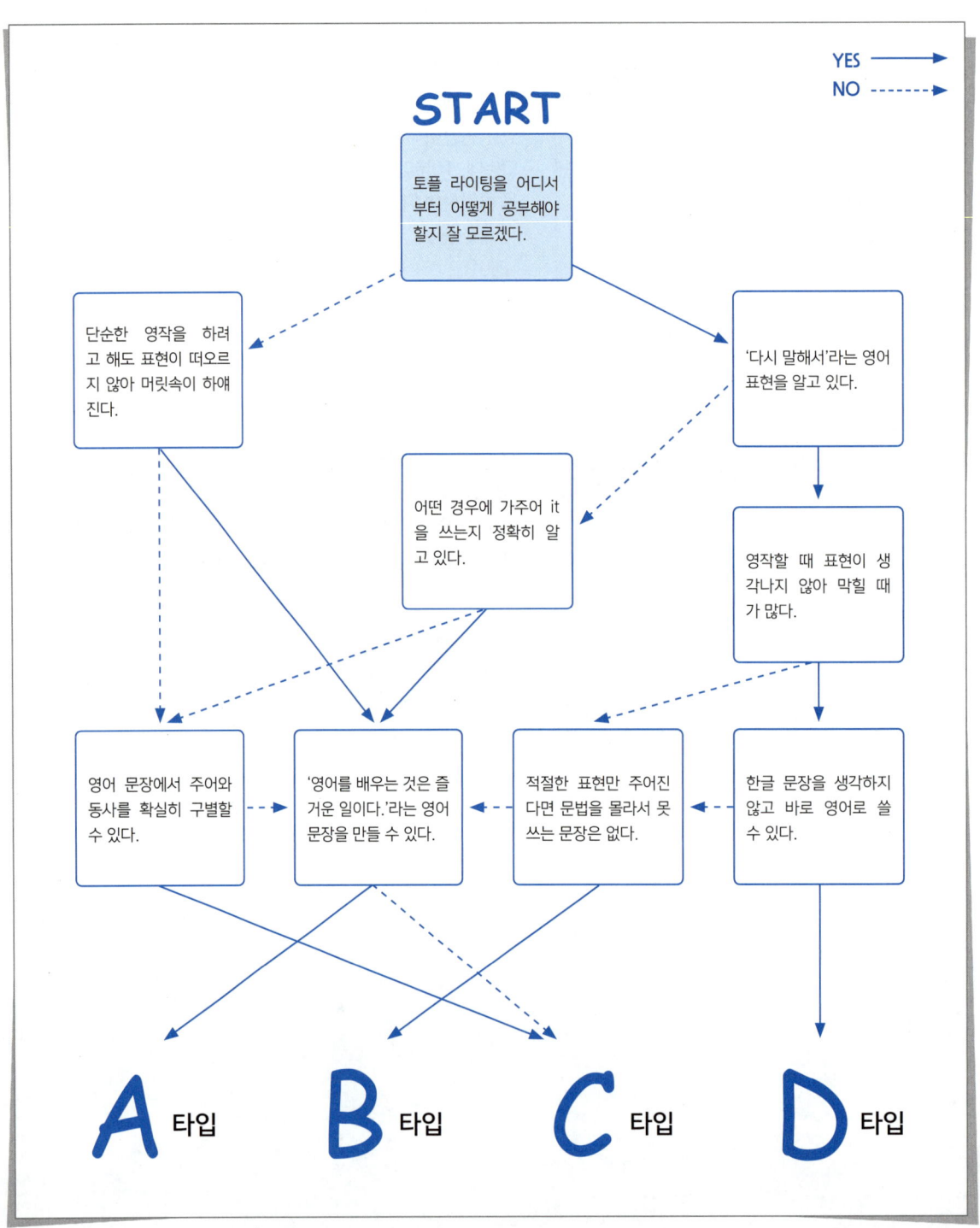

A 타입 : **영작의 기본기**를 다져야 하는 당신!

영어 문장의 기본적인 구조에 대해 어느 정도 이해는 하고 있지만, 작문으로 연결시키지는 못하는군요. 또한 영어 표현이 잘 생각나지 않아 글을 쓰다가 막히는 경우가 생기겠네요. 학습플랜에 따라 20일 동안 공부하세요.

20일 학습플랜

1일 차	2일 차	3일 차	4일 차	5일 차
☐ Day 01	☐ Day 02	☐ Day 03	☐ Day 04	☐ Day 05
6일 차	**7일 차**	**8일 차**	**9일 차**	**10일 차**
☐ Day 06	☐ Day 07	☐ Day 8	☐ Day 09	☐ Day 10
11일 차	**12일 차**	**13일 차**	**14일 차**	**15일 차**
☐ Day 11	☐ Day 12	☐ Day 13	☐ Day 14	☐ Day 15
16일 차	**17일 차**	**18일 차**	**19일 차**	**20일 차**
☐ Day 16	☐ Day 17	☐ Day 18	☐ Day 19	☐ Day 20 ☐ Actual Test

*매일 학습이 완료되면 체크(v) 표시합니다.

B 타입 : **표현력**을 키워야 하는 당신!

문법은 거의 완벽하지만 표현력이 부족하군요. 다양한 표현을 활용하여 자신의 의견을 논리적으로 나타내는 훈련이 필요합니다. 학습플랜에 따라 15일 동안 공부하세요.

15일 학습플랜

1일 차	2일 차	3일 차	4일 차	5일 차
☐ Day 01 ☐ Day 02	☐ Day 03 ☐ Day 04	☐ Day 05	☐ Day 06	☐ Day 07
6일 차	**7일 차**	**8일 차**	**9일 차**	**10일 차**
☐ Day 08	☐ Day 09	☐ Day 10 ☐ Day 11	☐ Day 12	☐ Day 13 ☐ Day 14
11일 차	**12일 차**	**13일 차**	**14일 차**	**15일 차**
☐ Day 15	☐ Day 16	☐ Day 17 ☐ Day 18	☐ Day 19	☐ Day 20 ☐ Actual Test

*매일 학습이 완료되면 체크(v) 표시합니다.

나만의 학습플랜

C 타입 : 차근차근 **문법의 기초**부터 다져야 하는 당신!

문법에도 자신이 없고, 구체적인 아이디어도 부족한 상황이군요. 학습플랜에 따라 20일 동안 차근차근 공부하고, 10일 동안 같은 내용을 다시 한번 복습하는 것이 좋겠습니다.

30일 학습플랜

1일 차	2일 차	3일 차	4일 차	5일 차
☐ Day 01	☐ Day 02	☐ Day 03	☐ Day 04	☐ Day 05
6일 차	**7일 차**	**8일 차**	**9일 차**	**10일 차**
☐ Day 06	☐ Day 07	☐ Day 8	☐ Day 09	☐ Day 10
11일 차	**12일 차**	**13일 차**	**14일 차**	**15일 차**
☐ Day 11	☐ Day 12	☐ Day 13	☐ Day 14	☐ Day 15
16일 차	**17일 차**	**18일 차**	**19일 차**	**20일 차**
☐ Day 16	☐ Day 17	☐ Day 18	☐ Day 19	☐ Day 20 ☐ Actual Test
21일 차	**22일 차**	**23일 차**	**24일 차**	**25일 차**
☐ Day 01 복습 ☐ Day 02 복습	☐ Day 03 복습 ☐ Day 04 복습	☐ Day 05 복습 ☐ Day 06 복습	☐ Day 07 복습 ☐ Day 08 복습	☐ Day 09 복습 ☐ Day 10 복습
26일 차	**27일 차**	**28일 차**	**29일 차**	**30일 차**
☐ Day 11 복습 ☐ Day 12 복습	☐ Day 13 복습 ☐ Day 14 복습	☐ Day 15 복습 ☐ Day 16 복습	☐ Day 17 복습 ☐ Day 18 복습	☐ Day 19 복습 ☐ Day 20 복습 ☐ Actual Test 복습

*매일 학습이 완료되면 체크(v) 표시합니다.

D 타입 : **TOEFL 라이팅 실전 감각**을 익혀야 하는 당신!

문법과 표현력 모두 상당한 수준이니, 영작 능력 및 답안을 조직하는 능력만 키우면 바로 실전에 도전해도 되겠습니다. 학습플랜에 따라 10일 동안 끝내세요.

10일 학습플랜

1일 차	2일 차	3일 차	4일 차	5일 차
☐ Day 01 ☐ Day 02 ☐ Day 03	☐ Day 04 ☐ Day 05 ☐ Day 06	☐ Day 07 ☐ Day 08 ☐ Day 09	☐ Day 10 ☐ Day 11	☐ Day 12
6일 차	**7일 차**	**8일 차**	**9일 차**	**10일 차**
☐ Day 13 ☐ Day 14	☐ Day 15 ☐ Day 16	☐ Day 17 ☐ Day 18	☐ Day 19 ☐ Day 20	☐ Actual Test

*매일 학습이 완료되면 체크(v) 표시합니다.

교재 학습 TIP

1. 매일 제시되는 본문 내용을 충분히 학습한 뒤, Check-up과 Daily Test를 풀고 자신이 취약한 부분이 무엇인지 체크해 보세요. 부족한 부분은 본문을 참고하여 복습하세요.

2. Task Test를 풀면서 Task 유형별로 학습했던 내용을 총정리하고, 실력을 점검해 보세요.

3. Actual Test를 풀 때에는 앞에서 학습한 모든 내용을 종합하여 실전처럼 풀어 보세요.

4. 문제를 푼 뒤에는 반드시 자신의 답안을 모범 답안과 비교해 보세요. 틀린 문장은 답을 보지 않은 채로 고쳐 써 보고, 반복적으로 틀리는 문제들은 별도로 체크하여 정리해 두는 것이 좋습니다.

5. 스터디 학습을 할 때에는 본문의 내용을 각자 학습해 온 뒤, 함께 문장을 써 보고 공통적으로 틀린 부분에 대해 이야기해 보세요. 표현 익히기 Day에서는 학습한 표현들을 모두 알고 있는지 시험을 보는 것도 좋습니다. Task 유형별 학습 시에는 함께 시간을 정해 두고 문제를 풀어본 뒤, 서로의 답안을 비교해 보고 빠진 내용이나 좋은 표현이 있는지 확인해 보세요.

무료 토플자료 · 유학정보 제공

goHackers.com

Hackers
Updated TOEFL
Writing Basic

라이팅을 위한
문법 기본기 다지기

Day 01 문장 성분·형식·문장의 종류
Day 02 동명사·to 부정사·분사
Day 03 명사절·부사절·관계절
Day 04 It·There·비교·병치

Day 01 문장 성분·형식·문장의 종류

Course ① 문장의 성분과 형식

우리말로 문장을 만들 때도 '누가?', '무엇을?', '어떻게?'와 같은 정보가 있어야 문장이 완성됩니다. 이처럼 의미를 전달하는 데 꼭 필요한 것이 바로 문장의 성분입니다. 영어 문장 성분에는 주어, 동사, 목적어, 보어, 그리고 수식어가 있으며, 이 성분들이 어떻게 함께 쓰이는지에 따라 크게 다섯 가지 형식으로 나눌 수 있습니다.

01: 문장 성분

영어 문장에는 주어, 동사, 목적어, 보어와 같이 반드시 들어가야 하는 필수 요소와 그 외에 부가 요소인 수식어가 있습니다.

- **주어**   주어는 동작이나 상태의 주체가 되는 말로, '누가, 무엇이'에 해당합니다. 명사 역할을 하는 것은 모두 주어가 될 수 있습니다.

  Nate는 약간의 차를 마시고 싶어 한다.
  Nate wants to drink some tea.
    주어

  바다에서 수영하는 것은 나의 취미이다.
  Swimming in the sea is my hobby.
          주어

- **동사**   동사는 주어의 동작이나 상태를 나타내는 말로, '~하다, ~이다'에 해당합니다.

  나는 어제 박물관에 갔다.
  I **went** to the museum yesterday.
    동사

  그녀는 그 소식에 대해 언짢아 보인다.
  She **seems** unhappy with the news.
      동사

■ **목적어** 목적어는 동사가 나타내는 상태나 행위의 대상이 되는 말로, '~을/를, ~에게'에 해당합니다. 명사 역할을 하는 것들이 목적어 자리에 올 수 있습니다.

Steven은 **햄버거를** 좋아한다.
Steven likes hamburgers.
　　　　　　목적어

Amy는 **선생님에게 질문을** 했다.
Amy asked the teacher a question.
　　　　　목적어 1　　　목적어 2

■ **보어** 보어는 동사만으로는 주어나 목적어에 대한 설명이 불완전할 때 주어나 목적어를 보충 설명하는 말입니다. 명사나 형용사 역할을 하는 것들이 보어 자리에 올 수 있습니다.

Rachel은 그 소식에 대해 **슬프게** 느꼈다.
Rachel felt sad about the news.
　　　　　보어

그 이웃은 우리에게 **조용히 할 것을** 요청했다.
Our neighbor asked us to be quiet.
　　　　　　　　　　　　보어

■ **수식어** 수식어는 문장에 반드시 필요하지는 않지만 다양한 위치에서 여러 가지 의미를 더해주는 말입니다. 형용사나 부사 역할을 하는 것들이 수식어 자리에 올 수 있습니다.

보통, 우리 아빠는 오후 **7시쯤이면** 배가 고파진다.
Normally, my dad gets hungry by 7 P.M.
　수식어　　　　　　　　　　　수식어

내가 일어났을 때, 나는 **해가 떠오르는 것을 보기 위해** 창문을 열었다.
When I woke up, I opened the window to see the sun rising.
　　수식어　　　　　　　　　　　　　　　　　수식어

02: 문장의 다섯 가지 형식

영어 문장은 문장을 구성하는 필수 성분인 주어와 동사, 목적어, 보어의 조합에 따라 다섯 가지 문장 형식으로 나눌 수 있습니다. 수식어는 문장의 필수 성분이 아니므로 문장의 형식에 영향을 미치지 않습니다.

■ **1형식**   주어와 동사만으로 의미가 통하는 문장입니다.

주어 + 동사

Jake가 웃었다.
Jake laughed.
　주어　　동사

그들은 공원에서 뛰고 있다.
They are running in the park.
　주어　　동사　　　수식어

> **tip**
> 1형식 문장에 쓰이는 동사는 보어나 목적어, 또는 수식어구 없이 동사 스스로 문장의 의미를 완성시킬 수 있기 때문에 자동사라고 부릅니다.
>
> Susan은 춤을 춘다.　　　　　　　　　　Susan은 춤을 잘 춘다.
> **Susan dances.**　　　　　　　　　　**Susan dances well.**
> 　주어　　자동사　　　　　　　　　　　　주어　　자동사　수식어구

■ **2형식**   주어를 보충해주는 주격 보어를 필요로 하는 문장으로, be동사, look, become 등이 대표적인 2형식 동사입니다.

주어 + 동사 + 주격 보어

Jenny는 반장이 되었다.
Jenny became the class president.
　주어　　동사　　　　주격 보어

그 햄버거는 맛있어 보인다.
The hamburger looks delicious.
　　주어　　　　동사　　주격 보어

■ **3형식** 동사와 동작의 대상이 되는 목적어 하나를 필요로 하는 문장입니다.

주어 + 동사 + 목적어

사진사는 사진을 찍었다.
The photographer took the picture.
　　　주어　　　　　동사　　목적어

Ronaldo는 화가로서 대단한 재능을 가지고 있다.
Ronaldo has a great talent as a painter.
　주어　　동사　　목적어　　　수식어

■ **4형식** 목적어 두 개를 필요로 하는 문장으로 '(간접 목적어)에게 (직접 목적어)를 해주다'는 의미를 가지는 경우가 많습니다.

주어 + 동사 + 간접 목적어 + 직접 목적어

Tina는 그녀의 친구들에게 쿠키를 줬다.
Tina gave her friends cookies.
주어　동사　간접 목적어　직접 목적어

Brunton 선생님은 매주 일요일에 학생들에게 수학을 가르친다.
Mr. Brunton teaches the students math every Sunday.
　　주어　　　　동사　　간접 목적어　직접 목적어　수식어

■ **5형식** 목적어를 보충 설명하는 목적격 보어를 필요로 하는 문장입니다.

주어 + 동사 + 목적어 + 목적격 보어

그 용기는 채소를 신선하게 유지한다.
The container keeps vegetables fresh.
　　주어　　　　동사　　목적어　목적격 보어

Danny는 자신의 자동차를 수리받았다.
Danny got his car repaired.
주어　동사　목적어　목적격 보어

> **tip**
> 5형식 문장에 쓰인 동사에 따라 목적격 보어 자리에 명사, 형용사, to 부정사, 동사 원형, 분사 등 다양한 품사가 올 수 있습니다.

✓ Check-up

🖊 파란색으로 주어진 우리말과 같도록 괄호 안의 단어들을 배열하여 문장을 완성하세요. 이때 문장의 성분에 유의하세요.

01 오늘 아침 경찰이 도둑을 잡았다. (caught / the police / a thief)
_____ this morning.

02 Alice는 헬스장에서 3시간 동안 운동했다. (exercised / Alice)
_____ in the gym for three hours.

03 솔직히 말해서, Martin의 신발은 너무 낡아 보인다. (look / Martin's shoes / too old)
To be honest, _____ .

04 어제 우리는 벽을 빨간색과 검은색으로 칠했다. (red and black / we / the walls / painted)
_____ yesterday.

05 학생들은 의자들을 아래층으로 옮겼다. (moved / the students / the chairs)
_____ downstairs.

06 그는 방학 동안 바다에서 수영할 것이다. (will / he / swim)
_____ in the ocean during the vacation.

07 나는 나의 강아지를 갈색 때문에 커피라고 이름 지었다. (my dog / named / Coffee / I)
_____ because of its brown color.

08 Henry의 여동생은 아침으로 그에게 팬케이크를 만들어 주었다.
(made / some pancakes / him / Henry's sister)
_____ for breakfast.

09 Kate는 그 산의 정상에 도달했다. (the top / reached / Kate)
_____ of the mountain.

10 어젯밤 주방장이 우리가 제일 좋아하는 음식을 우리에게 가져다주었다.
(us / the chef / our favorite dish / brought)
_____ last night.

11 그 회사는 비용 때문에 행사를 취소했다. (the event / the company / canceled)
_____ because of the cost.

12 Richard가 호텔에 도착했을 때, 그는 방이 너무 작다고 생각했다. (found / he / too small / the room)
When Richard arrived at the hotel, _____.

13 나의 여동생은 호랑이를 연구하는 동물학자다. (is / my sister / a zoologist)
_____ who studies tigers.

14 Kramer는 밸런타인데이에 사람들에게 꽃을 팔았다. (sold / flowers / people / Kramer)
_____ on Valentine's day.

15 소금과 후추는 요리에서 사용되는 가장 기본적인 조미료이다.
(are / salt and pepper / the most basic seasonings)
_____ used in cooking.

정답 p.270

Course 2 문장의 종류

'He is a teacher.'는 '그는 선생님이다'라는 사실을 전달하는 평서문입니다. 그런데 주어와 동사의 위치를 바꾼 뒤 문장 맨 뒤에 물음표를 붙여 'Is he a teacher?'로 나타내면 '그는 선생님이니?'라고 묻는 의문문이 됩니다. 영어 문장은 크게 평서문, 의문문, 명령문, 감탄문으로 나눌 수 있으며, 각 문장은 서로 다른 어순을 가집니다.

01: 평서문

평서문은 사실, 생각, 의견 등을 진술하는 문장으로, 영어 문장의 가장 기본적인 형태입니다.

■ **긍정문** 긍정문은 「주어 + 동사 + 목적어/보어 + (수식어)」로 구성됩니다.

주어 + 동사 + 목적어/보어

그는 주말에 축구를 한다.
He plays football on weekends.

이 책은 흥미롭다.
The book is interesting.

Daniel은 병원에 가야 한다.
Daniel should go to the hospital.

■ **부정문** 부정문은 부정을 표현하는 문장으로, not과 같은 부정어를 사용합니다.

주어 + 동사 + 부정어 + 목적어/보어

그는 주말에 축구를 한다.	→ 그는 주말에 축구를 하지 않는다.
He plays football on weekends.	He **does not** play football on weekends.
이 책은 흥미롭다.	→ 이 책은 흥미롭지 않다.
This book is interesting.	This book is **not** interesting.
Daniel은 병원에 가야 한다.	→ Daniel은 병원에 가지 말아야 한다.
Daniel should go to the hospital.	Daniel should **not** go to the hospital.

02: 의문문

어떤 사실이나 진술을 있는 그대로 전달하는 것이 평서문이라면, 의문문은 그 내용을 물어볼 때 사용하는 문장입니다. 따라서 의문문은 평서문의 형태를 약간 변형해서 만들며, 일반 의문문과 의문사 의문문으로 나눌 수 있습니다.

■ **일반 의문문** 일반 의문문은 Yes/No로 답변할 수 있는 질문입니다. 평서문의 어순을 그대로 쓰지 않고, 조동사나 be동사가 문장의 맨 앞에 옵니다.

　　　조동사/be동사 + 주어 + 동사원형 -?

그는 주말에 축구를 하나요?
Does he play football on weekends?

Daniel은 병원에 가야 하나요?
Should Daniel go to the hospital?

이 책은 흥미롭나요?
Is the book interesting?

■ **의문사 의문문** 의문사 의문문은 What, Who, When, Where, Why, How와 같은 의문사로 시작하는 질문입니다. 문장의 맨 앞에 의문사가 오고, 그 뒤에 「조동사/be동사 + 주어 + 동사」 어순이 이어집니다.

　　　의문사 + 조동사/be동사 + 주어 + 동사원형 -?

그는 주말에 어디서 축구를 하나요?
Where does he play football on weekends?

Daniel은 병원에 언제 가야 하나요?
When should Daniel go to the hospital?

이 책은 왜 흥미롭나요?
Why is this book interesting?

03: 명령문

명령문은 '~해라'의 의미로 지시, 명령, 충고, 부탁을 할 때 사용하는 문장입니다. 보통 상대방(you)을 향한 직설적인 표현이므로 주어가 생략된 상태로 동사를 문장의 맨 앞에 둡니다.

- ■ 긍정 명령문   주어 You가 생략되면서 동사원형으로 시작합니다.

  열차에서 내리기 전에 소지품을 확인하시오.
  Check your belongings before you leave the train.

- ■ 부정 명령문   주어 You가 생략되고 「Don't + 동사원형」 또는 「Never + 동사원형」으로 시작합니다.

  이곳에서 뛰지 마시오.
  Don't run here.

> **tip**
> 명령문 맨 앞이나 맨 뒤에 please를 붙이면 더 정중한 표현이 됩니다.
>
> 이곳에서 뛰지 말아 주세요.
> **Please** do not run here.
> = Do not run here, **please**.

04: 감탄문

감탄문은 놀람, 기쁨, 슬픔 등의 감정을 표현할 때 사용하는 문장입니다. 보통 What이나 How로 시작하고 문장 맨 뒤의 「주어 + 동사」는 생략할 수 있습니다.

- ■ What 감탄문   What + (a/an) + 형용사 + 명사 + (주어 + 동사)!

  정말 지루한 영화구나!
  What a boring movie this is!

- ■ How 감탄문   How + 형용사/부사 + (주어 + 동사)!

  정말 쉬운 시험이었구나!
  How easy the test was!

Jump-up Skills

1. no vs. not 차이
no는 주로 명사를 부정하는 형용사 역할을 하는 반면, not은 문장의 동사, 형용사, 부사, 또는 구 전체를 부정하는 부사 역할을 합니다.

여기는 주차 공간이 하나도 없다.
There is **no** parking space here.

나는 매일 운동하지 않는다.
I do **not** exercise every day.

2. 구체적인 시각을 묻는 when은 what time으로 바꿔 쓸 수 있다.

그들은 언제 세미나를 시작하나요?
When will they start the seminar?

→ 그들은 **몇 시**에 세미나를 시작하나요?
   What time will they start the seminar?

3. How 감탄문이 부사를 강조할 때는 문장 맨 뒤의 「주어 + 동사」를 생략할 수 없다.

그는 정말 빠르게 달리는구나!
How quickly he runs!

그녀는 정말 아름답게 노래하는구나!
How beautifully she sings!

4. 간접 의문문
의문문을 어떤 문장의 주어, 목적어, 보어 자리에 사용할 수 있습니다. 이 경우 의문문의 어순이 아니라 「의문사 + 주어 + 동사」의 어순이 되며, 이렇게 들어간 의문문을 간접 의문문이라 부릅니다.

내 휴대폰이 어디에 있습니까?
Where **is** **my cell phone**?
　의문사　동사　　주어

→ 내 휴대폰이 어디에 있는지 모르겠습니다.
   I don't know **where** **my cell phone** **is**.
　　　　　　　　　의문사　　　주어　　　　동사

✓ Check-up

✎ 파란색으로 주어진 우리말과 같도록 괄호 안의 단어들을 배열하여 문장을 완성하세요. 이때 문장의 성분에 유의하세요.

01 너는 어제 초대장을 확인했니? (check / the invitation / you / did)
_____ yesterday?

02 새끼 오리들은 그들의 어미로부터 수영하는 법을 배운다. (baby ducks / to swim / learn)
_____ from their mothers.

03 새 에어컨은 방을 빠르게 차갑게 만들었다. (the room / made / the new air conditioner / cool)
_____ quickly.

04 그것은 정말 인상적인 발표였다! (impressive presentation / an / what)
_____ it was!

05 Mr. Grand는 3주 전에 경찰관이 되었다. (became / Mr. Grand / a police officer)
_____ three weeks ago.

06 내일 아침에 저를 위해 택시를 잡아줄 수 있나요? (get / could / a taxi / you)
_____ for me tomorrow morning?

07 프로그램을 종료하기 전에 파일을 저장하는 것을 잊지 마세요. (to save / don't / the file / forget)
_____ before you close the program.

08 우리는 지난주 화요일에 지리를 공부하지 않았다. (geography / we / study / didn't)
_____ last Tuesday.

09 나는 Paul이 왜 회의를 취소했는지 알고 싶다. (canceled / Paul / why / the meeting)

I want to know _____ .

10 지난 여름에 너는 너의 할머니 댁을 언제 방문했니? (visit / when / did / your grandmother's home / you)

_____ last summer?

11 실수를 했을 때 사실을 말해라. (the truth / tell)

_____ when you make a mistake.

12 당신은 회사 근처에서 직장 동료들과 점심을 먹나요? (have / you / lunch / do)

_____ with your coworkers near your office?

13 이번 시즌에 누가 최고의 기록을 냈나요? (the best record / who / had)

_____ this season?

14 Ian은 시험 결과를 걱정할 어떠한 이유도 없었다. (had / Ian / reason / no)

_____ to worry about the test results.

15 내 여동생은 집을 청소하는 동안 신나는 음악을 틀어놓는 것을 좋아한다.
(to play / my sister / likes / upbeat music)

_____ while she cleans the house.

정답 p.270

Daily Test

끊어 해석한 부분에 유의하여 다음의 우리말 문장을 영어로 바꾸어 쓰세요.

01 그는 배울 예정이다 / 스페인어를 / 여름방학 동안
  * ~할 예정이다 be going to   * 여름방학 동안 during the summer vacation

_____

02 나는 커피가 필요하다 / 나의 하루를 시작하려면
  * 하루를 시작하다 start someone's day

_____

03 아기가 크게 울었다 / 한밤중에
  * 크게 울다 cry loudly   * 한밤중에 in the middle of the night

_____

04 마케팅 팀이 시작했나요 / 새 프로젝트를 / 이번 주에
  * 마케팅 팀 the marketing team

_____

05 진흙은 / 만들었다 / 아이의 부츠를 / 더럽게
  * 진흙 mud

_____

06 너의 삼촌은 ~이었니 / 프로 야구 선수
  * 프로 야구 선수 professional baseball player

_____

07 Katie는 느꼈다 / 자신의 심장이 / 빠르게 뛰는 것을 / 그녀의 연설 전에
  * 뛰다 beat   * 연설 speech

_____

08 Nancy는 생각했다 / 선생님의 조언이 / 도움이 된다고
  * 생각하다 find   * 조언 advice

_____

09 Alex는 / 마시는 것을 그만 두었다 / 탄산 음료를 / 그의 건강을 위해서
* 마시는 것을 그만 두다 stop drinking   * 탄산 음료 soda

10 말하지 마라 / 시끄럽게 / 지하철에서
* 지하철에서 on the subway

11 들러 줄 수 있나요 / 식료품 상점에 / 아파트 건물 맞은편의
* ~에 들르다 stop by   * 식료품 상점 grocery store   * ~의 맞은편 across from

12 많은 사람들이 / 무서워한다 / 전화를 거는 것을
* 전화를 걸다 make a phone call

13 Brown씨는 / 약속을 미뤘다 / 개인적인 사정으로
* 약속 appointment   * 미루다 postpone   * 개인적인 사정 a personal reason

14 Jenna가 무엇을 만들었나요 / 점심으로

15 그는 물었다 / 나에게 / 언제 / 내가 방문할 수 있는지 / 다시 그의 레스토랑에

Day 02 동명사·to 부정사·분사

Course ① 동명사와 to 부정사

동사가 문장 내에서 명사, 형용사, 부사처럼 쓰일 때는 동사 그대로 쓸 수 없으며 명사, 형용사, 부사로 쓰일 수 있는 옷으로 갈아입어야 합니다. 그것이 바로 명사 역할을 하는 동명사(동사원형 + ~ing)와, 명사, 형용사, 부사 역할을 하는 to 부정사(to + 동사원형)입니다.

01: "~하는 것/~하기"는 [동명사]나 [to 부정사]로 쓴다.

동명사와 to 부정사는 문장 내에서 명사처럼 주어, 목적어, 보어로 쓰입니다.

■ 표현 만들기

외국어를 말하는 것	**speaking** a foreign language **to speak** a foreign language
자신에 대해 배우는 것	**learning** about oneself **to learn** about oneself
춤추는 것	**dancing** **to dance**
피아노를 연주하는 것	**playing** the piano **to play** the piano

■ 문장 써보기

1. 외국어를 말하는 것은 어렵다.

   Speaking a foreign language
 To speak a foreign language] is difficult.　　[주어 역할]

   동명사와 to 부정사 둘 다 주어로 쓸 수는 있으나 to 부정사는 주어로 잘 쓰지 않습니다. to 부정사 주어를 쓸 경우에는 주로 가주어 It을 씁니다. (이것은 It과 There에서 자세히 다룹니다.)

   It is difficult **to speak a foreign language**.

2. 인생은 자신에 대해 배우는 것이다.

   Life is ┌ **learning about oneself.**　　　　　[보어 역할]
   　　　　└ **to learn about oneself.**

3. 나는 **춤추는** 것을 즐긴다.
   I enjoy **dancing**.　　　　　　　　　　　　　[목적어 역할]

이 경우 'I enjoy to dance.'라고는 쓸 수 없습니다. enjoy가 동명사만 목적어로 취하는 동사이기 때문입니다. 이처럼 동명사만 목적어로 취하는 동사와 to 부정사만 목적어로 취하는 동사가 따로 있으며, 둘 다 취하는 동사도 있습니다. 따라서 동사의 목적어를 쓸 때는 동명사를 쓸지 to 부정사를 쓸지에 주의해야 합니다.

to 부정사를 취하는 동사　want, decide, demand, plan, hope, agree, ask, promise, choose, etc.
동명사를 취하는 동사　　　avoid, admit, enjoy, deny, quit, practice, postpone, give up, etc.
둘 다 취하는 동사　　　　　like, love, hate, continue, prefer, begin, start, etc.

4. 나는 피아노를 연주하는 것에 능숙하다.
   I am good at **playing the piano**.　　　　　[전치사의 목적어 역할]

이 경우 'I am good at **to play the piano**.'라고는 쓸 수 없습니다. 전치사의 목적어로는 to 부정사를 쓸 수 없으며, 반드시 동명사를 씁니다. object to, look forward to, be used to 등에서 to는 to 부정사의 to가 아니라 전치사임을 기억합니다.

나는 거기에 가는 것을 반대한다.
I object to **going** there.

나는 너를 보기를 고대한다.
I look forward to **seeing** you.

그녀는 일찍 일어나는 것에 익숙하지 않다.
She is not used to **getting up** early.

02: "(해야) 할 명사"는 [명사 + to 부정사]로 쓴다.

to 부정사는 형용사처럼 명사를 수식합니다.

■ 표현 만들기

해야 할 숙제　　　　　　homework **to do**
쇼핑할 시간　　　　　　time **to shop**

■ 문장 써보기

1. 나는 해야 할 숙제가 있다.
   I have **homework to do**.

2. 나는 오후에 쇼핑할 시간이 있었다.
   I had **time to shop** in the afternoon.

03: "~하기 위해"는 [to 부정사]로 쓴다.

to 부정사는 부사처럼 동사를 수식합니다.

■ 표현 만들기

살기 위해　　　　　　　　**to live**
가족과 함께 지내기 위해　　**to stay** with her family

■ 문장 써보기

1. 나는 살기 위해 먹는다.
   I eat **to live**.

2. 그녀는 가족과 함께 지내기 위해 부산에 갔다.
   She went to Busan **to stay with her family**.

> **tip**
> '~하기 위해'의 뜻으로 목적의 의미를 강조할 때는 [in order to 부정사] 혹은 [so as to 부정사]를 씁니다.
>
> 나는 살기 위해 먹는다.
> I eat **in order to live**.
> I eat **so as to live**.

Jump-up Skills

1. to 부정사와 동명사에는 기본적인 의미 차이가 있다.
to 부정사에는 '미래, 계획'의 의미가, 동명사에는 '이미 한 행위'나 '행위 그 자체'라는 의미가 있습니다.

나는 춤을 추고 싶다. → I like **to dance**.
('아직 춤추지는 않았는데 지금 추고 싶다'라는 의미입니다.)

나는 춤추는 것을 좋아한다. → I like **dancing**.
('지금 춤추고 싶다'가 아니라 '원래 춤추는 것을 좋아한다', '춤추는 행위 그 자체를 좋아한다'라는 의미가 됩니다.)

2. 동명사와 to 부정사의 부정은 앞에 not 혹은 never 등의 부정어를 붙인다.

그들은 아이들을 데려오지 않은 것을 후회한다.
They regret **not bringing** their children.

나는 절대로 포기하지 않겠다고 결심했다.
I decided **never to give up**.

3. "무엇을/어디서/언제/어떻게 ~할지"는 [what / where / when / how + to 부정사]로 쓴다.
to 부정사는 의문사와 함께 쓰여 명사구의 기능을 합니다.

나는 무엇을 공부할지 잊어버렸다.
I forgot **what to study**.

4. "A에게 (to 부정사)할 것을 ~하다"는 [동사 + A + to 부정사]로 쓴다.
이런 형식을 취하는 동사로는 advise, tell, ask, promise, want 등이 있습니다.

그는 내게 떠날 것을 요구했다.
He **asked me to leave**.

5. "너무 (형용사)해서 (to 부정사)할 수 없다"는 [too + 형용사 + to 부정사]로 쓴다.
부정의 의미이지만 표현에 not을 쓰지 않는 것에 주의합니다.

빵이 너무 단단해서 자를 수 없다.
The bread is **too hard to slice**.

6. "(to 부정사)할 만큼 충분히/충분한"은 [형용사 + enough + to 부정사], [enough + 명사 + to 부정사]로 쓴다.

그 독은 너를 죽일 만큼 충분히 독하다.
The poison is **strong enough to kill** you.

이것은 너를 죽일 만큼 충분한 독을 지니고 있다.
This has **enough poison to kill** you.

✅ Check-up

✏️ 파란색으로 주어진 우리말 표현을 영어로 바꾸어 문장을 완성하세요.

01 약을 너무 많이 먹는 것은 당신의 건강에 해로울 수도 있다.

_____ may be harmful to your health.

* 약 medicine

02 그의 유일한 취미는 동전을 수집하는 것이다.

His only hobby is _____.

* 수집하다 collect

03 그 소녀는 갑자기 울음을 멈추었다.

The girl suddenly _____.

04 나는 인터넷에서 정보를 검색하는 것에 익숙하다.

I am used to _____ on the Internet.

* 검색하다 search for

05 나는 운동을 시작하기로 결심했다.

I decided _____.

* 운동하다 work out

06 너는 그 문제를 풀 만큼 충분한 지성을 지니고 있다.

You have enough intellect _____.

07 우리는 참여할 스터디 그룹을 찾았다.

We found a study group _____.

* 참여하다 take part in

08 그들은 내게 시간을 지킬 것을 충고했다.

They advised me _____.

* 시간을 지키다 be on time

09 그는 그들에게 자기 가족의 사진을 보여 주기 위해 지갑을 꺼냈다.

He brought his wallet out _____.

10 비가 너무 많이 와서 낚시하러 가지 못했다.

It rained too much _____.

11 나는 너를 만나서 기쁘다.

I am pleased _____.

12 나는 부엌을 청소하는 것에 찬성했다.

I agreed _____.

13 그녀는 시험에서 부정행위를 한 것을 부인했다.

She denied _____.

* ~에서 부정행위를 하다 cheat on ~

14 나는 회의의 일정을 다시 잡는 것에 반대한다.

I object to _____.

* 회의 meeting   * 일정을 다시 잡다 reschedule

15 어떤 사람들은 역사에 대해 배우기 위해 여행을 한다.

Some people travel _____.

정답 p.271

Course ❷ 분사

동사를 동명사나 to 부정사 형태로 명사, 형용사, 부사처럼 쓸 수 있듯이, 동사가 분사(동사원형 + ~ing/~ed)로 쓰이면 형용사처럼 기능하게 됩니다.

01: "~하는"은 [현재분사(~ing)]로, "~된(~당한)"은 [과거분사(~ed)]로 쓴다.

분사는 형용사처럼 명사를 수식하거나 보어로 쓰입니다.

■ **표현 만들기**

날아다니는 원숭이	a **flying** monkey
도난당한 시계	a **stolen** watch
피곤하다	feel **tired**
그녀가 노래하는 것을 듣다	hear her **singing**

■ **문장 써보기**

1. 너는 날아다니는 원숭이를 본 적 있니?
   Have you ever seen **a flying monkey**? [명사 수식 현재분사]

2. 나는 그가 도난당한 시계를 차고 있는 것을 봤다.
   I saw him wearing **the stolen watch**. [명사 수식 과거분사]

3. 나는 매일 피곤하다.
   I **feel tired** every day. [주격 보어 과거분사]

4. 나는 그녀가 욕실에서 노래하는 것을 들었다.
   I **heard her singing** in the shower. [목적격 보어 현재분사]

> **tip 1**
>
> 현재분사와 과거분사의 의미 차이
> 현재분사는 능동의 의미(직접 ~하는)를, 과거분사는 수동의 의미(~된, ~당한)를 가집니다. 가령, 동사 excite(~을 흥미롭게 하다, 흥분시키다)의 경우를 봅시다.
>
> ❶ **exciting**(현재분사): '흥미 있게 해주는, 흥분시키는'의 의미
>   **exciting** movies(재미있는 영화), **exciting** games(신나는 게임)와 같이 쓰인다.
>
> ❷ **excited**(과거분사): '흥미 있어 하는, 흥분된' 등 excite라는 행위를 당한다는 의미
>   an **excited** boy(신이 난 소년), greatly **excited** people(매우 흥분한 사람들)과 같이 쓰인다.

tip 2

분사는 대개 명사 앞에서 [분사 + 명사]의 어순으로 수식하지만, 분사에 다른 단어가 따라 나올 때, 즉 분사가 구를 이룰 때는 [명사 + 분사구]의 어순이 됩니다.

잠자는 고양이 a sleeping cat

탁자 밑에서 잠자는 고양이 a cat sleeping under the table

02: "~할 때/~하기 때문에/~한다면/~한 채로"는 [분사구문]으로 쓴다.

[분사구문 + 주절]은 [부사절 + 주절]의 문장 형태를 간단하게 쓸 수 있는 방법으로, 간명하고 세련된 느낌을 주는 표현입니다.

■ 표현 만들기

| 그녀를 봤을 때 | **Seeing** her, |
| | ('When 주어 saw her'의 부사절로 쓸 수도 있습니다.) |

| 차에 치었기 때문에 | **Hit** by a car, |
| | ('Because 주어 be동사 hit by a car'의 부사절로 쓸 수도 있습니다.) |

| 뒤돌아본다면 | **Turning** around, |
| | ('If 주어 turn around'의 부사절로 쓸 수도 있습니다.) |

| 음악을 들으면서 | **Listening** to music, |
| | (동시 상황, 혹은 연속적으로 일어난 동작을 나타낼 때는 주로 분사구문을 씁니다.) |

■ 문장 써보기

1. 그녀를 봤을 때, 나는 심장이 멎는 것 같았다.
   Seeing her, I felt my heart stop.   [시간의 분사구문]

2. 차에 치었기 때문에, 그는 병원에 가야 했다.
   Hit by a car, he had to go to hospital.   [이유의 분사구문]

3. 뒤돌아본다면, 너는 큰 빌딩을 보게 될 거야.
   Turning around, you will see a big building.   [조건의 분사구문]

4. 음악을 들으면서, 나는 잠들었다.
   Listening to music, I fell asleep.   [동시상황의 분사구문]

tip 1

주절의 주어와 일치하지 않는 주어로 분사구문을 만드는 경우도 있습니다.

Lisa가 그 연극을 좋아해서, 우리는 그녀에게 티켓을 사 주었다.
Lisa loving the play, **we** bought the ticket for her.

문법적으로 틀린 문장은 아니지만, 분사의 주어가 주절과 일치하여 분사구문 부분에 주어를 생략하는 문장에 비해 잘 쓰이지 않으며, 어색한 느낌을 주게 됩니다. 따라서 이런 경우에는 부사절을 쓰는 것이 더 자연스럽습니다.

→ **Because Lisa loved the play**, we bought the ticket for her.

tip 2

분사구문을 쓸 때, 현재분사를 쓸지 과거분사를 쓸지는 주절의 주어에 의해 결정됩니다.

주어가 행위를 하는 주체(능동의 의미)이면 현재분사, 행위를 당하는 대상(수동의 의미)이면 과거분사를 씁니다.

그는 차에 치었기 때문에, 병원에 가야 했다.
Hit by a car, **he** had to go to hospital.

사람을 치어서, 버스 운전사는 체포되었다.
Hitting a man, **the bus driver** was arrested.

tip 3

분사구문에서 접속사를 써 줄 수도 있습니다.

원칙적으로 분사구와 주절의 의미 관계(시간, 이유, 양보, 조건 등)가 명확할 경우 생략해도 되지만, 생략하지 않고 그대로 쓰는 경우도 많습니다. 그리고 약간이라도 의미가 모호하다 싶을 때는 반드시 접속사를 쓰도록 합니다.

도움을 청하기 전에, 너는 최선을 다해야 한다.
Asking for help, you should do your best.

접속사가 빠졌기 때문에 의미가 모호합니다. '도움을 청하는 것'과 '최선을 다하는 것'의 관계를 봐서, '도움을 청하기 전에'라고 해석할 확률이 100%가 아니라면 접속사를 써 줍니다.

→ **Before asking** for help, you should do your best.

Jump-up Skills

1. 분사구문

분사구문은 부사절의 접속사를 없애고 분사구문의 주어와 주절의 주어가 일치하는 경우, 주어를 생략하고 동사를 '동사원형 + ~ing' 형태로 만듭니다.

피곤했기 때문에, 나는 일찍 잠자리에 들었다.
As I felt tired, I went to bed early.
= **Feeling tired**, I went to bed early.

그녀는 혼자 남겨지자, 울음을 터뜨렸다.
When she was left alone, she began to cry.
= **(Being) Left alone**, she began to cry.

분사구문 맨 앞에 being이 오면 대체로 생략합니다.

2. 분사의 부정은 분사 앞에 not 혹은 never를 붙인다.

무슨 말을 해야 할지 몰랐기 때문에, 나는 조용히 있었다.
Not knowing what to say, I kept silent.

3. "(명사)를 ~하면서, ~한 채로"의 표현은 [with + 명사 + 분사]로 쓴다.

그는 그의 눈을 감은 채로 노래를 들었다.
He listened to the song **with his eyes closed**.

4. 명사나 부사가 분사와 하이픈으로 연결된 [명사-분사], [부사-분사]는 한 단어의 형용사처럼 쓰인다.

영어를 쓰는 → English-speaking
잘 알려진 → well-known

전 세계에는 영어를 쓰는 국가들이 많다.
There are many **English-speaking** countries worldwide.

그 교수는 그의 연구 분야에서 잘 알려져 있다.
The professor is **well-known** in his field of work.

5. "~을 -당하다, (누군가를 시켜서) ~을 -하게 하다"의 표현은 [have + 목적어 + 과거분사]로 쓴다.

나는 지갑을 도둑 맞았다.
I **had** my wallet **stolen**.

나는 프린터를 수리하게 했다.
I **had** the printer **repaired**.

✓ Check-up

✎ 파란색으로 주어진 우리말 표현을 영어로 바꾸어 문장을 완성하세요.

01 말하는 앵무새가 나의 주의를 끌었다.

_____ attracted my attention.

* 주의 attention

02 우리를 향해 오고 있는 소녀가 Jessica이다.

The girl _____ is Jessica.

03 그는 양념된 스테이크를 먹는 것을 즐긴다.

He enjoys eating _____.

* 양념하다 season

04 그 파티에 초대된 많은 사람들이 있었다.

There were many people _____.

05 나는 네가 개를 산책시키는 것을 보았다.

I saw you _____.

* 산책시키다, 걷게 하다 walk

06 그녀는 한 시간 내에 프린터를 고치게 했다.

She _____ in an hour.

* 고치다, 수리하다 fix

07 길을 걸어가다가, 나는 Ben과 우연히 마주쳤다.

_____, I ran into Ben.

08 한 남자에게 쫓기며, 그 도둑은 모퉁이를 돌아 뛰었다.

_____, the thief ran around the corner.

* 쫓다 follow

09 그것이 다른 학생의 잘못이라는 것을 몰랐기 때문에, 선생님은 나를 야단쳤다.

_____, the teacher scolded me.

* 잘못 fault

10 그와 이야기하는 것이 지루해졌기 때문에, 나는 양해를 구하고 그 방을 떠났다.

_____, I left the room with an excuse.

* ~하는 것이 지루해지다 be bored with ~

11 왼쪽으로 돌면, 당신은 편의점을 발견할 것이다.

_____, you will find the convenience store.

12 해변을 따라서 걷다가, 우리는 게를 잡았다.

_____, we caught a crab.

* ~을 따라서 걷다 walk along ~

13 돈을 전혀 갖고 있지 않았기 때문에, 나는 새 재킷을 살 수 없었다.

_____, I couldn't buy a new jacket.

14 부모에 의해 궁지에 몰려, 그 소년은 마침내 진실을 말했다.

_____, the boy finally told the truth.

* 궁지에 몰다 corner

15 그의 주소를 몰랐기 때문에, 그녀는 그에게 연락할 수 없었다.

_____, she couldn't contact him.

* 주소 address

정답 p.272

Daily Test

끊어 해석한 부분에 유의하여 다음의 우리말 문장을 영어로 바꾸어 쓰세요.

01 내가 좋아하는 방법은 / 스트레스를 풀기 위해 / 달리기이다
   * 좋아하는 favorite   * 스트레스를 풀다 relieve stress

02 무엇보다도, / 나는 즐긴다 / 내 친구들과 시간을 보내는 것을
   * 무엇보다도 above all

03 연습을 통해서, / 나는 능숙해졌다 / 체스를 두는 것에
   * 연습을 통해서 through practice   * ~하는 것에 능숙해지다 become skilled at 동명사

04 지도자들은 찾는다 / 다른 사람들을 자극할 방법들을
   * 지도자들 leaders   * 자극하다, 동기를 주다 motivate

05 인생에서 진정으로 성공적이기 위해서는, / 상식을 가질 필요가 있다
   * 진정으로 truly   * 상식 common sense   * ~할 필요가 있다 need to 부정사

06 어떤 업무들은 너무 어렵다 / 혼자서 처리하기에는
   * 업무들 tasks   * 처리하다 handle

07 좋을 것 같다 / 사는 것은 / 변화하는 날씨를 지닌 지역에서
   * ~할 것 같다 would 동사원형   * 변화하는 날씨를 지닌 with changing weather

08 증가하는 자동차의 수는 / 관련되어 있다 / 대도시의 심각한 대기 오염과
   * ~와 관련되어 있다 be related to ~   * 대기 오염 air pollution

09 몇몇 프로그램들은 / 아이들에 의해 시청되는 / 재미있고 교육적이다
* 재미있는 fun * 교육적인 educational

10 나는 본 적이 있다 / 많은 학생들이 밖에서 빈둥거리는 것을 / 수업 시간에
* ~한 적이 있다 have 과거분사 * 빈둥거리다 idle away * 수업 시간에 during school hours

11 기회가 주어진다면 / 역사적인 인물을 만날, / 나는 아인슈타인을 만나고 싶어 할 것이다
* 역사적인 인물 historical figure * 아인슈타인 Einstein

12 개인적인 경험을 통해 배운 교훈은 / 더 오래 지속된다 / 충고보다
* 개인적인 경험 personal experience * 교훈 lessons * 지속되다 stay

13 주의 산만을 꺼려하여, / 나는 선호한다 / 혼자서 공부하는 것을
* 주의 산만 distractions * ~을 꺼리다, 두려워하다 be afraid of ~ * 혼자서 by oneself

14 잘 계획된 활동이 해준다 / 당신의 여가 시간을 / 더 유쾌하게
* 여가 시간 free time * 유쾌한, 즐거운 enjoyable

15 부모가 집안일 하는 것을 도우면서, / 아이들은 배울 수 있다 / 책임감을
* 집안일 household tasks * A가 B하는 것을 돕다 help A with B * 책임감 responsibility

정답 p.272

Day 03 명사절·부사절·관계절

Course ❶ 명사절과 부사절

'내가 너를 좋아한다는 것'을 영어로 표현해 봅시다. 이때, '내가 너를 좋아한다'라는 뜻의 'I like you' 외에 '~라는 것'을 표현해 주는 명사절을 이끄는 접속사 that이 필요합니다. 이번에는 '네가 책을 읽을 때'를 영어로 표현해 봅시다. '네가 책을 읽는다'라는 뜻의 'you read a book' 외에 '~할 때'라는 의미를 표현하려면, 시간의 부사절을 이끄는 접속사 when이 필요합니다.

01: "~하는 것/~하는지"는 [명사절]로 쓴다.

명사절은 문장에서 명사처럼 주어, 보어, 목적어, 전치사의 목적어, 동격절로 쓰입니다.

■ 명사절 = [명사절 접속사 + (주어) + 동사]

의미	접속사
~하는 것, 무엇이/무엇을 ~하는지	**what**
~하는 것	**that**
~인지 아닌지	**whether, if**
누가/누구를 ~하는지	**who**
언제 ~하는지	**when**
어디에서 ~하는지	**where**
왜 ~하는지	**why**
어떻게 ~하는지	**how**

■ 표현 만들기

어제 일어났던 것	**what** happened yesterday
그들의 관계가 불안정하다는 것	**that** their relationship is rocky
당신이 그것을 전에 들어본 적이 있는지 (없는지)	**whether** you've ever heard of it before (or not)
누가 창문을 깨뜨렸는지	**who** broke the window
왜 내가 잠자는 데 문제가 있는지	**why** I have problems sleeping
어떻게 당신이 그녀를 만났는지	**how** you met her
언제 영화가 시작하는지	**when** the movie starts
Andy가 술을 마시지 않는다는 사실	**the fact that** Andy doesn't drink

문장 써보기

1. 어제 일어났던 것은 내게 많은 것을 의미했다.
   What happened yesterday meant a lot to me. [주어 역할]

2. 진실은 그들의 관계가 불안정하다는 것이다.
   The truth is **that their relationship is rocky**. [보어 역할]

3. 나는 당신이 그것을 전에 들어본 적이 있는지 의심스럽다.
   I doubt **whether you've ever heard of it before**. [목적어 역할]

4. 나는 누가 창문을 깨뜨렸는지 모른다.
   I don't know **who broke the window**. [목적어 역할]

5. 의사조차도 왜 내가 잠자는 데 문제가 있는지를 설명하지 못한다.
   Even the doctor can't explain **why I have problems sleeping**. [목적어 역할]

6. 어떻게 당신이 그녀를 만났는지 말해 보세요.
   Tell me **how you met her**. [목적어 역할]

7. 그 방송은 언제 영화가 시작하는지에 관한 것이었다.
   The announcement was about **when the movie starts**. [전치사의 목적어 역할]

8. Andy가 술을 마시지 않는다는 사실이 나를 놀라게 한다.
   The fact that Andy doesn't drink surprises me. [동격절]
   'The fact'와 that절은 서로 동격의 관계이다.

tip 1

what(~하는 것, 무엇이 ~하는지)과 who(~하는 사람, 누가 ~하는지)가 주어로 쓰이면 바로 뒤에 동사가 옵니다.

너를 행복하게 만드는 것 → **what makes** you happy
너를 행복하게 만드는 사람 → **who makes** you happy

tip 2

what과 that

둘 다 '~하는 것'으로 해석되지만, what은 그 자체가 '것'이라는 명사 기능을 하기 때문에 what 다음에는 주어나 목적어, 보어 중 하나가 빠진 불완전한 문장이 옵니다. 반면에 that은 접속사 역할만을 하기 때문에 that 다음에는 완전한 문장이 옵니다.

어제 일어났던 것은 내게 많은 것을 의미했다.
What **happened yesterday** meant a lot to me. → [동사 + 부사]의 불완전한 문장

사실은 내가 너를 정말로 좋아했던 적이 없다는 것이다.
The truth is that **I never really liked you**. → [주어 + 동사 + 목적어]의 완전한 문장

02: "~이므로/~할 때/비록 ~일지라도/만일 ~이라면"은 [부사절]로 쓴다.

부사절은 문장 내에서 부사의 역할을 합니다.

■ 부사절 = [부사절 접속사 + 주어 + 동사]

의미	접속사
~이므로, ~하기 때문에 (원인)	because, since, as, now that
~할 때, ~하는 동안에 (시간)	when, as, while
비록 ~일지라도 (양보)	although, though
~인 반면에 (대조)	while, whereas
만일 ~이라면, ~인 경우에 (조건)	if, in case, granting that
~하기 위해서, ~할 수 있도록 (목적)	so that, in order that
매우 ~해서 –하다 (결과)	so 형용사/부사 that, such 명사 that
~하는 한 (제한)	as long as, as far as

■ 부사절의 위치

나는 그녀가 똑똑하기 때문에 그녀를 좋아한다.
1) 주어 + 동사 + 부사절   I like her **because she is smart**.
2) 부사절 + comma(,) + 주어 + 동사   **Because she is smart**, I like her.

■ 표현 만들기

당신이 책을 읽고 있을 때	**when** you are reading a book
나는 마음을 정했으므로	**now that** I have made up my mind
아기가 잠자는 한	**as long as** the baby sleeps
매우 시끄러워서 모두가 들을 수 있다	**so** loud **that** everyone can hear you

■ 문장 써보기

1. 책을 읽고 있을 때 당신은 행복해 보인다.
   You look happy **when you are reading a book**.

2. 나는 마음을 정했으므로, 뒤돌아보지 않겠다.
   Now that I have made up my mind, I will not look back.

3. 아기가 잠자는 한 우리는 쉴 수 있다.
   We can rest **as long as the baby sleeps**.

4. 당신의 목소리가 매우 시끄러워서 모두가 들을 수 있다.
   Your voice is **so loud that everyone can hear you**.

> **tip**
> 부사절이 주절 앞에 올 때는 comma가 사이에 오고 주절 뒤에 올 때는 comma를 쓰지 않는 것이 원칙이지만, '~인 반면에'의 뜻으로 while/whereas를 쓸 때는 예외적으로 부사절이 주절 뒤에 와도 comma를 씁니다.
>
> 그의 아버지는 마른 반면 John은 뚱뚱하다. → John is fat, **whereas** his father is skinny.

Jump-up Skills

1. whether와 if의 차이

① whether가 이끄는 절은 주어, 목적어, 보어로 쓰이고, whether는 to 부정사를 이끌 수 있습니다.

그녀가 올지 안 올지는 중요하지 않다.
[**Whether** she comes or not] doesn't matter.　　　　　　[주어]

나는 그가 정직한지 아닌지를 여전히 의심한다.
I still question [**whether** he is being honest].　　　　　　[목적어]

중요한 것은 그녀가 오느냐 안 오느냐는 것이다.
The important thing is [**whether** she will come or not].　　[보어]

그들은 떠날지 머무를지 결정할 수가 없다.
They cannot decide **whether to leave or stay**.

② if는 목적어가 되는 명사절만을 이끕니다.

나는 그녀가 올지 안 올지 궁금하다.
I wonder **if** she will come.

2. 조건을 나타내는 in case와 if의 차이

① if는 '어떤 상황이 발생할 경우에만'의 의미일 때 씁니다.

그들이 오면 식사할 자리를 더 마련하자.
If they come, we will set up another table.

② in case는 '어떤 상황이 일어날 것을 대비하여', 즉 '실제로 상황이 발생하지 않을지라도 일단은'의 의미일 때 씁니다. 따라서 in case 뒤에는 발생 가능한 미래의 상황이 등장합니다.

그들이 올 수도 있으니까 (오든 안 오든) 식사할 자리를 더 마련하자.
Let's set up another table **in case** they come.

3. 이유를 나타내는 as와 because의 차이

① as는 글을 읽는 사람이 이미 이유를 알고 있거나 별로 중요하지 않은 상황에 씁니다.

비가 다시 오니까, 그냥 집에 있는 게 낫겠다.
As it's raining again, we'd better stay at home.

② because는 새로운 정보를 제시하거나 중요한 이유를 나타낼 때 씁니다.

나는 아팠기 때문에, 출근하지 않았다.
Because I was sick, I didn't go to work.

4. "~해서 (형용사)하다"는 [형용사 + (that)절]로 쓴다.

sorry, pleased, glad, sure, afraid, amazed 등 감정이나 태도를 나타내는 형용사는 that절을 취하고, 이때의 that은 생략할 수 있습니다.

모두들 나를 위로하려고 노력해서 나는 감동받았다.
I was touched (**that**) everybody tried to cheer me up.

✓ Check-up

✎ 파란색으로 주어진 우리말 표현을 영어로 바꾸어 문장을 완성하세요.

01 그녀는 그들이 마침내 헤어졌다는 사실을 받아들일 수 없었다.

She couldn't accept _____.

  * 마침내 finally   * (남녀가) 헤어지다 break up

02 그들은 술을 마시는 것이 건강에 해롭다는 것을 지적했다.

They pointed out _____.

  * 술 alcohol   * 건강에 해로운 unhealthy

03 그는 근처에 우체국이 있는지 없는지를 몰랐다.

He did not know _____.

  * 근처에 nearby

04 나는 내가 여행에서 경험했던 것에 대해 적었다.

I wrote about _____.

  * 여행에서 on the trip

05 당신은 저 남자들이 누구인지를 아는가?

Do you know _____?

06 내가 당신의 목소리를 들을 때, 나의 가슴은 두근거리기 시작한다.

_____, my heart starts to pound.

07 나는 Terry가 어디로 갔는지를 알아낼 수 있다.

I can find out _____.

08 왜 내가 비 오는 날을 좋아하는지를 설명하기는 어렵다.

It's hard to explain _____.

  * 비 오는 날 rainy days

09 어떻게 그 사고가 일어났는지를 나에게 말해 줘.

Tell me _____.

* 사고 accident

10 네가 수업 중이었을 때 그가 잠깐 들렀다.

He stopped by _____.

* 수업 중에 있다 be in class

11 만일 당신이 Chris와 결혼한다면, 당신은 불행할 것이다.

_____, you will be unhappy.

* 결혼하다 marry

12 우리는 살이 찌고 있으므로, 더 적게 먹어야 한다.

_____, we should eat less.

* 살찌다 put on weight

13 비록 그 회사는 도산했지만, 그 회사의 제품은 여전히 사용되고 있다.

_____, its products are still being used.

* 도산하다, 폐업하다 go out of business

14 비록 나는 지금 뉴욕에 살고 있지만, 캘리포니아에서 성장했다.

_____, I grew up in California.

15 네가 그것들을 필요로 하는 한 그 책들을 가지고 있어도 좋다.

You may keep the books _____.

Course 2 관계절

'내가 좋아하는 사진'이라는 표현을 만들어 봅시다. 명사 '사진(picture)'을 '내가 좋아하다(I like)'라는 말로 수식해야 합니다. 이때, 명사와 수식어의 관계를 나타내 주는 관계대명사 which로 연결합니다. 이처럼 명사에 덧붙이고 싶은 말이 문장이 될 때, 자연스럽게 명사를 수식할 수 있는 방법이 관계대명사와 관계부사의 사용입니다. 즉, 관계절이란 문장 안에서 형용사의 기능을 하는 절입니다.

01: "(주어가) ~하는 명사"는 [명사 + 관계대명사 + (주어) + 동사]로 쓴다.

■ 관계절 = [관계대명사 + (주어) + 동사]
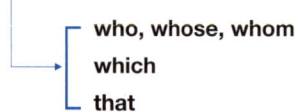
　　who, whose, whom
　　which
　　that

■ 관계대명사는 관계절 내에서 주어, 목적어 등의 역할을 하면서 관계절을 이끌어 앞에 오는 명사를 수식해 줍니다. 따라서 관계대명사 뒤에는 주어나 목적어 등이 빠진 문장이 옵니다.

나는 백화점에서 일하는 소녀를 만났다.
I met a girl. She works at a department store.
→ I met a girl **who** works at a department store.
관계대명사 who가 원래 주어 'she'를 대신하므로, who 다음에는 주어가 빠진 불완전한 문장이 옵니다.

이것들이 네가 찾고 있었던 열쇠들이다.
These are the keys. You were looking for them.
→ These are the keys **that** you were looking for.
관계대명사 that이 원래 목적어 'them'을 대신하므로, that 다음에는 목적어가 빠진 불완전한 문장이 옵니다.

▣ 표현 만들기

결정을 내리는 사람	the man **who** makes the decisions
그가 추천한 영화	the movie **that** he recommended
차가 고장 난 여자	a woman **whose** car had broken down
내가 이야기할 수 있는 친구	a friend to **whom** I can talk

문장 써보기

1. 그는 결정을 내리는 사람이 아니다.
   He is not **the man who makes the decisions**. [주격 관계대명사]

2. 나는 그가 추천한 영화를 보았다.
   I watched **the movie that he recommended**. [목적격 관계대명사]

3. 나는 차가 고장 난 여자를 도와주었다.
   I helped **a woman whose car had broken down**. [소유격 관계대명사]

4. 나는 내가 이야기할 수 있는 친구를 찾았다.
   I found **a friend to whom I can talk**. [전치사의 목적어]
   (= I found a friend whom I can talk to.)

tip 1

선행사(수식 받는 명사)가 사물이면 which나 that을, 사람이면 who나 that을 씁니다.

냉장고는 음식을 차게 유지하는 기계이다.
A refrigerator is a **machine which/that** keeps food cold.

옆집에 사는 여자는 선생님이다.
The woman **who/that** lives next door is a teacher.

tip 2

목적격 관계대명사 whom, that, which는 생략할 수 있습니다.

나는 네가 만나고 싶어 하던 여자와 우연히 마주쳤다.
I ran into the woman **(whom)** you wanted to see.

Eric은 내가 의지할 수 있는 유일한 사람이다.
Eric is the only person **(that)** I can rely on.

네가 관람한 영화는 쓰레기일 뿐이다.
The movie **(which)** you watched is nothing but trash.

02: "(주어가) ~하는 장소 / 시간 / 이유 / 방법"은 [장소 / 시간 / 이유 / 방법의 명사 + 관계부사 + 주어 + 동사]로 쓴다.

■ 관계절 = [관계부사 + 주어 + 동사]

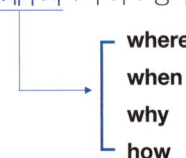

■ 관계부사는 관계절을 이끌어 앞에 오는 명사를 수식해 주고, 관계절 내에서 부사 역할을 합니다. 따라서 관계부사 뒤에는 주어, 목적어 등을 갖춘 완전한 문장이 옵니다.

나는 타코를 먹을 수 있는 식당을 찾고 있다.
I'm looking for a restaurant. I can have tacos in the restaurant.
→ I'm looking for a restaurant **where** I can have tacos.
where는 부사구(in the restaurant)를 대신하므로, where 다음에는 완전한 문장이 옵니다.

■ 표현 만들기

우리가 E.T.를 본 영화관	the movie theater **where** we saw E.T.
우리가 Joe를 처음 만난 날	the day **when** we first met Joe
내가 채식주의자인 세 가지 이유	three reasons **why** I am a vegetarian
그녀가 가르치는 방법	**the way** she teaches / **how** she teaches

■ 문장 써보기

1. 우리가 E.T.를 본 영화관은 철거되었다.
   The movie theater where we saw E.T. has been torn down. [장소의 명사 + where]

2. 그 사고는 우리가 Joe를 처음 만난 날에 일어났다.
   The accident happened **the day when we first met Joe**. [시간의 명사 + when]

3. 내가 채식주의자인 세 가지 이유가 있다.
   There are **three reasons why I am a vegetarian**. [이유의 명사 + why]

4. 그녀가 가르치는 방법은 그다지 효과적인 것 같지 않다.
   The way she teaches doesn't seem very effective. [방법의 명사 / how]
   How she teaches doesn't seem very effective.

   '~하는 방법'이라고 관계절을 쓸 때는 'the way how'를 함께 쓰지 않고, 'the way'나 'how'만 써서, [the way + 주어 + 동사]나 [how + 주어 + 동사]로 씁니다.

Jump-up Skills

1. 관계절의 [계속적 용법]

계속적 용법이란 관계절이 명사를 수식하는 것(제한적 용법)이 아니라 명사나 문장 전체를 부가적으로 설명하는 용법, 즉 어떤 설명을 덧붙이는 느낌으로 관계절을 사용하는 것을 말합니다. [주어 + 동사, 관계절] 혹은 [주어, 관계절, 동사]로 표현할 수 있고, 관계사로는 which, who, whose, where 등을 쓸 수 있습니다. 단, 문장 전체에 대한 부가적 설명은 **which**로만 쓸 수 있습니다.

그녀는 머리 스타일을 바꿨다, 그런데 이것은 그녀에게 무슨 일이 일어났음을 의미할지도 모른다.
She changed her hairstyle, **which** may mean that something has happened to her.

Laura는, 옆집에 살았었는데, 얼마 전에 결혼했다.
Laura, **who** used to live next door, just got married.

2. 다음의 경우에는 that만을 관계대명사로 사용해야 한다.

① [the only / the very / the same / the 서수 / the 최상급 + 명사]를 수식할 때

그는 내가 이야기하고 싶은 유일한 사람이다.
He is **the only** one **that** I feel like talking to.

② [all / any / some / every / many / no + 명사]를 수식할 때

영어를 잘 하는 모든 학생 → **every** student **that** speaks English well
음악을 즐기는 몇몇의 사람들 → **some** people **that** enjoy the music

③ anything / something / nothing / everything을 수식할 때

네가 원하는 것은 무엇이든지 말해 봐.
Tell me **anything that** you want.

3. 다음의 경우에는 관계대명사 that을 절대 사용할 수 없다.

① comma 뒤의 계속적 용법

그 프로젝트는 마침내 끝났다, 그런데 그것은 정말 성가신 일이었다.
The project is finally completed, **that** was a pain in the neck. (×)
The project is finally completed, **which** was a pain in the neck. (○)

② 전치사 + that

여기가 그녀가 일하는 식당이다.
This is the restaurant **at that** she works. (×)
This is the restaurant **at which** she works. (○)
This is the restaurant **that** she works **at**. (○)

✓ Check-up

🖊 파란색으로 주어진 우리말 표현을 영어로 바꾸어 문장을 완성하세요.

01 네가 어제 만났던 남자는 나의 고등학교 친구이다.

The man _____ is my high school friend.

02 그는 내가 데이트하고 싶은 이상적인 남자이다.

He is the ideal guy _____.

* 데이트하다 date

03 그녀는 나의 프로젝트를 돕고 있는 직장 동료이다.

She is a co-worker _____.

* A가 B하는 것을 돕다 help A with B

04 나의 수업들 중 하나를 가르치셨던 선생님께서 돌아가셨다.

The teacher _____ passed away.

05 그가 작년에 샀던 그림은 그의 거실에 걸려 있다.

The painting _____ hangs in his living room.

06 나는 아버지께서 나에게 사 주신 카메라를 그에게 빌려주었다.

I lent him the camera _____.

07 고장 난 그 기계는 내일 수리될 것이다.

The machine _____ will be fixed tomorrow.

* 고장 나게 하다, 부수다 break

08 그는 나에게 베스트셀러 목록에 있던 책 한 권을 추천했다.

He recommended a book _____ to me.

* 베스트셀러 bestseller

09 나의 성적이 떨어졌고, 그것은 나의 부모님을 걱정시켰다.

My grades fell, _____.

* 걱정시키다 worry

10 내가 좋아하는 어린 시절의 기억은 내가 아버지와 함께 야구를 했던 시간들이다.

My favorite childhood memories are the times _____.

11 나는 아버지가 이 대학의 교수인 소녀를 알고 있다.

I know a girl _____.

12 나는 그녀가 생각하는 방식을 이해하지 못한다.

I don't understand _____.

13 네가 못 갈 이유는 없다.

There is no reason _____.

14 우리가 쇼핑했던 백화점은 사람들로 가득 차 있었다.

The department store _____ was packed with people.

* 쇼핑하다 shop

15 미리 준비하는 학생들은 보통 시험을 잘 본다.

Students _____ usually do well on tests.

* 미리 in advance

Daily Test

끊어 해석한 부분에 유의하여 다음의 우리말 문장을 영어로 바꾸어 쓰세요.

01 나는 동의한다 / 부모들이 가장 좋은 선생님이라는 것에

02 나는 의심스럽다 / 매일의 숙제가 도울 것인지 / 학생들이 더 잘 배우도록

03 나는 논의할 것이다 / 무엇이 도왔는지 / 사람들이 더 오래 살도록
   * ~에 대해 논의하다 discuss ~

04 당신은 궁금해할지도 모른다 / 누가 당신의 룸메이트가 될 것인지를
   * 궁금해하다 wonder   * 룸메이트 roommate

05 많은 사람들이 역사를 공부하는 반면에, / 소수만이 그것의 가치를 인식한다
   * 소수만이 only a few   * 가치 value   * 인식하다 recognize

06 만일 내가 선택해야 한다면, / 나는 차라리 일하겠다 / 보수가 높은 직장에서
   * 차라리 ~하겠다 would rather 동사원형   * 보수가 높은 직장 a high-paying job

07 스트레스를 받을 때면, / 나는 어딘가로 간다 / 혼자 있기 위해
   * 스트레스를 받다 be stressed   * 어딘가로 somewhere

08 어떤 사람이 부유하다는 사실이 / 그 사람을 성공적으로 만들지 않는다
   * 성공적인 successful

09 나는 회사에서 일하고 싶다 / 내가 빨리 승진할 수 있는
* ~하고 싶다 would like to 부정사   * 승진하다 advance(= be promoted)

10 때때로 기억들은, / 평생 동안 지속될 수 있어서, / 보석보다 더욱 가치 있다
* 평생 동안 지속되다 last for a lifetime   * 보석 jewelry   * 가치 있는 valuable

11 나는 좋아한다 / 친구를 갖는 것을 / 내가 많은 것을 같이 공유하는
* A를 B와 함께 공유하다 have A in common with B

12 우리는 사회에 산다 / 사람들이 성공을 결정하는 / 그들이 버는 돈의 액수에 의해
* 결정하다 determine   * 그들이 버는 돈의 액수 the amount of money they make

13 부모들은 / 아이들을 너무 심하게 들볶는 / 아이들이 반항하게 만들지도 모른다
* 들볶다 push   * 반항하다 rebel   * A가 ~하게 만들다, 초래하다 cause A to 부정사

14 내 인생에서 가장 행복한 한 순간은 / 그날 밤이었다 / 내 여동생이 태어난

15 아이들은 / 시골에서 자라는 / 공동체 의식을 발달시킬 수 있다
* 공동체 의식 a sense of community

정답 p.274

Day 04   It · There · 비교 · 병치

Course 1   It과 There

'그의 이야기를 믿는 것은 어렵다.'를 영어로 표현해 봅시다. '그의 이야기를 믿는 것'은 'to believe his story'라는 to 부정사구의 주어로 쓸 수 있지만, 주어 자리에 쓰기에는 길기 때문에 가짜 주어인 'it'을 대신 써 줍니다. 이번에는 '고양이가 있다.'를 영어로 표현해 봅시다. 단어 그대로 옮겨 쓰면 'A cat is'이지만, '~가 있다'라고 표현할 때는 'there'를 주어 자리에 써 줍니다.

01: "< >는 ~하다"는 [It + 동사 + < >]로 쓴다.

말하고자 하는 주어 < >가 to 부정사구나 명사절이 될 때, 즉 주어가 길어질 때 형식상의 주어 it을 쓰고 진짜 주어인 < > 부분을 문장 뒤로 보내면 더욱 매끄러운 문장 쓰기가 됩니다.

■ **표현 만들기**

T. S. Eliot을 읽는 것	to read T. S. Eliot
당신이 T. S. Eliot을 이해하는 것	for you to understand T. S. Eliot
당신이 누구인지	who you are

■ **문장 써보기**

1. T. S. Eliot을 읽는 것은 쉽다.
   To read T. S. Eliot is easy.
   → **It** is easy **to read T. S. Eliot**.
   to 부정사구가 주어일 때 'it'을 주어로 대신 써 줍니다.

2. 당신이 T. S. Eliot을 이해하는 것은 어렵다.
   For you to understand T. S. Eliot is difficult.
   → **It** is difficult **for you to understand T. S. Eliot**.

3. 당신이 누구인지는 중요하지 않다.
   Who you are doesn't matter.
   → **It** doesn't matter **who you are**.
   주어 자리에 명사절이 오면 'it'을 주어로 대신 써 줍니다.

02: "주어는 (to 부정사)하는 것을 ~하게 해준다"는 [주어 + 동사 + it + ~ + to 부정사]로 쓴다.

목적어와 목적격 보어가 있는 문장에서, 목적어가 to 부정사일 때 반드시 목적어 자리에 it을 대신 쓰고, 진짜 목적어인 to 부정사는 뒤로 보냅니다. 이때 주로 쓰이는 동사는 make이며, 그 외에 find, think 등을 쓸 수 있습니다.

■ 표현 만들기

많은 정보에 접근하는 것	to access a lot of information
손전등 없이 걷는 것	to walk without a flashlight

■ 문장 써보기

1. 인터넷은 많은 정보에 접근하는 것을 손쉽게 해준다.
   The Internet makes **to access a lot of information** easy. (×)
   목적어 자리에 to 부정사구가 쓰여 목적어와 목적격 보어와의 경계가 애매한 문장이 됩니다.
   → The Internet makes **it** easy **to access a lot of information**. (○)

2. 어둠은 손전등 없이 걷는 것을 불가능하게 했다.
   The darkness made **to walk without a flashlight** impossible. (×)
   → The darkness made **it** impossible **to walk without a flashlight**. (○)

03: "< >하는 것은 바로 ~이다"는 [It is ~ that < >]로 쓴다.

문장 내에서 특정 단어를 강조하고 싶을 때 [It is ~ that + (주어) + 동사]를 씁니다. 강조 어구가 사람이면 that 대신 who를 쓸 수 있습니다. 마찬가지로, 강조 어구가 장소이면 that 대신 where를, 시간이면 when을 쓸 수 있습니다.

■ 표현 및 문장 만들기

나는 세계 평화를 진정으로 원한다.	I really want world peace.
내가 진정으로 원하는 것은 바로 세계 평화이다.	**It is world peace that** I really want.
당신은 내 인생을 바꿔 놓았다.	You changed my life.
내 인생을 바꾼 것은 바로 당신이었다.	**It was you who** changed my life.

04: "~가 있다"는 [There + be동사 + 명사(구)]로 쓴다.

이때 there는 형식상의 주어이고, be동사 다음에 나오는 단어가 실제 주어입니다.

표현 및 문장 만들기

그 게임에는 세 가지 규칙이 있다. **There are three rules** to the game.
그 마을에 교회가 있었다. **There was a church** in the town.

> **tip 1**
> be동사는 be동사 뒤의 명사, 즉 의미상 주어와 수를 일치시킵니다.
>
> 박쥐 한 마리가 있다. → There **is a bat**.
> 박쥐 몇 마리가 있다. → There **are some bats**.

> **tip 2**
> [There + be동사] 다음에는 부정명사(a/some/many/no/one/two/three ... + 명사)가 옵니다.
>
> 바구니 안에 공이 있었다.
> There was **the ball** in the basket. (×)
> There was **a ball** in the basket. (○)

Jump-up Skills

1. it은 시간, 거리, 날씨 등 막연한 상황에 대한 별 뜻 없는 주어로도 쓰인다.

10시다.	It's 10 o'clock.
서울에서 부산까지는 멀다.	It's far from Seoul to Busan.
비가 온다.	It's raining.

2. "~하는 데 시간이 걸린다"는 [It takes + 시간 + to 부정사]로 쓴다.
   '(사람)이 ~하는 데 시간이 걸린다'는 [It takes + 사람 + 시간 + to 부정사], 또는 [It takes + 시간 + for 사람 + to 부정사]로 표현합니다.

   집에 가는 데 5분이 걸린다.
   It takes 5 minutes to get home.

   내가 집에 가는 데 5분이 걸린다.
   It takes **me** 5 minutes to get home.
   It takes 5 minutes **for me** to get home.

3. "~하는 데 돈(혹은 가치)이 든다"는 [It costs + 돈 + to 부정사]로 쓴다.
   '(사람)이 ~하는 데 돈이 든다'는 [It costs + 사람 + 돈 + to 부정사], 또는 [It costs + 돈 + for 사람 + to 부정사]로 표현합니다.

   그 집을 짓는 데 1억 원이 든다.
   It costs one hundred million won to build the house.

   우리가 그 집을 짓는 데 1억 원이 들었다.
   It cost **us** one hundred million won to build the house.
   It cost one hundred million won **for us** to build the house.

4. "~가 없다"는 [There is no + 명사]로 쓴다.

   네가 걱정해야 할 이유는 없다.
   There is no reason for you to worry.

✅ Check-up

📝 파란색으로 주어진 우리말 표현을 영어로 바꾸어 문장을 완성하세요.

01 슈퍼맨을 이기는 것은 불가능하다.

It is impossible _____.

* 이기다, 무찌르다 defeat

02 내가 안녕이라고 말하는 것은 힘들다.

It's hard _____.

03 내가 너를 사랑하는 것은 사실이다.

It's true _____.

04 그가 파리에 있었던 것이 드러났다.

It turned out _____.

05 그녀의 키는 그녀가 유명한 모델이 되는 것을 불가능하게 만들었다.

Her height made it impossible _____.

06 Sally가 그 식료품점에서 그녀의 대학 룸메이트를 우연히 만난 것은 운명이었다.

It was fate _____.

* 식료품점 grocery store   * 우연히 만나다 run into   * 운명 fate

07 내가 너를 처음 보았던 곳은 바로 서점이었다.

It was in the bookstore _____.

08 내가 그 책을 잃어버렸던 것은 바로 어제였다.

It was yesterday _____.

09 너를 우울하게 하는 것은 바로 날씨이다.
_____ that makes you gloomy.

10 이 책을 끝내는 데 10년이 걸렸다.
_____ to finish this book.

11 내가 그 블라우스를 사는 데 일주일 치 급여가 들었다.
_____ to buy the blouse.
* 일주일 치 급여 a week's salary

12 그 집에는 두 남자와 한 여자가 있다.
_____ in the house.

13 냉장고에는 음식이 없다.
_____ in the fridge.

14 유머 감각이 없는 몇몇 사람들이 있다.
_____ that have no sense of humor.

15 그 토지가 개발된 후에는 남아 있는 숲이 없을 것이다.
_____ after the land is developed.

정답 p.274

Course ❷ 비교와 병치

'나는 너보다 키가 작다.'를 영어로 표현해 봅시다. '키가 작다'는 뜻의 형용사는 'small'이지만, '~보다 더 작다'는 'smaller than ~'을 써야 합니다. 둘 이상의 대상을 비교할 때는 '~보다 더 -하다' 혹은 '~만큼 -하다'와 같은 비교 구문을 씁니다. 이번에는 'apples or fruits'와 'apples or melons'를 살펴봅시다. 문법적으로는 틀리지 않지만 의미의 범주상 'apples or melons'가 더 자연스럽고 논리적인 배치입니다. 문장을 만들 때, 이러한 동등한 대상의 나열, 즉 병치 구문에 주의해야 합니다.

01: "~만큼 -한/하게"는 [as 형용사/부사의 원급 as ~]로 쓴다.

이를 '원급 비교'라고 하며, as와 as 사이에는 형용사나 부사를 원래 형태로 씁니다.
[as + 형용사 + 명사 + as]의 형태로도 쓸 수 있습니다.

■ 표현 만들기

피만큼 진한	**as** thick **as** blood
치타만큼 빠르게	**as** fast **as** a cheetah
그가 가진 것만큼 많은 책	**as** many books **as** he has

■ 문장 써보기

1. 이 와인은 피만큼 진하다.
   This wine is **as thick as blood**.

2. 그 소년은 치타만큼 빠르게 달렸다.
   The boy ran **as fast as a cheetah**.

3. 나는 그가 가진 것만큼 많은 책을 가지고 있다.
   I have **as many books as he has**.

02: "~보다 더 -한/하게"는 [형용사/부사의 비교급 than ~]으로 쓴다.

비교급을 사용한 비교 구문으로, 비교급은 형용사나 부사에 '-er'을 붙이거나, 3음절 이상의 형용사나 부사의 경우에는 형용사와 부사 앞에 more을 씁니다. 비교 대상 앞에는 than을 씁니다.

■ 표현 만들기

물보다 더 진한	thick**er than** water
치타보다 더 빨리	fast**er than** a cheetah
꽃보다 더 아름다운	**more** beautiful **than** flowers

■ 문장 써보기

1. 피는 물보다 더 진하다.
   Blood is **thicker than water**.

2. 그 소년은 치타보다 더 빨리 달렸다.
   The boy ran **faster than a cheetah**.

3. 그녀는 꽃보다 훨씬 더 아름다웠다.
   She was **much more beautiful than flowers**.

> **tip**
> '훨씬'이라는 의미로 비교급을 강조할 때는 비교급 앞에 much, far, even, still 등을 씁니다. (very는 쓸 수 없음에 주의합니다.)
>
> 훨씬 더 진한 → **much** thicker   훨씬 더 빨리 → **even** faster

03: "가장 -한"은 [the + 형용사의 최상급]으로, "가장 -하게"는 [(the) + 부사의 최상급]으로 쓴다.

최상급을 사용한 비교 구문은 형용사나 부사에 '-est'를 붙여서 만듭니다. 그러나 3음절 이상의 형용사나 부사의 경우에는 형태 변화 없이 앞에 most를 써 주는 경우가 많습니다. 최상급 앞에는 항상 the를 쓰지만, 부사의 최상급 앞에 쓰인 the는 생략되기도 합니다.

■ 표현 만들기

가장 진한	**the** thick**est**
가장 빠르게	**(the)** fast**est**
가장 아름다운	**the most** beautiful

■ 문장 써보기

1. 이 와인은 내가 마셔 본 것 중에 가장 진하다.
   This wine is **the thickest** I have ever drunk.

2. 치타는 모든 동물들 중에서 가장 빠르게 달린다.
   The cheetah runs **(the) fastest** of all the animals.

3. 그녀는 내가 본 가장 아름다운 소녀이다.
   She is **the most beautiful** girl that I have ever seen.

04: "A와 B", "A 또는 B"는 [A and B], [A or B]로 쓰고, 이때 A와 B의 품사, 형태, 의미 관계는 동등해야 한다.

두 가지 이상의 대상 나열도 마찬가지로 [A, B, and C], [A, B, or C] 등으로 표현합니다.

■ 병치의 규칙

멋지고 쉬운	nice and easily (×)	⇨ nice and easy (○)	품사의 통일
오고 가는	coming and to go (×)	⇨ coming and going (○)	형태의 통일
복숭아 또는 사과	peach or fruit (×)	⇨ peach or apple (○)	동등한 의미 관계 / 논리적인 의미 범주

■ 그 외의 병치 구문

A와 B 둘 다	[both A and B]
A나 B 둘 중 하나	[either A or B]
A도 아니고 B도 아닌	[neither A nor B]
A가 아니라 B	[not A but B]
A뿐만 아니라 B도	[not only A but (also) B] / [B as well as A]

■ 표현 만들기

먹는 것과 자는 것	eating **and** sleeping
갈지 남을지	to go **or** to stay
강과 바다 둘 다	**both** rivers **and** seas
죽거나 다치거나 둘 중 하나	**either** dead **or** injured
보지도 않고 듣지도 않은	**neither** saw **nor** heard
스키 타는 것뿐만 아니라 스노보드 타는 것	**not only** skiing **but (also)** snowboarding
	snowboarding **as well as** skiing

■ 문장 써보기

1. 나는 먹는 것과 자는 것에 문제가 있다.
   I have problems **eating and sleeping**.

2. 나는 갈지 남을지 아직 결정하지 못했다.
   I haven't decided **to go or to stay**.

3. 강과 바다 둘 다 중요한 수자원이다.
   Both rivers and seas are important water resources.

4. 전쟁 후 모든 사람들이 죽거나 다치거나 둘 중 하나였다.
   Everyone was **either dead or injured** after the war.

5. 그녀는 일주일 동안 누구도 보지도 못했고 듣지도 못했다.
   She **neither saw nor heard** anyone for a week.

6. 나는 스키 타는 것뿐만 아니라 스노보드 타는 것도 좋아한다.
   I like **not only skiing but (also) snowboarding**.
   I like **snowboarding as well as skiing**.

> **tip**
>
> 병치 구문이 주어로 쓰일 때, 동사의 수는 다음과 같이 일치시킵니다.
>
> Both A and B는 복수 취급합니다.
>
> Smith 씨와 Smith 여사는 둘 다 선생님이다.
> <u>Both Mr. Smith and Mrs. Smith</u> **are** teachers.
>
> 다음의 병치 구문에서는 동사를 B에 일치시킵니다.
> A or B / not only A but (also) B / B as well as A / either A or B / neither A nor B
>
> 너 또는 내가 옳다.
> You or <u>I</u> **am** right.
>
> 그녀뿐만 아니라 나도 파티에 갈 것이다.
> Not only she but <u>I</u> **am** coming to the party.
>
> 그뿐만 아니라 너도 그 시험을 치러야 한다.
> <u>You</u> as well as he **have** to take the test.
>
> Tom 또는 네가 가야 한다.
> Either Tom or <u>you</u> **have** to go.

Jump-up Skills

1. 비교되는 대상은 일치시킨다.

내 가방은 너의 가방만큼 크다.
My backpack is as big as you. (×)

비교되는 대상은 '내 가방'과 '너의 가방'이므로 'you'가 아니라 'your backpack'이 되어야 하며, 앞에 나온 명사 'backpack'의 중복을 피하기 위해 'yours'로 고쳐 씁니다.
→ My backpack is **as big as yours**. (○)

중국의 인구는 러시아보다 많다.
China's population is bigger than Russia. (×)

'China's population'과 비교되는 대상이 'Russia'가 아니라 'Russia's population'이 되어야 하고, 'population'이라는 명사가 앞에 있으므로 'Russia's'만 씁니다.
→ China's population is **bigger than Russia's**. (○)

2. 'as ~ as'나 '비교급 than' 뒤에 [주어 + 동사]의 형태를 쓰게 될 때, 이 동사가 앞에 나온 문장 전체 동사의 의미와 중복될 경우에는 'do'를 대신 쓴다.

동사가 타동사일 때 as나 than 뒤의 명사가 목적어와 혼동될 수 있기 때문에 동사까지 써 주어야 합니다.

나는 네가 하는 것만큼 자주 그들을 방문한다.
I visit them **as often as you do**.

'do'는 여기서 'visit them'을 대신합니다.

> 비교 I visit them as often as you.
> '내가 너를 방문하는 것만큼 자주 그들을 방문한다.'의 의미가 됩니다.

그녀는 Jimmy가 관심을 가지는 것보다 훨씬 많이 아기에 대해 관심을 가진다.
She cares about the baby **even more than Jimmy does**.

'does'는 'cares about the baby'를 대신합니다.

> 비교 She cares about the baby even more than Jimmy.
> '그녀는 Jimmy에 대해 관심을 가지는 것보다 아기에 대해 훨씬 많이 관심을 가진다.'의 의미가 됩니다.

3. "-만큼 ~하지 않다"는 [not as ~ as -]로 쓴다.

나는 너만큼 많이 먹지 않았다.
I did **not** eat **as** much **as** you.

4. "~의 몇 배만큼 ~한/하게"는 [배수사 + as 형용사/부사 as ~] 또는 [배수사 + 비교급 than ~]으로 쓴다. 단, half와 twice는 [배수사 + as 형용사/부사 as ~]로만 쓸 수 있다.

코끼리의 두 배만큼 큰
twice as big as an elephant

에펠 탑의 세 배만큼 높은
three times higher than the Eiffel Tower

5. "가능한 한 ~한/하게"는 [as 형용사/부사 as possible] 또는 [as 형용사/부사 as 주어 can]으로 쓴다.

나는 가능한 한 빨리 떠나고 싶었다.
I wanted to leave **as soon as possible**.
I wanted to leave **as soon as I could**.

6. "~할수록 더 -하다"는 [the 비교급 ~, the 비교급 -]으로 쓴다.

많이 배울수록 더 많이 배우고 싶다.
The more I learn, **the more** I want to learn.

✓ Check-up

🖊 파란색으로 주어진 우리말 표현을 영어로 바꾸어 문장을 완성하세요.

01 나는 어제만큼 바쁘다.
I am _____ I was yesterday.

02 그녀는 가능한 많은 시간을 그녀의 아이와 함께 보냈다.
She spent _____ with her child.

03 그는 그의 형만큼 멋있지 않다.
He is _____ his brother.

04 그 시험은 지난 시험보다 훨씬 더 쉬웠다.
The test was _____ the last one.

05 Ron은 팀에서 제일 빠른 달리기 선수이다.
Ron is _____ on the team.
＊ 선수 runner

06 무단횡단을 방지하는 가장 효과적인 방법은 벌금을 높이는 것이다.
_____ to prevent jaywalking is by increasing fines.
＊ 효과적인 effective

07 일본의 인구는 북한의 네 배만큼 많다.
Japan's population is _____ North Korea's.

08 사람들은 더 많이 가질수록, 더 많이 원한다.
_____ people have, _____ they want.

09 당신은 술 마시는 것과 담배 피우는 것을 끊어야만 한다.

You should quit _____.

10 외국어 수업을 수강하는 것은 의무적이 아니라 추천된다.

Taking a foreign language class is _____.

* 의무적인 mandatory   * 추천되는 recommended

11 나는 가장 최근에 은행에서 일했다.

I _____ worked for a bank.

* 최근에 recently

12 배우는 것과 가르치는 것은 둘 다 보람된 과정이다.

_____ are rewarding processes.

13 그녀는 똑똑할 뿐만 아니라 매우 친절하다.

She is _____.

14 당신의 추측은 나의 것만큼 좋다.

Your guess is _____ mine.

15 확실하게 일하는 것이 빨리 끝내는 것보다 더 중요하다.

It is more important to do a thorough job _____.

정답 p.275

Daily Test

끊어 해석한 부분에 유의하여 다음의 우리말 문장을 영어로 바꾸어 쓰세요.

01 줄이는 것이 필요하다 / 서울에서 자동차의 수를
   * 줄이다 reduce   * 필요한 necessary   * ~의 수 the number of 복수명사

02 십 대들이 직업 경험을 갖는 것은 중요하다 / 어린 나이부터
   * 직업 경험 work experience   * 어린 나이부터 from an early age

03 많은 액수의 세금이 든다 / 길과 도로를 개선하는 데
   * 많은 액수의 a large amount of   * 세금, 세액 tax (money)   * 길과 도로 roads and highways

04 이점들이 거의 없다 / 텔레비전을 보는 것에 대한
   * ~에 대한 이점들 benefits to 동명사   * ~이 거의 없는 few 복수명사

05 많은 온라인 대학이 있을 것이다 / 미래에는
   * 온라인 대학 online university

06 사람들은 결코 만족할 것 같지 않다 / 그들이 가진 것에
   * 결코 ever   * ~할 것 같지 않다 It is unlikely that 주어 + 동사

07 이메일은 쉽게 만들었다 / 사람들이 연락하는 것을
   * 연락하다 keep in touch

08 때가 있다 / 십 대들이 시작해야 할 / 스스로 결정을 내리기를
   * 스스로 결정을 내리다 make one's own decision

09 혼자서 시간을 보내는 것은 유쾌하지 않다 / 친구들과 함께 시간을 보내는 것만큼
　　＊ 유쾌한 pleasant　　＊ A를 B와 공유하다 share A with B

10 대학 시절은 가장 보람된 시간이었다 / 내 인생에서
　　＊ 대학 시절 college days　　＊ 보람된, 가치 있는 rewarding

11 학생들에게 여러 번의 짧은 방학을 주는 것이 / 아마 학습을 가장 장려할 것이다
　　＊ 여러 번의 짧은 방학 several short vacations　　＊ 아마 likely

12 높은 급여는 허락할 것이다 / 내가 집을 사거나 미래를 위해 저축하도록
　　＊ 높은 급여 a large salary　　＊ A가 ~하도록 허락하다 allow A to 부정사

13 체육은 / 선택이 아닌 필수이어야 한다
　　＊ 체육 physical education　　＊ 선택의 optional　　＊ 필수의 required

14 십 대들은 초점을 더 많이 두어야 한다 / 공부하는 데 / 돈을 버는 것보다
　　＊ ~하는 데 초점을 두다 focus on 동명사　　＊ 돈을 벌다 earn money

15 어떤 사람들에게는, / 반려동물이 가깝다 / 식구들만큼이나
　　＊ 애완동물 pets　　＊ 식구들 family members

정답 p.275

무료 토플자료 · 유학정보 제공
goHackers.com

Hackers
Updated TOEFL
Writing Basic

라이팅을 위한
필수 표현 익히기

Day 05 유형별 표현: 경험·문의·제안·감사·사과
Day 06 유형별 표현: 의견·인과·비교·가정
Day 07 유형별 표현: 예시·인용·부연·요약
Day 08 주제별 표현: 일상·교육·환경·문화
Day 09 주제별 표현: 과학기술·경제·정치·사회

Day 05 유형별 표현: 경험·문의·제안·감사·사과

Course ❶ 경험 표현

자신이 방학 동안 경험한 구체적인 상황을 묘사하고자 합니다. 이때 경험을 나타내는 표현은 'I have been experiencing ~'으로 쓸 수 있습니다. 이러한 표현은 토플 라이팅에서 자신이 겪은 일이나 자신에게 처한 상황을 설명할 때 유용하게 사용할 수 있습니다.

1 저는 ~을 겪고 있습니다
I have been experiencing ~

저는 고객 서비스에 연락하는데 어려움을 겪고 있습니다.
I have been experiencing difficulties contacting customer service.

2 ~했을 때 저는 A에 있었습니다
I was at/in A when 주어 + 동사

화재 경보가 울렸을 때 저는 도서관에 있었습니다.
I was at the library **when** the fire alarm went off.

3 ~하기 위해 -쯤 A에 갔습니다
I visited A around 시간 + to 부정사

과제에 대해 질문하려고 정오쯤 교수님 연구실에 갔습니다.
I visited the professor's office **around** noon **to** ask about the assignment.

4 당신이 ~했을 때 저는 -하고 있었습니다
I was + 현재분사 when 주어 + 동사

당신이 전화했을 때 저는 쇼핑하고 있었습니다.
I was shopping **when** you called.

5 ~하는 동안 저는 -을 알게 되었습니다
During ~, I noticed that 주어 + 동사

여행을 하는 동안 저는 그 도시의 대중교통이 매우 편리하다는 것을 알게 되었습니다.
During the trip, **I noticed that** public transportation was very convenient in the city.

6 제가 가장 좋아했던 것은 ~였습니다
What I liked most was ~

제가 가장 좋아했던 것은 그 식당의 디저트였습니다.
What I liked most was the dessert at the restaurant.

7 A의 가장 좋은 것 중 하나는 ~입니다
One of the best things about A is ~

이 도시의 가장 좋은 점 중 하나는 넓은 운동장입니다.
One of the best things about our school **is** the large playground.

8 A는 잊을 수 없었습니다
A was unforgettable

파리 여행은 잊을 수 없었습니다.
The trip to Paris **was unforgettable**.

9 저는 ~을 정말 즐겼습니다
I've really enjoyed ~

이번 프로젝트에서 당신의 팀과 함께 일한 것을 정말 즐겼습니다.
I've really enjoyed working with your team on this project.

10 -하려고 했지만, ~했습니다
I tried + to 부정사, but ~

토론 동아리에 가입하려고 했지만, 등록이 이미 마감되었습니다.
I tried to join the debate club, **but** the registration was already closed.

11 A는 ~한 것으로 드러났습니다.
A turned out to be + 형용사

그 식당은 예상보다 더 비싼 것으로 드러났습니다.
The restaurant **turned out to be** more expensive than expected.

12 저는 ~이라는 것을 알게 되었습니다.
I learned that 주어 + 동사

저는 신청 마감일이 지난주였다는 것을 알게 되었습니다.
I learned that the application deadline was last week.

13 A는 ~ 때문에 문제입니다
A is troubling because 주어 + 동사

사용된 어망은 바다 생태계를 해치기 때문에 문제입니다.
Used fishing nets **are troubling because** they harm the ocean ecosystem.

14 저에게 가장 힘든 부분은 ~이었습니다
The hardest part for me was ~

저에게 가장 힘든 부분은 모든 어휘를 암기하는 것이었습니다.
The hardest part for me was memorizing all the vocabulary words.

15 안타깝게도, ~하는 중에 A를 겪었습니다
Unfortunately, I encountered A while ~ing

안타깝게도, 돈을 보내는 중에 문제를 겪었습니다.
Unfortunately, I encountered a problem **while transferring** the money.

16 A는 B가 (어떤 일을) 하는 것을 어렵게 만듭니다
A makes it difficult for B + to 부정사

고장난 엘리베이터는 제가 제시간에 사무실에 도착하는 것을 어렵게 만듭니다.
The broken elevator **makes it difficult for** me **to** reach my office on time.

17 ~으로 인해 A가 –하게 되었습니다
주어 has caused A + to 부정사

폭우로 인해 교통이 느려지게 되었습니다.
The heavy rain **has caused** traffic **to** slow down.

18 ~은 A에 큰 영향을 미칩니다
주어 significantly impact A

식단은 에너지 수준에 큰 영향을 미칩니다.
Diet **significantly impacts** energy levels.

19 A는 (B에게는) ~하다고 느꼈습니다
I found A 형용사 (for B)

그 수프는 저의 입맛에는 조금 지나치게 짜다고 느꼈습니다.
I found the soup salty **for** my taste.

✓ Check-up

📝 파란색으로 주어진 우리말 표현을 영어로 바꾸어 문장을 완성하세요.

01 저는 온라인 양식을 제출하는 데 어제부터 어려움을 겪고 있습니다.
_____ difficulties submitting the online form since yesterday.

02 저는 행사 담당자에게 연락하려고 했지만 아무도 전화를 받지 않았습니다.
_____ the event organizer, _____ no one answered the phone.

03 저는 신입 직원 오리엔테이션이 다음 주 월요일로 연기되었다는 것을 알게 되었습니다.
_____ the new employee orientation was postponed to next Monday.

04 안타깝게도, 저는 프로젝트 파일을 올리는 중에 기술적인 문제를 겪었습니다.
_____ a technical problem _____ uploading my project file.

05 불안정한 인터넷 연결은 학생들이 온라인 시험을 치르기 어렵게 만듭니다.
The unstable Internet connection _____ students to take the online test.

06 새 정책은 학생들의 수업 일정에 큰 영향을 미칩니다.
The new policy _____ the course schedule for students.

07 많은 고객들이 상품을 급하게 필요로 하기 때문에 배송 지연은 문제입니다.
The delay in the delivery schedule _____ many customers need the items urgently.

08 저는 그 강의가 초보자에게는 너무 수준이 높다고 느꼈습니다.
_____ the lecture too _____ for beginners.

정답 p.277

Course 2 문의 및 제안 표현

학교에 새로 생긴 도서관의 운영 시간에 관련하여 문의하거나 제안하고자 합니다. 이때 문의와 제안을 나타내는 표현은 '**I would like to inquire about ~**' 또는 '**You might want to consider ~**'로 쓸 수 있습니다. 이러한 표현은 정중하게 질문하거나 제안을 전할 때 유용하게 사용할 수 있습니다.

1 ~에 대해 문의드리고 싶습니다
I would like to inquire about ~

헬스장 회원권 비용에 대해 문의드리고 싶습니다.
I would like to inquire about membership fees at your gym.

2 ~인지 확인해 주실 수 있나요?
Could you please confirm whether 주어 + 동사?

휴일 동안 꽃집이 운영되는지 확인해 주실 수 있나요?
Could you please confirm whether the flower shop will be open during the holidays?

3 ~에 대해 더 자세한 내용을 알려주실 수 있나요?
Would you be able to provide me with more details about ~?

성적 평가 기준에 대해 더 자세한 내용을 알려주실 수 있나요?
Would you be able to provide me with more details about the grading policy?

4 ~의 현재 상황을 알려주세요
Please provide me with the current status of ~

제 환불 신청의 현재 상황을 알려주세요.
Please provide me with the current status of my refund request.

5 ~할 수 있는지 알려주세요
Let me know if you can 동사원형

금요일 초청 강연에 참석할 수 있는지 알려주세요.
Let me know if you can attend the guest lecture on Friday.

6 ~해 주실 수 있나요?
Would you mind + 동명사 ~?

잠깐 제 가방 좀 봐 주실 수 있나요?
Would you mind keeping an eye on my bag for a moment?

7 ~해 주신다면 감사하겠습니다
I would be grateful if you could 동사원형

시험 기간 동안 도서관 이용 시간을 연장해 주신다면 감사하겠습니다.
I would be grateful if you could extend the library hours during exam week.

8 ~을 준비해/마련해주실 수 있나요?
Could you please arrange for ~?

부엌 싱크대를 고치기 위해 공구를 준비해주실 수 있나요?
Could you please arrange for tools to fix the kitchen sink?

9 ~을 도와주실 수 있나요?
Could you please help me ~?

이 장바구니들을 제 아파트까지 옮기는 걸 도와주실 수 있나요?
Could you please help me carry these grocery bags to my apartment?

10 ~에 관해 도움을 주셨으면 합니다
I was hoping you could help me with ~

이 편지에 관해 도움을 주셨으면 합니다.
I was hoping you could help me with this letter.

11 저랑 같이 ~하실래요?
Would you like to join me for ~?

오늘 오후에 저랑 같이 커피 마실래요?
Would you like to join me for coffee this afternoon?

12 당신을 ~에 초대하고 싶습니다
I would like to invite you to ~

당신을 내일 우리 집에서의 저녁 식사에 초대하고 싶습니다.
I would like to invite you to dinner at my place tomorrow.

13 ~하는 건 어때요?
How about we 동사

디자인 팀을 이 회의에 참여하도록 초대하는 건 어때요?
How about we invite the design team to join the dicussion?

14 ~에 대해 몇 가지 제안을 하고 싶습니다
I would like to make some suggestions for ~

회사 웹사이트에 대해 몇 가지 제안을 하고 싶습니다.
I would like to make some suggestions for the company website.

15 ~을 고려해 보세요
You might want to consider ~

다음에는 항공권을 조금 더 일찍 예약하는 것을 고려해 보세요.
You might want to consider booking the flight earlier next time.

16 ~을 놓치지 마세요
Don't miss ~

역 근처 빵집의 크루아상을 놓치지 마세요.
Don't miss the croissants at the bakery near the station.

17 ~을 추천하고 싶습니다
I'd love to recommend ~

도시 외곽의 좋은 등산로를 추천드리고 싶습니다.
I'd love to recommend a nice hiking trail outside the city.

18 ~을 꼭 확인/경험해 보세요
Make sure to check out ~

시내에 새로 생긴 수영장을 꼭 확인해보세요.
Make sure to check out the new swimming pool downtown.

19 A가 ~에 좋은 선택일 것 같습니다
I think A would be a great choice for ~

아침 비행기가 우리에게 좋은 선택일 것 같습니다.
I think the morning flight **would be a great choice for** us.

✓ Check-up

✎ 파란색으로 주어진 우리말 표현을 영어로 바꾸어 문장을 완성하세요.

01 곧 있을 오리엔테이션 일정에 대해 자세한 내용을 알려주실 수 있나요?

_____ the upcoming orientation schedule?

02 제 회원권 갱신에 관한 현재 상황을 알려주세요.

_____ my membership renewal.

03 마감일을 하루 더 연장해 주신다면 감사하겠습니다.

_____ postpone the deadline by one day.

04 캠핑을 위해 더 큰 차량을 준비해 주실 수 있나요?

_____ a larger vehicle for our camping?

05 제출 전에 이 제안서를 검토하는 것에 관해 당신이 도움을 주셨으면 합니다.

_____ reviewing this proposal before submission.

06 당신은 이번 학기에 교내 봉사활동 프로그램에 참여하는 것을 고려해 보세요.

_____ joining the campus volunteer program this semester.

07 점심 모임 장소로 강가 근처의 조용한 식당을 추천하고 싶습니다.

_____ a quiet restaurant near the river for our lunch.

08 봉사 활동을 하기에 내일 오후가 좋은 선택일 것 같습니다.

_____ tomoorrow afternoon _____ volunteering.

정답 p.277

Course 3 감사 및 사과 표현

자신의 과제를 도와 준 것에 대한 감사의 마음을 전하거나 사과의 뜻을 표현하고자 합니다. 이때 감사와 사과를 나타내는 표현은 '**Thank you very much for ~ing**' 또는 '**I sincerely apologize for ~**'처럼 쓸 수 있습니다. 이러한 표현은 상대방의 도움에 감사를 표하거나 자신의 실수에 대해 사과할 때 유용하게 사용할 수 있습니다.

1 ~해주셔서 정말 감사합니다
Thank you very much for ~ing

제 과제를 도와주셔서 정말 감사합니다.
Thank you very much for helping me with the assignment.

2 ~에 진심으로 감사드립니다
I truly appreciate ~

이 문제에 대한 당신의 조언에 진심으로 감사드립니다.
I truly appreciate your advice on this matter.

3 시간을 내어 ~해 주셔서 감사합니다
Thank you for taking the time + to 부정사

시간을 내어 프로젝트 세부 사항을 설명해 주셔서 감사합니다.
Thank you for taking the time to explain the project details.

4 ~해 주셔서 감사합니다
I'm grateful for ~

어제 제 근무를 대신해 주셔서 감사합니다.
I'm grateful to you **for** covering my shift yesterday.

5 ~에 대해 다시 한번 감사드립니다
Thanks again for ~

호텔에서의 훌륭한 서비스에 대해 다시 한번 감사드립니다.
Thanks again for the excellent service at your hotel.

6 ~에 대한 감사의 마음을 전하고 싶습니다
I wanted to express my appreciation for ~

지난 주말에 배풀어주신 환대에 대한 감사의 마음을 전하고 싶습니다.
I wanted to express my appreciation for your hospitality last weekend.

7 ~에 대해 아무리 감사드려도 부족합니다
I can't thank you enough for ~

제 자동차를 수리해주신 것에 아무리 감사드려도 부족합니다.
I can't thank you enough for your help fixing my car.

8 ~에 대해 진심으로 사과드립니다
I sincerely apologize for ~

당신의 전화를 못 받은 것에 대해 진심으로 사과드립니다.
I sincerely apologize for missing your call.

9 ~하게 되어 정말 죄송하지만, -입니다
I feel really awful having + to 부정사, but 주어 + 동사

저녁 약속을 취소하게 되어 정말 죄송하지만, 회사에 급한 일이 생겼습니다.
I feel really awful having to cancel dinner, **but** something urgent came up at work.

10 ~으로 인해 발생한 불편함에 대해 사과드립니다
I apologize for any inconvenience caused by ~

제 결석으로 인해 발생한 불편함에 대해 사과드립니다.
I apologize for any inconvenience caused by my absence.

11 죄송하지만, ~에 관한 안 좋은 소식이 있습니다
I'm sorry, but I have some bad news about ~

죄송하지만, 우리의 여행 계획에 관한 안 좋은 소식이 있습니다.
I'm sorry, but I have some bad news about our travel plans.

12 ~을 알려드리게 되어 유감입니다
I regret to inform you that 주어 + 동사

레스토랑이 만석임을 알려드리게 되어 유감입니다.
I regret to inform you that the restaurant is fully booked.

13 유감스럽게도 ~할 수 없을 것 같습니다
I'm afraid I won't be able to 동사원형

유감스럽게도 과제를 제시간에 끝낼 수 없을 것 같습니다.
I'm afraid I won't be able to finish the assignment on time.

14 당신의 제안은 감사히 생각하지만, ~해서 거절/사양해야 합니다
I appreciate your offer, but I must decline because 주어 + 동사

당신의 제안은 감사히 생각하지만, 가족 일정이 있어서 거절해야 합니다.
I appreciate your offer, but I must decline because I have family plans.

15 ~할 수 있으면 좋겠지만, 안타깝게도 -합니다
I wish I could 동사원형, but unfortunately 주어 + 동사

그 과목을 들을 수 있으면 좋겠지만, 안타깝게도 그것은 제 아르바이트와 겹칩니다.
I wish I could take the course, **but unfortunately** it overlaps with my part-time job.

16 안타깝게도, -으로 인해 현재로서는 ~을 거절해야 할 것 같습니다
Unfortunately, I have to decline ~ at this time due to

유감스럽게도, 건강 문제로 인해 현재로서는 면접을 거절해야 할 것 같습니다.
Unfortunately, I have to decline the interview **at this time due to** health issues.

17 죄송하지만, ~은 거절해야 할 것 같습니다
I'm sorry, but I will have to pass on ~

죄송하지만, 이번 주말 영화는 거절해야 할 것 같습니다.
I'm sorry, but I will have to pass on the movie this weekend.

18 죄송하지만, ~으로 일정을 바꿀 수 있을까요?
I'm sorry, but could we reschedule for ~?

죄송하지만, 중간고사 이후로 일정을 바꿀 수 있을까요?
I'm sorry, but could we reschedule for after the midterm exams?

19 이런 부탁을 드리기 죄송하지만, 괜찮으시다면, 대신 ~하는 것도 좋겠습니다
I hate to ask this, but perhaps we could 동사원형 instead, if that works for you

이런 부탁을 드리기 죄송하지만, 괜찮으시다면, 대신 수업 후에 만나는 것도 좋겠습니다.
I hate to ask this, but perhaps we could meet after class **instead, if that works for you**.

✓ Check-up

🖊 파란색으로 주어진 우리말 표현을 영어로 바꾸어 문장을 완성하세요.

01 인턴십 기간 동안 지도해 주신 것에 진심으로 감사드립니다.
_____ your guidance during the internship.

02 지난주 학회 준비를 도와주신 것에 대한 감사의 마음을 전하고 싶습니다.
_____ your help with organizing the conference last week.

03 새 아파트로 이사하는 동안 모든 도움에 대해 아무리 감사드려도 부족합니다.
_____ all your support while I was moving to my new apartment.

04 오늘 아침 팀 회의에 늦은 것에 대해 진심으로 사과드립니다.
_____ being late for the team meeting this morning.

05 죄송하지만, 우리의 단체 섬 여행에 관한 안 좋은 소식이 있습니다.
_____ our group trip to the island.

06 내일 예정된 행사가 취소되었다는 점을 알려드리게 되어 유감입니다.
_____ the event scheduled for tomorrow has been canceled.

07 죄송하지만, 오늘 저녁 초대는 거절해야 할 것 같습니다.
_____ your dinner invitation tonight.

08 대신 다음 주 화요일로 일정을 바꿀 수 있을까요?
_____ next Tuesday instead?

정답 p.277

Daily Test

✏️ 끊어 해석한 부분에 유의하여 다음의 우리말 문장을 영어로 바꾸어 쓰세요.

01 저는 도서관을 방문했습니다 / 정오쯤 / 보고서에 쓸 자료를 모으기 위해

_____

02 저는 화장실에 있었습니다 / 당신이 전화하셨을 때

_____

03 정말 즐기고 있습니다 / 심리학 수업을 듣는 것을 / 이번 학기에
  * 심리학 psychology

_____

04 회의실이 / 작은 것으로 드러났습니다 / 예상보다
  * 회의실 meeting room

_____

05 가정 쓰레기의 증가는 ~때문에 문제입니다 / 환경을 해치기
  * 가정 쓰레기 household waste

_____

06 확인해 주실 수 있나요 / 시험이 실시되는지 / 다음 월요일에

_____

07 설명해 주실 수 있을까요 / 등록하기 위한 필요 절차를 / 교환학생 프로그램에
  * 교환학생 프로그램 exchange program

_____

08 우리 만나는 건 어떠세요 / 공원에서 / 산책하러

_____

09 몇 가지 제안을 하고 싶습니다 / 당신의 여행 일정에 대해

* 여행 일정 travel itinerary

---

10 고려해 보시는 게 좋겠습니다 / 학업 상담가와 만나는 것을 / 이번 학기에는

* 학업 상담가 academic advisor

---

11 놓치지 마세요 / 불꽃놀이 쇼를 / 이번 주말

* 불꽃놀이 쇼 fireworks show

---

12 꼭 확인해 보세요 / 도심에 있는 새 카페를

* 도심(번화가) downtown

---

13 안타깝게도 / 저는 초대를 거절해야 합니다 / 이번에는 / 선약 때문에

* 선약(기존 일정) prior commitments

---

14 디너 파티에 참석하시겠어요 / Mark네 집에서 열리는 / 이번 주 일요일에

---

15 진심으로 감사드립니다 / 프로젝트에 도움 주셔서

정답 p.278

Day 06 유형별 표현: 의견·인과·비교·가정

Course 1 의견과 인과 표현

'내 생각에는, 환경 보호에 투자하는 것이 경제 발전보다 더 중요하다.'라는 문장을 쓰려고 합니다. 이때 '**내 생각에는, ~이다**'라는 표현은 '**In my opinion, 주어 + 동사**'로 나타낼 수 있습니다. 이처럼 나의 의견을 나타내거나 원인과 결과를 드러내는 표현들은 토플 라이팅에서 필수적이며, 특히 자신의 주장과 이유를 밝힐 때 유용하게 쓸 수 있습니다.

1 내 생각에는, ~이다
In my opinion, 주어 + 동사

내 생각에는, 고객 서비스의 질은 꾸준히 향상되어 왔다.
In my opinion, the quality of customer service has steadily improved.

2 개인적으로, 나는 ~이라고 생각한다
Personally, I think that 주어 + 동사

개인적으로, 나는 대화를 하는 것이 폭력에 기대는 것보다 낫다고 생각한다.
Personally, I think that having a dialogue is better than resorting to violence.

3 내 관점으로는, ~이다
From my point of view, 주어 + 동사

내 관점으로는, 사람들은 신문을 읽는 데 더 이상 충분한 시간을 쓰지 않는다.
From my point of view, people don't spend enough time reading the newspaper anymore.

4 보편적인 견해와 반대로(달리), ~이다
Contrary to popular opinion, 주어 + 동사

보편적인 견해와 반대로, 약간의 스트레스는 긍정적일 수 있다.
Contrary to popular opinion, a little stress can be a good thing.

5 나는 ~이라는 A의 견해에 동의한다
I agree with A's perspective that 주어 + 동사

나는 북극곰의 감소하는 개체수가 심각한 우려 사항이라는 Bianca의 견해에 동의한다.
I agree with Bianca's perspective that the declining population of polar bears is a serious concern.

6 나는 ~(이라는 사실)을 인정할 수 없다
I cannot accept (the fact) that 주어 + 동사

나는 텔레비전을 시청하는 것이 인기 있는 취미로서 독서를 대체했다는 사실을 인정할 수 없다.
I cannot accept the fact that watching television has replaced reading as a favored pastime.

* 인기 있는 favored

7 나는 ~이 –하다고 생각하지 않는다
I don't think it is 형용사 + to 부정사 / that 주어 + 동사

나는 직원들에게 유니폼을 입게 하는 것이 필요하다고 생각하지 않는다.
I don't think it is necessary **to** make employees wear uniforms.

8 나는 ~에 전적으로 반대한다
I entirely disagree with ~ / that 주어 + 동사

나는 학교에서의 체벌에 전적으로 반대한다.
I entirely disagree with corporal punishment in schools.

* 체벌 corporal punishment

9 나는 ~에 찬성한다
I am in favor of ~

나는 경제 협력을 통해서 국제 관계를 개선하는 것에 찬성한다.
I am in favor of improving international relations through economic cooperation.

10 이러한 이유 때문에, ~이다
For this reason, 주어 + 동사

이러한 이유 때문에, 언론 매체는 어떠한 편향 없이 사실만을 보도해야 한다.
For this reason, media outlets should report facts without any biases.

11 그것이 ~한 이유이다
That is why 주어 + 동사

그것이 균형 잡힌 식단을 따르는 것이 중요한 이유이다.
That is why it is important to have a balanced diet.

12 이는 주로 ~이기 때문이다
This is mainly because 주어 + 동사

이는 주로 인플레이션이 일용품의 가격을 상승시키기 때문이다.
This is mainly because inflation causes commodities to increase in price.

* 일용품, 필수품 commodities

13 ~의 이유는 -이다
The reason for ~ is that 주어 + 동사

개선의 이유는 그 회사가 고객들의 불만에 귀를 기울였기 때문이다.
The reason for the improvements **is that** the company has listened to its customers' complaints.

14 따라서, ~이다
Therefore, 주어 + 동사 / **Thus,** 주어 + 동사

따라서, 일에서 벗어나는 것이 스트레스를 줄이는 최선의 방법이다.
Therefore, getting away from work is the best way to relieve stress.

15 그 결과로, ~하다
As a result, 주어 + 동사

그 결과로, 많은 정부들이 인간을 대상으로 한 특정 과학 실험들을 금지해 왔다.
As a result, many governments have banned certain scientific experiments on humans.

16 ~ 때문에, -이다
Due to ~, 주어 + 동사

도로의 교통 혼잡 때문에, 나는 지하철을 타는 것을 선호한다.
Due to the traffic congestion on the roads**,** I prefer to travel on the subway.

17 이것은 ~의 원인이다
This gives rise to ~

이것은 높은 콜레스테롤 수치와 심장병과 같은 문제들의 원인이다.
This gives rise to problems such as high cholesterol and heart disease.

18 당연히 ~하게 되다
It follows that 주어 + 동사

당연히 증가된 공급은 가격을 낮추게 된다.
It follows that increased supply will lower prices.

✓ Check-up

📝 파란색으로 주어진 우리말 표현을 영어로 바꾸어 문장을 완성하세요.

01 내 생각에는, 과당 음료의 제조업자들은 건강세를 내야 한다.

_____, sugary drink manufacturers should pay a health tax.

02 나는 그의 주장에 대한 논거에 전적으로 반대한다.

_____ the reasoning behind his argument.

* 논거 reasoning

03 내 관점으로는, 해변 청소에 참여하는 것은 성취감을 주는 경험이다.

_____, participating in beach cleanups is a fulfilling experience.

04 보편적인 견해와 반대로, 텔레비전은 가족 간 의사소통의 단절에 책임이 없다.

_____, television is not responsible for the breakdown in family communication.

05 경기 침체 때문에, 많은 기업들은 직원 수를 줄여야 했다.

_____ the recession, many companies had to reduce their workforce.

06 그것이 내가 기숙사의 통금 제도에 반대하는 이유이다.

_____ I am against the curfew policy in dormitories.

* 통금 제도 curfew policy

07 따라서, 좋은 고객 서비스를 갖추는 것은 중요하다.

_____, it is important to have good customer service.

08 그 결과로, 더 많은 학생들이 컴퓨터 공학을 공부하고 있다.

_____, more students are studying computer science.

정답 p.278

Course 2 비교와 가정 표현

'광고에 투자하는 것과 비교할 때, 제품 품질에 투자하는 것이 더 큰 이익을 가져온다'라는 문장을 쓰기로 했다면, '**Compared with ~, 주어 + 동사**'와 같은 표현을 활용할 수 있습니다. 이러한 비교 및 가정 표현은 서로 다른 대상을 비교하거나 가상의 상황을 설정하여 자신의 의견을 뒷받침할 때 유용하게 쓸 수 있습니다.

1 ~와 비교할 때, -이다
Compared with ~, 주어 + 동사

비행기를 이용하는 것과 비교할 때, 버스를 타는 것은 훨씬 저렴하다.
Compared with flying**,** taking the bus is much cheaper.

2 ~은 장점과 단점을 모두 지닌다
주어 has its advantages and disadvantages

신용카드를 사용하는 것은 장점과 단점을 모두 지닌다.
Using a credit card **has its advantages and disadvantages**.

3 ~에도 불구하고, -이다
In spite of ~, 주어 + 동사

인상되고 있는 휘발유 가격에도 불구하고, 사람들은 여전히 대형차를 산다.
In spite of rising gas prices**,** people are still buying big cars.

4 한편으로는 ~이지만, 다른 한편으로는 -이다
On the one hand 주어 + 동사, but on the other hand, 주어 + 동사

한편으로는 휴대폰은 편리하지만, 다른 한편으로는 종종 방해가 된다.
On the one hand cell phones are convenient**, but on the other hand,** they are often intrusive.

* 방해하는 intrusive

5 ~과는 달리 -이다
Unlike ~, 주어 + 동사

전통적인 상점과는 달리, 온라인 소매업체는 물리적 장소에 의존할 필요가 없다.
Unlike traditional stores**,** online retailers don't need to rely on physical locations.

6 대조적으로, ~이다
In contrast, 주어 + 동사

대조적으로, 시골에 사는 사람들은 자신의 음식을 재배할 수 있다.
In contrast, people who live in rural areas can grow their own food.

7 비교해 보면, ~이다
In comparison, 주어 + 동사

비교해 보면, 이메일을 보내는 것은 편지를 쓰는 것보다 훨씬 더 쉽다.
In comparison, sending an email is much easier than writing a letter.

8 A와 B는 몇 가지 점에서 다르다
A and B are different in several ways

가상 현실과 증강 현실은 몇 가지 점에서 다르다.
Virtual reality **and** augmented reality **are different in several ways**.

9 ~이라는 사실에도 불구하고, -이다
Despite the fact that 주어 + 동사, 주어 + 동사

대부분의 학생들이 캠퍼스 밖에서 살고 있다는 사실에도 불구하고, 대학 근처에 저렴한 주거 선택지가 충분하지 않다.
Despite the fact that most students live off campus, there are not enough affordable housing options near universities.
* 캠퍼스 밖에서, 교외에서 off campus * 저렴한 affordable

10 ~이라면 좋겠다
I wish 주어 + 동사의 과거형

세계가 환경을 보호하기 위해 집단적인 조치를 취한다면 좋겠다.
I wish the world would take collective action to protect the environment.

11 아마도, ~인 것 같다
Presumably, 주어 + 동사

아마도, 거짓말 탐지기 검사는 어떤 사람이 사실을 말하고 있는지 아닌지를 판단하는 신뢰할 수 있는 방법인 것 같다.
Presumably, lie detector tests are a reliable way to determine if a person is telling the truth or not.

12 그렇지 않다면, ~이다
Otherwise, 주어 + 동사

그렇지 않다면, 빈부격차가 계속 커질 것이다.
Otherwise, the gap between the rich and the poor will continue to widen.
* 커지다 widen

13 ~한다면 한 가지 이점은 -일 것이다
One advantage would be 명사(구) **if** 주어 + 동사의 과거형

간소화된 절차가 시행된다면 한 가지 이점은 효율성 증가일 것이다.
One advantage would be the increase in efficiency **if** streamlined processes were implemented.
* 간소화된 streamlined

14 내게 –할 기회가 주어진다면, 나는 ~할 것이다
If I had the opportunity + to 부정사, I would 동사원형

내게 시장을 만날 기회가 주어진다면, 나는 도시에 더 많은 자전거 전용도로를 만들도록 그에게 촉구할 것이다.
If I had the opportunity to meet with the mayor, **I would** encourage him to build more bicycle paths in the city.

15 ~이라고 가정해 보라
Suppose 주어 + 동사의 과거형

사람들이 몸에 더 좋은 음식을 섭취하고 더 많이 운동한다고 가정해 보라.
Suppose people ate healthier food and exercised more.

16 만일 ~이 없다면, –할 것이다
If it were not for 명사(구), 주어 would 동사원형

만일 매일의 숙제가 없다면, 학생들은 배운 것을 모두 잊어버릴 것이다.
If it were not for daily homework, students **would** forget everything they had learned.

17 나는 ~이라는 조건으로 –할 것이다
I would 동사원형 on the condition that 주어 + 동사의 과거형

나는 회사가 자사 제품에 대한 정확한 정보를 제공한다는 조건으로 회사를 믿을 것이다.
I would trust a company **on the condition that** it provided accurate information about its products.

18 ~을 고려하면, –이다
In consideration of ~, 주어 + 동사

현재의 상황을 고려하면, 대규모 모임을 가지는 것은 강력히 저지된다.
In consideration of current conditions, having a large gathering is strongly discouraged.

* 저지하다, 단념시키다 discourage

✓ Check-up

✏️ 파란색으로 주어진 우리말 표현을 영어로 바꾸어 문장을 완성하세요.

01 유선 헤드폰과 비교할 때, 무선 헤드폰은 훨씬 더 편리하다.
_____ wired headphones, wireless headphones are much more convenient.

02 유학하는 것은 장점과 단점을 모두 지닌다.
Studying abroad _____.

03 담배가 심장병을 일으킨다는 사실에도 불구하고, 흡연자들은 계속 담배를 피운다.
_____ cigarettes cause heart disease, smokers continue to light up.

04 한편으로는 속도가 중요하지만, 다른 한편으로는 정확성 또한 중요하다.
_____ speed is important, _____, accuracy counts too.

05 아마도, 전 세계의 식량 부족 때문에 인구 과잉은 세계를 위협하는 것 같다.
_____, overpopulation is a danger in the world because of a global shortage of food.

06 그렇지 않다면, 학생들은 공부하도록 동기를 부여받지 못할 것이다.
_____, students would not be motivated to study.

07 현재의 추세를 고려하면, 기업들은 소셜 미디어 광고에 집중해야 한다.
_____ the current trend, companies should focus on social media advertising.

08 내게 정책을 만들 기회가 주어진다면, 나는 모든 사람들에게 양질의 정신 건강 관리에 대한 보편적인 접근 기회를 촉진할 것이다.
_____ make a policy, _____ promote universal access to quality mental health care for all individuals.

정답 p.278

Daily Test

끊어 해석한 부분에 유의하여 다음의 우리말 문장을 영어로 바꾸어 쓰세요.

01 나는 동의한다 / Sarah의 견해에 / 발전된 인공지능이 세상을 바꿀 것이라는

_____

02 나는 인정할 수 없다 / 자유가 종종 사용된다는 사실을 / 혐오 표현을 정당화하기 위해
   * 혐오 표현 hate speech   * 정당화하다 justify

_____

03 나는 공정하다고 생각하지 않는다 / 누군가를 처벌하는 것이 / 의견을 표현하는 것에 대해
   * 처벌하다 punish

_____

04 개인적으로, / 나는 생각한다 / 최저 임금이 더 높아야 한다고

_____

05 이는 주로 ~ 때문이다 / 재택 교육을 받는 학생들이 사회적 교류가 부족하기 / 다른 학생들과의
   * 재택 교육을 받는 homeschooled   * 사회적 교류 social interaction

_____

06 이것은 원인이다 / 도시에서 증가된 오염의
   * 도시에서 in the urban areas

_____

07 당연히 / 유명인들은 미치게 된다 / 사회에 커다란 영향을
   * 유명인들 celebrities   * ~에 영향을 미치다 have influence on ~

_____

08 인플레이션 때문에, / 생활비가 상당히 증가해 왔다
   * 인플레이션 inflation   * 생활비 cost of living   * 상당히 significantly

_____

09 사람의 외모와는 달리, / 성격은 판단될 수 없다 / 첫인상에 의해
  * 외모 looks   * 성격 character   * 판단하다 judge   * 첫인상 first impression

10 대조적으로, / 수업의 강제적인 출석은 가르친다 / 학생들로 하여금 책임감 있도록
  * 강제적인 mandatory   * 출석 attendance

11 비교해 보면, / 더 느린 속도로 삶을 사는 사람들이 / 더 건강하고 행복하다
  * 더 느린 속도로 at a slower pace

12 전통 의학과 현대 의학은 다르다 / 몇 가지 점에서
  * 의학 medicine

13 가정해 보라 / 직원들이 이익을 얻는다고 / 일주일에 4일 일하는 것으로부터
  * ~하는 것으로부터 이익을 얻다 benefit from ~ing

14 만일 게임이 없다면, / 많은 아이들은 어려움을 겪을 것이다 / 사회적 기술을 발달시키는 데
  * ~하는 데 어려움을 겪다 have trouble ~ing   * 사회적 기술 social skills

15 모든 학생들에게 대학교육이 이용 가능하다면 좋겠다 / 재력과 상관없이
  * 이용 가능한 available   * ~와 상관없이 regardless of ~

정답 p.279

Day 07 유형별 표현: 예시·인용·부연·요약

Course ❶ 예시와 인용 표현

'최근 연구에 의하면, 기후 변화는 자연재해를 심화시키고 있다'라는 문장을 쓰고자 합니다. 이때 '~에 의하면, -이다'라는 표현은 'According to ~, 주어 + 동사'로 나타낼 수 있습니다. 이처럼 구체적인 예를 들거나 정보를 인용하는 표현은 주장의 신뢰를 높일 때 유용하게 사용할 수 있습니다.

1 예를 들면, ~이다
For example, 주어 + 동사 / For instance, 주어 + 동사

예를 들면, 디지털 카메라는 이메일을 통해 즉석에서 사진을 공유할 수 있게 해 준다.
For example, digital cameras allow you to share pictures instantly via email.

* ~을 통해 via

2 ~의 또 다른 예는 -이다
Another example of ~ is 명사(구)

풍력 발전소에 의한 피해의 또 다른 예는 죽임을 당하는 새와 박쥐들이다.
Another example of the damage being done by wind farms **is** birds and bats that are getting killed.

* 풍력 발전소 wind farm

3 ~에 의하면, -이다
According to ~, 주어 + 동사

최근 연구에 의하면, 기후 변화가 더 극심한 자연재해를 야기하고 있다.
According to recent studies, climate change is causing more severe natural disasters.

4 누구나 예상할 수 있듯이, ~이다
As one might expect, 주어 + 동사

누구나 예상할 수 있듯이, 대부분의 사람들은 많은 이들 앞에서 말하는 것을 두려워한다.
As one might expect, most people dread having to speak in front of many people.

* 두려워하다 dread

5 조사에 따르면, ~이다
The survey shows that 주어 + 동사

조사에 따르면, 전자 투표가 사람들이 이해하기에 훨씬 더 쉽다.
The survey shows that computerized voting is much easier for people to understand.

6 ~이라고 여겨진다
It is believed that 주어 + 동사

낙천적인 사람들이 더 오래 건강한 삶을 산다고 여겨진다.
It is believed that optimistic people live longer and healthier lives.

* 낙천적인 optimistic

7 예를 들어 설명하자면, ~이다
To illustrate my point, 주어 + 동사

예를 들어 설명하자면, 80퍼센트 이상의 고객들이 지속 가능한 포장을 한 제품을 선호한다.
To illustrate my point, over 80 percent of consumers prefer products with sustainable packaging.

* 지속 가능한 sustainable

8 구체적으로, ~이다
To be specific, 주어 + 동사

구체적으로, 인터넷 쇼핑은 많은 신용카드 정보 도난 사건을 초래했다.
To be specific, shopping over the Internet has led to many cases of credit card information theft.

* 도난, 절도 theft

9 사실, ~이다
In fact, 주어 + 동사 / **As a matter of fact,** 주어 + 동사

사실, 대부분의 일찍 일어나는 사람들이 더욱 생산적이다.
In fact, most early risers are more productive.

10 내 경험에 따르면, ~이다
From my experience, 주어 + 동사

내 경험에 따르면, 정신 건강은 종종 우리 사회에서 간과된다.
From my experience, mental health is often overlooked in our society.

11 일반적으로 말해서, ~이다
Generally speaking, 주어 + 동사

일반적으로 말해서, 매일 운동하는 사람들이 더 건강하다.
Generally speaking, people who exercise daily are healthier.

12 이 점에 있어서, ~이다
In this respect, 주어 + 동사

이 점에 있어서, 인간의 활동은 지구를 살기에 편리한 곳으로 만들었다.
In this respect, human activity has made the Earth a convenient place to live.

13 ~에 관한 한, -이다
As far as ~ be concerned, 주어 + 동사

의사소통에 관한 한, 직접적인 대화보다 더 좋은 것은 없다.
As far as communication **is concerned**, nothing is better than face-to-face conversations.

14 대다수의 경우에, ~이다
In most cases, 주어 + 동사

대다수의 경우에, 성공한 기업가들은 몇 가지 두드러진 특징들을 공유한다.
In most cases, successful entrepreneurs do share several distinguishing characteristics.

15 통계에 따르면, ~이다
Statistics have shown that 주어 + 동사

통계에 따르면, 자연 속에서 시간을 보내는 것은 창의성을 향상시킨다.
Statistics have shown that spending time in nature improves creativity.

16 이해를 돕자면, ~이다
To give you an idea, 주어 + 동사

이해를 돕자면, 30년 전만 해도 아무도 휴대 전화를 갖고 있지 않았다.
To give you an idea, only thirty years ago, no one had a cell phone.

17 ~은 사실이다
It is true that 주어 + 동사

현대의 과학 기술이 휴가 중에도 일하는 것을 가능하게 했다는 것은 사실이다.
It is true that modern technology has made it possible to work while on vacation.

18 ~에 관해서는, -이다
Regarding ~, 주어 + 동사 / **Concerning ~**, 주어 + 동사

근무할 회사에 관해서는, 대기업이 직원들에게 더 많은 혜택을 제공한다.
Regarding what type of company to work for, larger companies offer their employees more benefits.

✓ Check-up

✎ 파란색으로 주어진 우리말 표현을 영어로 바꾸어 문장을 완성하세요.

01 내 경험에 따르면, 첫인상은 종종 기만적일 수 있다.

_____, first impressions can often be deceiving.

＊ 기만적인, 속이는 deceiving

02 전문가들에 의하면, 흔한 질병에 약을 복용하는 것은 면역성을 감소시킨다.

_____, experts, taking medicine for common ailments lowers immunity.

＊ 질병 ailment   ＊ 면역성 immunity

03 누구나 예상할 수 있듯이, 컴퓨터는 학생들이 정보에 접근하는 방식을 완전히 바꾸어 놓았다.

_____, computers have completely changed the way students access information.

04 예를 들면, 대기 오염은 호흡기 질환을 야기할 수 있다.

_____, air pollution can cause respiratory disease.

＊ 호흡기 질환 respiratory disease

05 조사에 따르면, 대부분의 사람들이 한 주에 최소한 다섯 번 외식을 한다.

_____ most people eat out at least five times per week.

06 평균적인 성인은 하룻밤에 적어도 8시간의 수면을 필요로 한다고 여겨진다.

_____ the average adult needs at least eight hours of sleep a night.

07 예를 들어 설명하자면, 매일 운동하는 사람들은 심장병의 위험을 줄일 수 있다.

_____, people who exercise daily lower their risk of heart disease.

08 구체적으로, 임신 중 흡연은 아기의 출생 시 저체중과 관련이 있다.

_____, smoking while pregnant correlates to a baby's low birth weight.

＊ ~와 관련이 있다 correlate to ~

정답 p.279

Course ❷ 부연과 요약 표현

'요약하자면, 꾸준히 기술을 배우는 사람들이 직장에서 더 좋은 성과를 낸다'라는 문장을 쓰는 상황에서, '**요약하자면, ~이다**'라는 표현은 '**To sum up**, 주어 + 동사'로 나타낼 수 있습니다. 부연 설명이나 요약을 나타내는 이러한 표현은 핵심을 다시 한번 정리하는 데 효과적이므로, 토플 라이팅에서 결론 부분을 자연스럽게 이끌어낼 때 유용합니다.

1 게다가, ~이다
Moreover, 주어 + 동사 / **In addition,** 주어 + 동사

게다가, 온라인 쇼핑은 사람들이 비용과 시간을 들여 상점까지 가지 않아도 되게 해 준다.
Moreover, online shopping saves people a costly and time-consuming trip to a store.

2 특히, ~이다
In particular, 주어 + 동사

특히, 그 기념물의 역사적 맥락은 이해하기가 힘들었다.
In particular, the historical context of the monument was hard to understand.

3 그것뿐만이 아니라, ~이다
Not only that, but 주어 + 동사

그것뿐만이 아니라, 훌륭한 상사는 자신의 부하 직원들에게 도움이 되는 의견을 제공할 것이다.
Not only that, but a good boss will provide helpful feedback to his or her employees.

4 보다 중요하게도, ~이다
More importantly, 주어 + 동사

보다 중요하게도, 많은 사람들이 힘들고 스트레스가 많은 환경 때문에 도심에서 근무하는 것을 원하지 않는다.
More importantly, many people do not want to work in inner cities because of the difficult and stressful conditions.

5 게다가, ~이다
On top of that, 주어 + 동사

게다가, 냉방은 많은 유독성 가스를 배출하기 때문에 환경에 나쁘다.
On top of that, air conditioning is bad for the environment because it releases many toxic gases.
* 유독한 toxic

6 이런 식으로, ~이다
In this way, 주어 + 동사

이런 식으로, 학생들은 좀 더 개인적인 교육을 받게 된다.
In this way, students receive more personalized instruction.

7 다시 말하면, ~이다

In other words, 주어 + 동사

다시 말하면, 두 언어 병용 교육은 갈수록 더 다문화적인 오늘날의 세계에서 환영받는 대안이다.
In other words, bilingual education is a welcome alternative in today's increasingly multicultural world.

* 두 언어 병용 교육 bilingual education

8 결론적으로, ~이다

In conclusion, 주어 + 동사 / **To conclude,** 주어 + 동사

결론적으로, 우리는 날씨의 패턴이 지난 10년 동안 두드러지게 변화했다는 것을 알 수 있다.
In conclusion, we can see that weather patterns have changed significantly over the past ten years.

9 요컨대, ~이다

In short, 주어 + 동사

요컨대, 광고는 소비자들을 끌어들이고 판매를 증대하기 위해 이용된다.
In short, advertising is used to attract customers and boost sales.

10 마지막으로 중요한 것은, ~이다

Last but not least, 주어 + 동사

마지막으로 중요한 것은, 어린이들에게 영향을 미치는 데 있어 가족이 선생님보다 훨씬 더 큰 역할을 한다는 것이다.
Last but not least, family plays a much more important role than teachers in influencing children.

11 한마디로, ~이다

In a word, 주어 + 동사

한마디로, 직접 불평하는 것이 편지로 항의하는 것보다 훨씬 더 효과적이다.
In a word, complaining in person is much more effective than complaining in writing.

12 요약하자면, ~이다

To sum up, 주어 + 동사 / **To summarize,** 주어 + 동사

요약하자면, 끊임없이 자신의 기술을 향상시키는 사람들은 직장에서도 업무를 더 잘 수행한다.
To sum up, people who continually upgrade their skills perform better in the workplace.

13 모든 것을 고려해 보면, ~이다

All things considered, 주어 + 동사

모든 것을 고려해 보면, 나는 단순히 관광 명소를 방문하는 것보다 그 나라의 역사에 대해 배우고 싶다.
All things considered, I would rather learn about a country's history than just visit tourist attractions.

14 우리가 알고 있는 것처럼(알다시피), ~이다
As we have seen, 주어 + 동사

우리가 알고 있는 것처럼, 스트레스와 고혈압은 서로 관련이 있다.
As we have seen, there is a connection between stress and high blood pressure.

15 달리 표현하자면, ~이다
To put it another way, 주어 + 동사

달리 표현하자면, 고용 시장은 점점 더 경쟁적이 되었다.
To put it another way, the job market has grown increasingly competitive.
* 고용 시장 job market

16 대체로, ~이다
On the whole, 주어 + 동사

대체로, 그 광고는 제품의 장점을 명확하게 전달했다.
On the whole, the commercial conveyed the product's benefits clearly.

17 전반적으로, ~이다
Overall, 주어 + 동사

전반적으로, 대부분의 학생들은 그들의 교사들에게 만족했다.
Overall, most students were pleased with their instructors.

18 결국 요점은 ~이다
What it comes down to is that 주어 + 동사

결국 요점은 등록금이 인상되지 않으면, 학생 편의 서비스는 축소된다는 것이다.
What it comes down to is that unless tuition is raised, student services will be cut back.
* 등록금 tuition

✓ Check-up

🖊 파란색으로 주어진 우리말 표현을 영어로 바꾸어 문장을 완성하세요.

01 게다가, 어떤 학생들은 추가적인 경제적 원조를 요구할 수도 있다.
_____, some students may require additional financial assistance.

02 한마디로, 교육 제도는 변화할 필요가 있다.
_____, the education system needs to change.

03 우리가 알고 있는 것처럼, 한 사람이 사회에 굉장한 영향을 미칠 수 있다.
_____, one person can have a great effect on society.

04 요약하자면, 인터넷은 사람들이 의사소통하는 방식에 대변혁을 일으켰다.
_____, the Internet has revolutionized how people communicate.

05 특히, 사람들은 방문하고 있는 지역의 역사에 대해 배우기 위해 종종 박물관을 찾는다.
_____, people often visit museums to learn about the history of the area they are visiting.

06 모든 것을 고려해 보면, 인플루언서 마케팅의 비용이 터무니없는 것은 아니다.
_____, the cost of influencer marketing is not unreasonable.
* 터무니없는 unreasonable

07 결론적으로, 한국의 경제는 수입과 수출의 성장에 밀접하게 연관되어 있다.
_____, Korea's economy is closely related to the growth of its imports and exports.

08 요컨대, 유학하는 것은 가치 있는 경험이 될 수 있다.
_____, studying abroad can be a rewarding experience.
* 가치 있는, 보람 있는 rewarding

정답 p.280

Daily Test

끊어 해석한 부분에 유의하여 다음의 우리말 문장을 영어로 바꾸어 쓰세요.

01 예를 들면, / 젊은 세대들은 적극적으로 옹호하고 있다 / 기후 행동과 지속 가능성을
* 옹호하다 advocate   * 기후 행동 climate action   * 지속 가능성 sustainability

02 좋은 상사의 또 다른 예는 / 제안에 기꺼이 귀를 기울이는 사람이다
* 기꺼이 ~하다 be willing to 부정사

03 일반적으로 말해서, / 젊은 사람들은 인터넷에 매우 의존적이다 / 의사소통과 오락을 위해
* ~에 의존적인 reliant upon ~

04 사실, / 폭력적인 비디오 게임을 하는 것은 / 공격적인 행동을 초래할 수 있다
* 공격적인 aggressive   * 초래하다 lead to

05 이 점에 있어서, / 자원봉사는 학생들에게 제공한다 / 직접적인 경험을 쌓을 수 있는 기회를 / 선택 분야에서
* 직접적인 hands-on   * 선택 분야에서 in one's chosen field

06 우주를 탐험하는 것에 관한 한, / 정부는 훨씬 더 많은 돈을 투자할 필요가 있다
* 우주 outer space

07 대다수의 경우에, / 대기 오염은 발생한다 / 운송 및 산업 활동에 의해
* 운송 transportation   * 산업의 industrial

08 그것뿐만이 아니라, / 시간제 근무는 불어넣는다 / 책임감을
* 시간제 근무 part-time job   * 불어넣다 instill

09 마지막으로 중요한 것은, / 종신 고용은 생산성을 저하시킨다는 것이다
* 종신 고용 lifetime employment   * 저하시키다 discourage

10 보다 중요하게도, / 규칙적으로 운동하는 것은 / 우리의 면역 체계를 강하게 유지시킨다
* 면역 체계 immune system   * A를 ~하게 유지시키다 keep A 형용사

11 특히, / 놀이는 아이들에게 준다 / 그들의 상상력을 계발할 기회를
* 놀이 playing   * 계발하다 develop

12 다시 말하면, / 교사들은 학생들을 평가해야 한다 / 그들의 노력에 근거하여
* ~에 근거하여 based on ~

13 게다가, / 재택근무는 시간과 돈을 절약하는 데 도움을 준다 / 운전하거나 대중교통을 이용하는 데 소모되는
* 재택근무 telecommuting   * 대중교통 public ransportation

14 요약하자면, / 성적은 효과적인 수단이다 / 학업 향상을 측정하는
* 수단 means   * 학업 향상 academic progress   * 측정하다 measure

15 달리 표현하자면, / 학생들은 더 열심히 공부해야 한다 / 그들이 더 좋은 성적을 받기를 원한다면
* 더 좋은 성적을 받다 get better grades

정답 p.280

Day 08 주제별 표현: 일상·교육·환경·문화

Course 1 일상과 교육 관련 표현

'교사는 학생들이 학교에 잘 적응할 수 있도록 노력해야 한다'라는 문장을 쓰려고 합니다. 이때 '**노력하다**'라는 표현은 '**make an effort**'로 나타낼 수 있습니다. 이러한 표현은 학생이 새로운 환경에 적응하는 경우나 회사원이 업무 능력을 향상시키려는 경우처럼 토플 라이팅에서 자주 다뤄지는 실생활 주제의 글을 쓸 때 유용하게 활용할 수 있습니다.

1 노력하다
make an effort

사람들은 어려움에 처한 다른 이들을 돕기 위해 좀처럼 노력하지 않는다.
People very rarely **make an effort** to help others in need.

2 ~에 대해 책임을 지다
take responsibility for ~

사람들은 변명을 하는 대신 자신의 행동에 대해 책임을 져야 한다.
People should **take responsibility for** their actions instead of making excuses.

3 집안일
household chores

집안일은 가족 구성원 간에 동등하게 분배되어야 한다.
Household chores should be shared equally among family members.

4 아이를 키우다
raise children

부모는 종종 아이를 키우기 위해 희생한다.
Parents often make sacrifices in order to **raise children**.

5 ~에 집착하다
be obsessed with ~

어떤 사람들은 심지어 그들의 정신 건강을 희생하면서도 학업적 성공을 성취하는 것에 집착한다.
Some individuals **are obsessed with** achieving academic success, even at the expense of their mental health.

6 내적 갈등
inner conflict

어떤 사람들은 내적 갈등을 해소하는 데 어려움을 겪는다.
Some people have trouble resolving **inner conflicts**.

* 해소하다 resolve

7 이해하다, 이치에 맞다
make sense

우리가 지속적으로 노출되는 모든 정보를 이해하기는 어려울 수도 있다.
It can be difficult to **make sense** of all the information we are constantly exposed to.

8 ~에 역할을 하다
play a role in ~

재활용은 환경 보전에 중요한 역할을 한다.
Recycling **plays an** important **role in** environmental conservation.

* 환경 보전 environmental conservation

9 다이어트를 하다
go on a diet

미국에서 비만율이 높아짐에 따라, 어린아이들조차도 다이어트를 하기 시작하고 있다.
With the rising levels of obesity in America, even young children are beginning to **go on diets**.

10 사소한 질병
minor ailment

사소한 질병은 치료되지 않으면 더욱 심각해지기 때문에 잘 치료하는 것이 중요하다.
It is important to take care of **minor ailments** since they can become more severe if untreated.

* 심각한 severe

11 비만이 되다
become obese

미국 인구가 점점 더 비만이 됨에 따라 수많은 건강상의 우려가 있다.
There are numerous health concerns as America's population **becomes** more and more **obese**.

* 비만의, 지나치게 살찐 obese

12 건강을 유지하다
keep in shape

자녀들이 생기고 나면, 사람들은 보통 건강을 유지하기 위해 필요한 시간이 부족하게 된다.
After people have children, they often lack the time needed to **keep in shape**.

13 벼락치기로 공부하다
cram for an exam

벼락치기로 공부하는 학생들은 수업 내용을 그다지 잘 기억하지 못한다.
Students who **cram for an exam** do not remember the material very well.

14 목표를 세우다
set a goal

성공을 하기 위해서, 사람은 반드시 목표를 세우고 이를 성취하기 위해 노력해야 한다.
To succeed, a person must **set a goal** and then strive to achieve it.

15 동료, 또래와 교류하다
interact with peers

요즘에는 많은 교수들이 학생들에게 또래와 교류하는 것을 요구하는 과제를 내주고 있다.
Many professors are now assigning work that requires students to **interact with** their **peers**.

16 좋은 성적을 받다
get good grades

고등학교에서 공부를 잘했던 학생이라도 대학에서 좋은 성적을 받는 데 어려움을 겪을 수 있다.
Even students who do well in high school may have trouble **getting good grades** in college.

* ~하는 데 어려움을 겪다 have trouble ~ing

17 평생 교육
lifelong education

평생 교육에 대해 증가하는 관심은 배움에는 끝이 없다는 것을 보여 주었다.
The growing interest in **lifelong education** has shown that learning never stops.

18 본보기가 되다, 모범이 되다
set a good example

팀 리더들은 제시간에 도착함으로써 좋은 본보기가 되어야 한다.
Team leaders should **set a good example** by arriving on time.

✅ Check-up

📝 파란색으로 주어진 우리말 표현을 영어로 바꾸어 문장을 완성하세요.

01 부모는 자녀들이 학교에서 잘하도록 돕기 위해 항상 노력해야 한다.

Parents should always _____ to help their children do well in school.

＊ 잘하다, 성공하다 do well

02 부모는 자녀의 성격을 형성하는 데 주요한 역할을 한다.

Parents _____ major _____ shaping their child's character.

03 집안일을 하는 것은 어린이들이 책임감을 기를 수 있도록 도와준다.

Doing _____ helps children develop responsibility.

04 정부는 시민들의 행동에 대해 책임을 질 필요가 있다.

Governments need to _____ the actions of their citizens.

05 오늘날에 사람들은 건강을 유지하기 위해 과거보다 더 많은 노력을 기울이고 있다.

People are now putting in more effort to _____ than they did in the past.

06 대부분의 사소한 질병들은 처방전 없이 살 수 있는 약으로 치료될 수 있다.

Most _____ can be treated with over-the-counter medications.

＊ 처방전 없이 살 수 있는 over-the-counter

07 어떤 학생이 좋은 성적을 받으면, 그 학생은 장학금을 받을 자격이 있다.

If a student _____, he or she can qualify for a scholarship.

＊ 장학금 scholarship   ＊ ~할 자격이 있다 qualify for ~

08 만약 사람들이 벼락치기로 공부하면, 그들은 목표에 도달하는 데 어려움을 겪을 것이다.

If people _____, they will have trouble reaching their goals.

＊ ~하는 데 어려움을 겪다 have trouble ~ing

정답 p.280

Course ❷ 환경과 문화 관련 표현

'많은 소비자들은 환경친화적인 방식으로 제작된 제품에 더 많은 돈을 지불할 의사가 있다'라는 문장을 쓸 때 '**환경친화적인**'이라는 표현은 '**environmentally friendly**'로 나타낼 수 있습니다. 이러한 표현은 환경이나 문화와 관련된 주제를 다룰 때 유용하게 사용할 수 있습니다.

1 ~을 위험에 처하게 하다
put ~ at risk

법을 준수하지 않는 기업들은 환경을 위험에 처하게 한다.
Companies that don't follow the law **put** the environment **at risk**.

2 연료 효율적인
fuel-efficient

연료 효율적인 자동차는 결국 운용하는 데 비용이 더 적게 든다.
Fuel-efficient cars end up costing less to operate.

3 오염된 공기
polluted air

많은 사람들은 오염된 공기 때문에 공장 근처에서 사는 것을 싫어한다.
Many people dislike living near factories due to the **polluted air**.

4 대체 에너지
alternative energy

태양 에너지는 가장 촉망되는 대체 에너지의 형태이다.
Solar power is the most promising form of **alternative energy**.

5 기대 수명
life expectancy

의료 기술이 향상함에 따라 평균 기대 수명은 크게 늘었다.
Improvements in health-care technology have led to significant gains in average **life expectancy**.

6 멸종 위기에 처한 (동식물의) 종
endangered species

비록 멸종 위기에 처한 종들을 보호하는 것이 중요한 명분이 될지라도, 기본적인 인간의 필요를 희생하여 얻어서는 안 된다.
Although protecting **endangered species** is an important cause, it should not come at the expense of basic human needs.

7 (문제의) 주요 원인
main culprit

패스트푸드는 아동 비만율 증가의 주요 원인이다.
Fast food is the **main culprit** in rising levels of childhood obesity.

8 에너지 부국
energy-rich country

대체 에너지로의 전환은 에너지 부국에 타격을 주고 있다.
The switch to alternative forms of energy is hurting **energy-rich countries**.
* 전환 switch

9 ~을 최대한 활용하다
make the most of ~

낡은 물건을 최대한 활용함으로써, 사람들은 버리는 양을 줄일 수 있다.
By **making the most of** old products, people can reduce the amount they throw away.

10 환경 친화적인
environmentally friendly

고객들은 환경 친화적인 방식으로 만들어진 상품에 대해서 돈을 더 지불할 용의가 있다.
Customers are willing to pay more for products made with **environmentally friendly** methods.
* ~할 용의가 있다 be willing to 부정사

11 ~을 희생하여
at the expense of ~

한 국가의 경제 발전은 종종 환경을 희생하여 이루어진다.
A country's economic development often comes **at the expense of** its environment.

12 전통을 보존하다
preserve a tradition

많은 나이 든 사람들은 젊은 세대가 전통을 보존하는 것에 관심이 없다고 걱정한다.
Many older people worry that the younger generation isn't interested in **preserving traditions**.

13 문화 활동
cultural activity

모든 문화권의 문화 활동은 사람들이 그 문화권을 더 잘 이해하는 데 도움을 준다.
The **cultural activities** of every culture help people to understand it better.

14 주거지
residential area

많은 사람들이 대도시에서 멀리 떨어진 주거지에서 사는 것을 선호한다.
Many people prefer living in **residential areas** far away from big cities.

15 대중 정서, 민심
popular sentiment

문화 운동은 종종 대중 정서에 의해 형성된다.
Cultural movements are often shaped by **popular sentiment**.

16 복장 규정
dress code

복장 규정이 학생들의 학업 성취를 향상시킨다는 것이 연구에서 드러났다.
Research has found that **dress codes** improve students' academic performance.

* 학업 성취 academic performance

17 도덕 규범
moral standard

각 세대들은 후대의 낮은 도덕 규범에 대해 불평한다.
Each generation complains of the lower **moral standards** of the following one.

18 구식이 되다
become obsolete

너무 빨리 구식이 되는 것을 피하기 위해, 많은 제품들이 업그레이드될 수 있도록 설계된다.
In order to avoid **becoming obsolete** too quickly, many devices are designed to be upgraded.

✓ Check-up

파란색으로 주어진 우리말 표현을 영어로 바꾸어 문장을 완성하세요.

01 소비자들은 환경 친화적인 물건을 더 많이 사도록 장려된다.

Consumers are encouraged to buy more _____ products.

02 회사들이 자원을 최대한 활용할 때 낭비를 줄일 수 있다.

Waste can be reduced when companies _____ their resources.

03 정부는 대체 에너지 연구를 위해 더 많은 장려책을 마련할 필요가 있다.

Governments need to offer more incentives for _____ research.

* 장려책 incentive

04 많은 세계적 기업들은 환경을 희생하여 이윤을 낸다.

Many global companies make a profit _____ the environment.

* 이윤을 내다 make a profit

05 많은 문화들이 다음 세대를 위해 자신의 전통을 보존하려고 노력하고 있다.

Many cultures are working to _____ for the next generation.

* 보존하다 preserve

06 한 나라에 대해 더 많이 배우는 좋은 방법은 그 나라의 문화 활동을 공부하는 것이다.

A great way to learn more about a country is to study its _____.

07 텔레비전은 대중 정서를 형성하는 데 주요한 역할을 한다.

Television plays a major role in shaping _____.

* 형성하다 shape

08 그 도시는 많은 역사적인 주거지들을 보존하기 위해 노력하고 있다.

The city is working to preserve many historic _____.

정답 p.281

Daily Test

끊어 해석한 부분에 유의하여 다음의 우리말 문장을 영어로 바꾸어 쓰세요.

01 패스트푸드 섭취는 / 한 가지 주요 원인이다 / 어린 아이들이 비만이 되고 있는

02 사회적 압력은 결정에 영향을 미친다 / 다이어트를 하려는
　　＊ 사회적 압력　social pressure

03 사람들은 종종 무시한다 / 이치에 맞지 않는 문제들을
　　＊ 무시하다　ignore

04 텔레비전은 야기했다 / 많은 사람들로 하여금 / 자신의 외모에 집착하게
　　＊ A로 하여금 ~하게 (야기)하다　　＊ cause A to 부정사

05 오늘날에는 훨씬 흔하다 / 한부모가 아이를 키우는 일이 / 20년 전보다

06 많은 내적 갈등들은 기인한다 / 충격적인 경험들로부터 / 어린 시절 동안
　　＊ ~로부터 기인하다　arise from ~　　＊ 충격적인　traumatic

07 평생 교육을 수용하는 것은 향상시킬 수 있다 / 개인의 성장과 발전을
　　＊ 수용하다　embrace　　＊ 향상시키다　enhance

08 또래와 교류하는 것은 중요하다 / 사회적 기술을 개발하기 위해

09 복장 규정을 가짐으로써, / 학생들은 돈을 절약할 수 있다

10 한 나라의 도덕 규범은 변화한다 / 세대마다

11 많은 사람들이 두려워한다 / 자신의 전자제품이 구식이 될까 봐
* 전자제품 electronic devices

12 계속적인 논란이 있다 / 동물원이 보호하는지 / 멸종 위기에 처한 종을 / 혹은 그들을 착취하는지
* 계속적인 ongoing   * 논란 controversy   * 착취하다 exploit

13 많은 사람들은 선호한다 / 도시에 사는 것을 / 오염된 공기에도 불구하고
* ~에도 불구하고 despite

14 연료 효율적인 버스는 줄여준다 / 오염을 / 교통이 혼잡한 지역에서
* 교통 혼잡 지역 congested area

15 많은 사람들은 위험에 처하게 한다 / 자신의 건강을 / 부실한 식사로

정답 p.281

Day 09 주제별 표현: 과학기술·경제·정치·사회

Course 1 과학기술과 경제 관련 표현

'인터넷의 등장으로 사람들은 방대한 정보에 접근할 수 있게 되었다'라는 문장을 쓰려고 합니다. 이때 '~의 등장으로' 라는 표현은 'with the advent of ~'로 나타낼 수 있습니다. 이러한 표현은 토플 라이팅에서 기술 발전이나 경제적 변화를 설명하는 글을 쓸 때 자주 활용됩니다.

1 최첨단의
state-of-the-art / cutting-edge

몇 달 전에 최첨단이었던 것들이 이미 구식이 되어 버릴지도 모른다.
What was **state-of-the-art** a few months ago may already be obsolete.
* 구식의, 쓸모없게 된 obsolete

2 정보를 유출하다
leak information

많은 신문사들이 기밀 정보를 유출하는 타사 직원들에게 의존한다.
Many newspapers rely upon employees from other companies **leaking** secret **information**.

3 특허권을 갖다
hold a patent

대기업들이 값진 특허권을 갖고 있는 작은 회사들을 구매할 수도 있다.
Large companies may purchase smaller ones **holding** valuable **patents**.

4 ~의 등장으로
with the advent of ~

인터넷의 등장으로, 사람들은 놀라운 양의 정보에 접근할 수 있다.
With the advent of the Internet, people have access to an astonishing amount of information.
* ~에 접근할 수 있다 have access to ~

5 무선 통신 기술
wireless technology

무선 통신 기술의 위험성에 대한 문제는 아직 해결되지 않았다.
Questions on the dangers of **wireless technology** have yet to be answered.

6 과학 기술의 진보
technological advancement

많은 연구원들은 과학 기술의 진보가 현재의 속도로 계속될 것이라고 생각하지 않는다.
Many researchers don't believe that **technological advancement** will continue at its current rate.

7 위협하다
pose a threat

대형 할인점들은 소규모 동네 상점을 위협한다.
Large discount stores **pose a threat** to small neighborhood stores.

8 유망한 미래
bright future

대학 교육이 반드시 유망한 미래를 보장하지는 않는다.
A college education does not necessarily guarantee a **bright future**.

9 생활비
cost of living

사람들은 도시의 높은 생활비를 피하기 위해 교외로 이사한다.
People move to the suburbs to escape the high **cost of living** in the city.

10 수입과 지출을 맞추다
make ends meet

경기 불황 때문에, 많은 사람들이 수입과 지출을 맞추는 데 어려움을 겪고 있다.
Because of the poor economy, many people are having trouble **making ends meet**.

11 공급과 수요
supply and demand

중동의 전쟁은 석유의 공급과 수요 모두에 영향을 미쳤다.
The war in the Middle East has affected both the **supply and demand** of oil.

12 경제를 안정시키다
stabilize the economy

대통령은 재난 이후에 경제를 안정시키려고 시도했다.
The president attempted to **stabilize the economy** following the disaster.

13 은행에 예금하다
deposit money in a bank

많은 사람들은 은행에 예금하지 않으면 저축하는 데 어려움을 겪는다.
Many people have difficulty saving unless they **deposit** their **money in a bank**.

14 빈부 격차
gap between the rich and the poor

강화하는 경제가 빈부 격차를 감소시키고 있다.
The strengthening economy is shrinking the **gap between the rich and the poor**.
* 감소시키다 shrink

15 이득을 얻다
reap the benefit

대부분의 사람들이 어떻게 정부 프로그램의 이득을 얻을 수 있는지에 대해 잘 모른다.
Most people are unaware of how they can **reap the benefits** of government programs.
* ~을 모르다 be unaware of ~

16 경기 침체
slow economy

경기 침체 때문에 실업률이 증가했다.
Unemployment has increased due to the **slow economy**.
* 실업률 unemployment

17 비용을 분담하다
split the cost

공동 프로젝트를 위해, 협력사들은 생산 비용을 균등하게 분담하기로 합의했다.
For the joint project, the partners reached an agreement to **split the cost** of production equally.

18 고용 시장
job market

많은 학생들이 처음으로 고용 시장에 뛰어들면 일자리를 구하는 데 어려움을 겪는다.
Many students have trouble finding work when they first enter the **job market**.

✓ Check-up

✎ 파란색으로 주어진 우리말 표현을 영어로 바꾸어 문장을 완성하세요.

01 어떤 소비자들은 최첨단의 기술을 위해 기꺼이 많은 돈을 지불할 의사가 있다.

Some consumers are willing to pay a lot for _____ technology.

* 기꺼이 ~할 의사가 있다 be willing to 부정사

02 기업들이 너무 오래 특허권을 가지면, 그 분야의 발전을 저해한다.

When companies _____ for too long, they hinder development in the field.

* 저해하다, 방해하다 hinder

03 휴대폰의 등장으로, 사람들은 언제든지 서로 연락을 취할 수 있다.

_____ cell phones, people can contact each other anytime.

04 무선 통신 기술의 사용은 오래된 제품들을 구식으로 만들고 있다.

The use of _____ is making older devices obsolete.

05 대부분의 학생들이 수입과 지출을 맞추기 위해 파트 타임으로 일한다.

Most students have part-time jobs in order to _____.

06 국가들은 경제를 안정시키기 위해 최선을 다한다.

Countries do their best to _____.

07 기업이 많은 돈을 벌면, 모든 직원들이 이득을 얻어야 한다.

When a company makes a lot of money, all of its employees should _____.

08 빈부 격차가 큰 국가들은 종종 수많은 사회 문제를 지닌다.

Countries with a large _____ often have numerous social problems.

Course 2 정치와 사회 관련 표현

'나는 협력을 증진하기 위해 세대 차이를 줄여야 한다고 생각한다'라는 문장을 쓰고자 할 때, '**세대 차이**'라는 표현은 '**generation gap**'으로 쓸 수 있습니다. 이러한 표현은 정치나 사회 문제를 설명할 때 자주 쓰이며, 가족이나 직장처럼 여러 세대가 함께하는 상황에서 어떤 입장에 대해 주장을 펼칠 때 특히 유용합니다.

1 국가 간의 문화 교류
cultural exchanges between nations

국가 간의 문화 교류는 관광업을 통해 경제적 이익을 창출할 수 있다.
Cultural exchanges between nations can generate economic benefits through tourism.

2 자원을 배분하다
allocate resources

정치 지도자들은 어떻게 자원을 배분할지 결정할 때 종종 어려움에 직면한다.
Political leaders often face challenges when deciding how to **allocate resources**.

3 복지 제도
welfare system

그 복지 제도는 노인들의 의료 비용을 보장하지 않는다.
The **welfare system** doesn't cover the medical expenses of the elderly.
* 노인들 the elderly

4 정책을 실시하다
implement a policy

인기 없는 정책을 실시하려는 시도는 거의 지지받지 못한다.
Attempts to **implement an** unpopular **policy** are rarely supported.
* 거의 ~ 않는 rarely

5 여론
public opinion

정치인들은 법을 제정할 때 여론을 고려해야 한다.
Politicians should take **public opinion** into consideration when making laws.
* ~을 고려하다 take ~ into consideration

6 시사
current affairs

신문은 여전히 시사를 배우는 가장 인기 있는 방법 중 하나이다.
Newspapers remain one of the most popular ways to learn about **current affairs**.

7 국제 협력
international cooperation

성공적인 국제 협력은 상호 신뢰와 존중을 필요로 한다.
Successful **international cooperation** requires mutual trust and respect.

* 상호의 mutual

8 대중교통
public transportation

대도시의 대중교통은 종종 통근자들의 필요를 충족시킬 수가 없다.
Public transportation in large cities is often unable to meet the needs of commuters.

* ~의 필요를 충족시키다 meet the needs of ~

9 세대 차이
generation gap

세대 차이 때문에 부모와 자녀 사이의 의사소통에는 종종 문제가 있다.
Communication between parents and their children is often problematic due to the **generation gap**.

* 문제가 있는 problematic

10 ~의 사생활을 침해하다
infringe upon one's privacy

정부는 사람들의 사생활을 침해할 권리가 없다.
The government doesn't have the right to **infringe upon people's privacy**.

11 깊이 뿌리박힌 편견
deep-rooted prejudice

수입에 대해 깊이 뿌리박힌 편견을 가진 일부 정치인들은 관세를 높이는 것을 지지한다.
Some politicians with a **deep-rooted prejudice** against imports support raising tariffs.

* 관세 tariff

12 경계하다, 조심하다
take precautions

사람들이 지나치게 조심하면, 삶이 제한된다.
If people **take** too many **precautions**, their lives become restricted.

* 제한된 restricted

13 교통 혼잡
traffic congestion

교통 혼잡은 지역 주민들의 삶의 질을 떨어뜨린다.
Traffic congestion decreases the quality of life for local residents.

* 지역 주민 local residents

14 중립적인 입장을 취하다
take the middle ground

중립적인 입장을 취하는 것이 핵심 가치나 원칙에 대해 타협하는 것을 의미하는 것은 아니다.
Taking the middle ground doesn't mean compromising on core values or principles.

* 타협하다 compromise

15 (사람과의) 직접 대면, 만남
personal contact

이메일의 성장에도, 직접 대면하는 것은 여전히 더 효과적이다.
Even with the growth of email, **personal contact** is still more effective.

16 ~을 돌보다
look after ~

사회는 스스로를 보살필 수 없는 사람들을 돌봐야 한다.
Society must **look after** those who are unable to care for themselves.

17 가정 환경
family background

한 사람의 가정 환경은 그 사람이 어떤 종류의 직업을 추구하는지에 영향을 미칠 수 있다.
A person's **family background** may influence what type of job he or she pursues.

18 법을 어기다
violate the law

권력을 가진 자리에 있는 사람들은 법을 어길 경우 엄격하게 처벌되어야 한다.
People in positions of power should be punished severely if they **violate the law**.

* 엄격하게 severely

✓ Check-up

🖊 파란색으로 주어진 우리말 표현을 영어로 바꾸어 문장을 완성하세요.

01 정치적 양극화는 자원을 배분하는 방법에 대한 합의에 도달하는 것을 어렵게 만들 수 있다.

Political polarization hinders consensus on how to _____.

* 양극화 polarization   * 합의 consensus

02 현재의 복지 제도는 사람들이 일하도록 장려하지 않기 때문에 개혁될 필요가 있다.

The current _____ needs to be reformed because it doesn't encourage people to work.

* 개혁되다 be reformed

03 원활한 의사소통은 새로운 정책을 실시하는 것을 훨씬 더 쉽게 만든다.

Good communication makes it much easier to _____ new _____.

04 정부는 대중교통을 위한 자금을 늘릴 책임이 있다.

The government has a responsibility to increase funding for _____.

* 자금 funding

05 세대 차이는 때때로 가족 구성원 간의 관계에 중대한 장애물이다.

The _____ is sometimes a significant obstacle to relationships between family members.

06 대가족의 구성원들은 서로의 사생활을 침해하는 것을 피하기 위해 주의를 기울여야 한다.

Members of large families have to be careful to avoid _____.

07 대중 매체는 여론을 형성하는 데 중요한 역할을 한다.

The mass media plays a significant role in shaping _____.

* 역할을 하다 play a role   * 형성하다 shape

08 대학생들이 학교에서 시사에 대해 배우는 것은 중요하다.

It is important for college students to learn about _____ in school.

정답 p.282

Daily Test

끊어 해석한 부분에 유의하여 다음의 우리말 문장을 영어로 바꾸어 쓰세요.

01 최첨단의 장치들은 대개 이용 가능하지 않다 / 소비자에게 직접적으로
   * 장치 device   * 이용 가능한 available

02 과학 교육에 투자하는 국가들은 / 유망한 미래를 지닌다

03 인터넷은 쉽게 만들었다 / 사람들이 정보를 유출하는 것을

04 몇몇 회사들은 해고한다 / 직원들을 / 경기 침체기에
   * 해고하다 lay off

05 합작 기업들은 투자의 비용을 분담한다 / 위험을 공유하기 위해
   * 합작 기업 joint venture   * 투자 investment

06 낮은 금리는 도움을 준다 / 경제를 안정시키는 데
   * 금리 interest rate

07 대부분의 사람들은 예금한다 / 그들이 번 돈을 / 은행에

08 고용 시장은 / 점점 더 경쟁적이다 / 오늘날
   * 경쟁적인 competitive

09 국가 간의 문화 교류는 증진시킨다 / 이해와 관용을
　　* 이해 understanding　　* 관용 tolerance

10 다른 세대의 관점에 대해 배우는 것은 / 도움이 될 수 있다 / 세대 차이를 극복하는 데
　　* 관점 perspective　　* 극복하다 overcome

11 기후 변화는 긴급한 문제이다 / 국제 협력을 필요로 하는
　　* 긴급한 pressing　　* 필요로 하다 demand

12 깊이 뿌리박힌 편견은 해로울 수 있다 / 개인과 사회 모두에
　　* 해로운 harmful

13 도시의 한 가지 큰 단점은 / 교통 혼잡이다

14 일부 정치인들은 중립적인 입장을 취한다 / 더 많은 유권자들에게 호소하기 위해

15 많은 국가들이 갖고 있지 않다 / 포괄적인 복지 제도를 / 장애인을 돌보기 위한
　　* 포괄적인 comprehensive　　* 장애인 disabled people

정답 p.282

무료 토플자료 · 유학정보 제공
goHackers.com

Hackers
Updated TOEFL
Writing Basic

TASK ①
단어 배열하여
문장 완성하기
Build a Sentence

Introduction

Day 10 답변 문장의 내용 예측하기
   실수 클리닉 동사의 형태

Day 11 예측한 답변 문장 완성하기
   실수 클리닉 수의 일치

Day 12 Task Test
   실수 클리닉 시제

Introduction:

Task 1(Build a sentence)은 두 사람의 짧은 대화문에서 보기 단어들을 배열하여 일부 또는 전부가 빈칸으로 제시된 답변 문장을 완성하는 Task입니다. 질문 문장은 완성된 형태로 주어지며, 답변 문장은 순서가 뒤섞인 보기 단어들을 문맥에 맞게 배열해 문법적으로 정확하고 자연스러운 문장이 되도록 해야 합니다. 총 10문제가 출제됩니다.

■ 시험 미리보기

Direction 화면

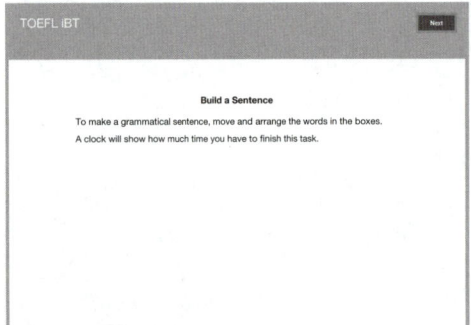

Task 1에 대한 Direction이 주어집니다.

디렉션의 내용 : 보기 단어를 옮겨 문법적으로 올바른 문장을 완성한다. 화면의 시계를 통해 남는 시간을 확인할 수 있습니다.

문제 풀이 화면

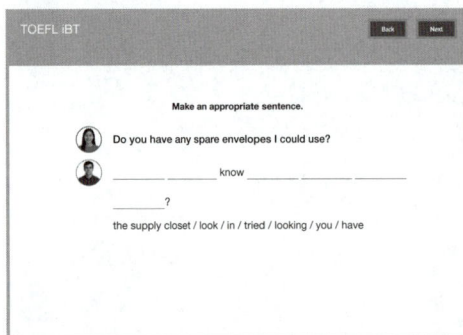

문제가 출제될 때 나오는 화면으로, 첫 번째 사람의 질문과 두 번째 사람의 답변 문장과 보기 단어들이 제시됩니다.

문제를 풀 수 있는 시간 : 5분 50초 (문제 당 약 30~35초)

문제를 풀 때 해야 할 일 : 빈칸에 들어갈 보기 단어를 드래그하여 원하는 위치에 넣어서 문장을 완성합니다.

문제를 풀고 난 후 해야 할 일 : 답변 문장을 완성한 뒤 우측 상단의 Next 버튼을 누르면 다음 문제로 넘어갑니다. 같은 Task 안에서는 Back 버튼을 눌러 이전 문제로 돌아갈 수 있습니다.

풀이 전략

1. 시험 시간을 잘 분배합니다.

Task 1은 총 10문제로 구성되어 있으며, 전체 문제 풀이 시간은 약 5분 50초입니다. 즉, 한 문제당 30~35초의 풀이 시간이 주어진다는 것입니다. 문제당 풀이 시간이 길지 않으므로, 막히는 문제는 너무 오래 붙잡고 있지 말고, 표시해 둔 뒤 Back 버튼으로 돌아와 나중에 마무리합니다.

2. 답변 문장에 들어갈 내용을 미리 예측합니다.

바로 보기 단어를 배열해도 되지만, 단서 없이 시작하면 더 어렵게 느껴질 수 있습니다. 질문에서 묻는 내용, 답변 문장에 이미 주어진 단어, 그리고 보기 단어를 함께 살펴보면 답변에 어떤 내용이 들어가야 하는지 감을 잡을 수 있습니다. 이렇게 미리 의미를 예측해 두면 단어 배열이 훨씬 수월해집니다.

3. 보기 단어들을 덩어리(Chunk)로 조합합니다.

보기 단어들을 자주 함께 쓰이는 표현끼리 묶거나, 구·절과 같은 의미 단위별로 Chunk를 만들어 두면 훨씬 쉽게 문장을 완성할 수 있습니다. Chunk를 이용해 배열하면 단어를 하나하나 배열할 때보다 시간을 단축할 수 있고, 배열 과정에서도 혼동을 피할 수 있습니다.

4. 완성한 답변 문장을 꼭 검토합니다.

완성된 문장이 질문에 대한 답변으로 자연스럽고 적절한지 반드시 확인해야 합니다. 또한 어순이 올바른지, 문법적으로 완전한지 꼼꼼히 점검한 뒤 Next 버튼을 눌러 넘어가는 것이 바람직합니다.

스터디 가이드

1. 영어 문장의 구조와 어순을 익힙니다.

보기 단어를 올바른 어순으로 배열하기 위해서는 문장을 이루는 성분과 문장의 종류에 익숙해져야 합니다. 문장의 성분과 종류를 잘 이해하고 있으면 단어 배열 과정에서 불필요하게 시간을 낭비하지 않고, 문장을 더 빠르고 정확하게 완성할 수 있습니다.

2. 헷갈리기 쉬운 문법 포인트를 미리 학습합니다.

단어를 배열하다 보면 어떤 단어가 어디에 들어가야 할지 헷갈리거나 자주 실수하는 부분이 생깁니다. 이런 포인트들을 미리 익혀 두면 문제를 풀 때 훨씬 자신감 있게 문장을 완성할 수 있고, 실수도 크게 줄일 수 있습니다.

Day 10 답변 문장의 내용 예측하기

Task 1에서는 보기에 주어진 단어를 올바르게 배열해서 질문 내용에 대한 자연스러운 답변 문장을 완성해야 합니다. 짧은 시간 안에 오류 없이 문장을 완성하려면, 먼저 질문의 내용을 정확히 파악하고 주어진 단어들로 만들 수 있는 답변을 예측해보는 것이 필요합니다.

01: 질문의 내용 파악하기

질문이 묻는 내용에 따라 답변 방향이 결정되므로, 질문이 무엇을 묻고 있는지 정확히 파악하는 것이 중요합니다. 문장의 주어와 동사, 의문사 등을 주의 깊게 확인하며, 질문의 내용을 파악합니다.

질문의 내용 파악하기의 예

Why did Jeremy call you yesterday?	→ **질문의 내용** Jeremy가 나에게 어제 전화한 이유

02: 답변 문장에 들어갈 내용 예측하기

Step 1 답변 문장의 단서 확인하기

답변 문장의 구두점(마침표, 물음표)을 통해 의문문인지 평서문인지 파악합니다. 일부 단어가 이미 답변 문장에 주어졌다면, 그 단어들을 문장의 구조나 주제를 파악하는 단서로 활용합니다.

Step 2 보기 속 핵심 단어 파악하기

보기에 주어진 단어를 빠르게 살펴 문장의 핵심 성분을 찾습니다. 먼저 주어, 동사, 목적어로 쓸 수 있는 단어를 확인하고, 의문사, 부정어, 접속사처럼 문장의 구조와 흐름을 결정하는 단어에도 주의합니다.

Step 3 단서를 조합해서 답변 문장의 내용 예측하기

답변 문장에 제시된 단서와 보기의 핵심 단어를 결합해 문장에 담길 내용을 예측합니다. 이렇게 예측한 답변의 내용은 이후 단어를 배열해 실제 문장을 완성할 때 기준이 되는 길잡이가 됩니다.

답변 문장에 들어갈 내용 예측하기의 예

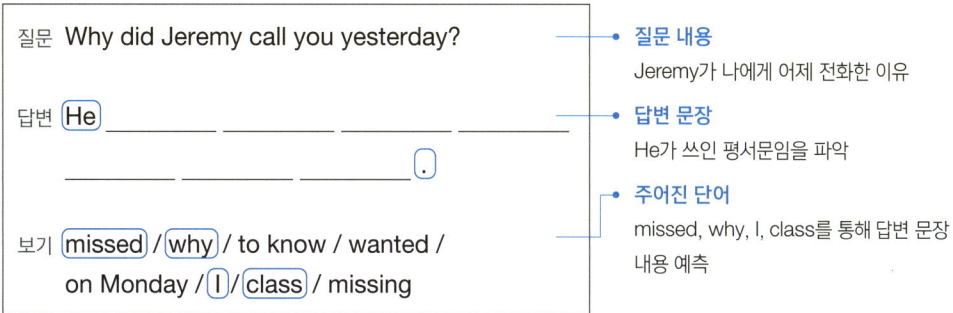

- **질문 내용**
  Jeremy가 나에게 어제 전화한 이유
- **답변 문장**
  He가 쓰인 평서문임을 파악
- **주어진 단어**
  missed, why, I, class를 통해 답변 문장 내용 예측

예측한 답변 문장 내용

그는 내가 월요일에 왜 수업을 빠졌는지 알기를 원했다.

tip
문제를 풀다 보면, 보기에 주어진 단어들을 조합해 문장이 두 개 이상 만들어지는 경우가 있습니다. 이때는 질문과 의미상 가장 자연스럽게 이어지는 문장인지, 혹은 어색하거나 불필요한 의미를 만드는 조합은 아닌지를 판단해, 가장 적절한 내용을 선택해야 합니다.

질문 Why did Martha want to talk to you after school?
답변 She _____ _____ _____ _____ _____ _____ _____.
보기 **where** / to the library / am / to know / **when** / going / I / wanted

☑ 예측한 답변 문장 내용
후보①: 그녀는 내가 **언제** 도서관에 가는지 알기를 원했다. (O)
후보②: 그녀는 내가 **어디로** 도서관에 가는지 알기를 원했다. (X)
→ '어디로 도서관에 가는지'는 의미적으로 어색한 문장이 됩니다.

Daily Check-up

🔺 주어진 문제를 읽고, 질문의 내용을 한국어로 작성한 후 답변 문장의 내용을 가장 정확하게 예측한 것을 고르세요.

01
 질문   Where did you buy this table?
 답변   It _____ _____ _____ near my office.
 보기   a flea market / is / when / from

1) 질문의 내용: _____
2) 예측한 답변 문장 내용: ① 사무실 인근 벼룩시장에서요.
　　　　　　　　　　　　② 사무실 입주 선물로 받았어요.

02
 질문   What did your professor ask you about the group project?
 답변   She _____ _____ _____ _____ _____.
 보기   had collected / who / the data / to know / wanted / did

1) 질문의 내용: _____
2) 예측한 답변 문장 내용: ① 그녀는 누가 자료를 수집했는지 알고 싶어 하셨어.
　　　　　　　　　　　　② 그녀는 자료를 수집할 사람을 정했는지 물어보셨어.

03
 질문   Are we ready to go for the class picnic now?
 답변   No, _____ _____ _____ _____ _____ _____ yet.
 보기   from / hasn't / Julie / restroom / returned / the

1) 질문의 내용: _____
2) 예측한 답변 문장 내용: ① 아니요, Julie에게 준비가 다 되었는지 물어볼게요.
　　　　　　　　　　　　② 아니요, Julie가 화장실에서 아직 돌아오지 않았어요.

04
 질문   The explanation in this product manual is quite confusing.
 답변   I _____ _____ _____ _____ _____ _____.
 보기   either / do / understand / what / says / not / it

1) 질문의 내용: _____
2) 예측한 답변 문장 내용: ① 저도 그것이 뭐라고 쓰여 있는지 이해할 수 없어요.
　　　　　　　　　　　　② 그것에 쓰인 설명을 잘 읽어야 해요.

05

질문 The latest science fair was a big success!

답변 We never realized _____ _____ _____ _____ _____.

보기 could / the / how creative / students / be

1) 질문의 내용: _____

2) 예측한 답변 문장 내용: ① 저희는 학생들의 창의적인 답변이 인상적이었어요.
　　　　　　　　　　　　② 저희는 학생들이 이렇게 창의적일 수 있는지 전혀 몰랐어요.

06

질문 Why did you stop by the marketing department earlier?

답변 I _____ _____ _____ _____ _____ _____ the poster.

보기 me / they could / to confirm / needed / when / send

1) 질문의 내용: _____

2) 예측한 답변 문장 내용: ① 그들이 포스터 제작이 언제 완료되는지 물어보고 싶었어요.
　　　　　　　　　　　　② 그들이 포스터를 언제 저에게 보내줄 수 있는지 확인해야 했어요.

07

질문 Are you joining the fishing trip on Saturday?

답변 I _____ _____ _____ _____.

보기 this / to rest / want / joined / weekend

1) 질문의 내용: _____

2) 예측한 답변 문장 내용: ① 저는 토요일에 휴식하며 시간을 보낼 거예요.
　　　　　　　　　　　　② 저는 이번 주말에는 휴식하기를 원해요.

08

질문 There are no cars in the parking lot.

답변 Haven't _____ _____ _____ _____ _____ ?

보기 the notice / seen / about / painting job / you / the

1) 질문의 내용: _____

2) 예측한 답변 문장 내용: ① 도색 작업에 대한 공지를 못 보셨나요?
　　　　　　　　　　　　② 도색 작업할 차량을 보셨나요?

정답·해석 p.284

Daily Test

🔺 주어진 문제에 대해 질문의 내용과 예측한 답변 문장 내용을 한국어로 작성하세요.

01
질문   I missed the deadline to apply for the school yoga program.
답변   _____ you _____ _____ _____ _____ to Friday?
보기   the program manager / don't / extended / know / it

1) 질문의 내용: _____
2) 예측한 답변 문장 내용: _____

02
질문   Why is it taking so long to finish the repairs on your car?
답변   _____ _____ _____ _____ _____ from overseas.
보기   had / ordered / the replacement parts / to be / does / one of

1) 질문의 내용: _____
2) 예측한 답변 문장 내용: _____

03
질문   I want to take a long trip to South America this summer.
답변   _____ _____ _____ _____ _____ _____ first?
보기   started / would / to start with / country / you / like / which

1) 질문의 내용: _____
2) 예측한 답변 문장 내용: _____

04
질문   Can you print the documents before the presentation starts?
답변   _____ _____ _____ _____ _____ _____ in time.
보기   finishes / all the pages / having / the printer / hope / I

1) 질문의 내용: _____
2) 예측한 답변 문장 내용: _____

05

질문 What did the director say before the rehearsal?

답변 _____ _____ if I _____ _____ _____ today.

보기 cover / asked / he / Maria's part / could

1) 질문의 내용: _____

2) 예측한 답변 문장 내용: _____

06

질문 The new café across from the dormitory has become really popular recently.

답변 Do _____ _____ _____ _____ _____ _____ ?

보기 you know / closes / time / it / what / in the evening

1) 질문의 내용: _____

2) 예측한 답변 문장 내용: _____

07

질문 I'm looking for a good restaurant around here.

답변 _____ _____ _____ _____ _____ _____ _____ .

보기 tell you / delicious / where / can / Italian dishes / to enjoy / my brother

1) 질문의 내용: _____

2) 예측한 답변 문장 내용: _____

08

질문 Is it possible to get the same deal if I order now?

답변 _____ _____ _____ _____ _____ _____ anymore.

보기 you / that offer / I'm / get / afraid / can't

1) 질문의 내용: _____

2) 예측한 답변 문장 내용: _____

정답·해석 p.284

실수 클리닉

다음 문장에서 틀린 부분을 찾아 고쳐 보세요.

1. Only a few private organizations supporting the government's decision.

2. He watching television when the doorbell rang.

3. The subject which taught to students at school is English.

4. The man doesn't waters the flowers.

5. I have recently graduate from college.

6. Meeting new people can often is exciting.

7. He could ran faster than anyone else when he was younger.

8. A new factory will brings many changes to our community.

9. I already seen the movie twice.

10. She waiting for a package to arrive.

동사의 형태

1. 조동사 다음에는 동사원형을 쓴다

can, must, may, shall, will, might, should, would, could 등과 같은 조동사 다음에는 동사원형을 씁니다. 조동사 뒤에 동사의 과거형을 쓰거나 3인칭 단수형(동사+(e)s)을 쓰는 실수를 하지 않도록 주의해야 합니다. 또한 의문문이나 부정문에서 조동사로 쓰인 do(es)나 did 뒤에도 동사원형을 쓴다는 것에 주의해야 합니다.

예) 그는 음식을 살 돈이 없다.
He **doesn't has** money for food. (×)
→ He **doesn't have** money for food. (○)

2. be동사 다음에는 진행형이나 과거분사를 쓴다

문장에서 동사 자리에 be동사와 다른 동사가 함께 쓰일 경우에는 진행 시제로 쓰거나(be동사 + 동사의 ~ing) 수동태(be동사 + 과거분사(동사의 p.p)로 써야 합니다. 따라서 be동사 뒤에 동사의 과거형이나 현재형을 쓰면 틀리게 됩니다. 마찬가지로, 동사의 ~ing형이나 과거분사는 be동사 없이 쓰일 수 없습니다.

예) 그녀는 살 곳을 찾고 있다.
She **is look** for a place to live. (×)
→ She **is looking** for a place to live. (○)

3. 현재완료 시제에서 have 뒤에는 과거분사를 쓴다

현재완료 시제에서는 have + 과거분사(동사의 p.p)를 써야 합니다. 따라서 have 뒤에 동사가 원형으로 오거나 ~ing 형태로 오면 틀리게 됩니다.

예) 나는 결코 그녀를 전에 본 적이 없다.
I **have** never **meet** her before. (×)
→ I **have** never **met** her before. (○)

정답

1. supporting → are supporting   2. watching → was watching   3. taught → is taught
4. waters → water   5. graduate → graduated   6. is → be   7. ran → run   8. will brings → will bring
9. already seen → have already seen   10. waiting → is waiting

Day 11 예측한 답변 문장 완성하기

질문과 단어들을 보고 답변 문장에 담길 내용을 예측했으니, 이제 그 내용에 맞춰 실제 문장을 완성해봅니다. 잘게 나뉘어진 단어들을 의미 덩어리로 만들고 어순에 맞게 덩어리를 배열하는 방법을 익히면, 길고 복잡한 문장도 빠르고 쉽게 완성할 수 있습니다.

01: 의미 덩어리(Chunk) 만들기

문장을 만들 때 단어를 하나씩 배열하려고 하면 순서를 헷갈리기 쉽습니다. 따라서 단어를 낱개로 보지 말고 뜻이 통하는 한국어 의미 덩어리로 먼저 묶어두는 것이 좋습니다. 이렇게 하면 문장 전체를 의미 단위로 묶어서 생각할 수 있기 때문에 문장을 훨씬 쉽게 완성할 수 있습니다.

Step 1 예측한 답변을 의미 덩어리로 나누기

먼저 한국어로 떠올린 답변 의미를 영어 어순에 맞게 다시 배열합니다. 그다음, 그 문장을 의미 덩어리로 나눕니다. 예를 들어 '누가 + 무엇을 하다', '언제/어디서', '어떻게/왜'와 같은 의미를 나타내는 단위별로 덩어리를 나눌 수 있습니다.

Step 2 보기 단어를 의미 덩어리에 맞춰 조합하기

앞에서 나눈 의미 덩어리에 맞춰 보기 단어를 배치합니다. 이때 단수/복수, 시제, 전치사 등의 문법 요소를 꼼꼼히 확인하며 단어들을 조합합니다.

의미 덩어리 만들기의 예

질문 Why did Jeremy call you yesterday?

답변 He _____ _____ _____ _____ _____ _____ _____.

보기 missed / why / to know / wanted / on Monday / I / class / missing

예측한 답변 내용

그는 내가 월요일에 왜 수업을 빠졌는지 알기를 원했다.

의미 덩어리 만들기

❶ 답변 문장의 내용을 의미 덩어리로 나누기

그는 원했다 / 알기를 / 내가 왜 빠졌는지 / 수업을 / 월요일에

❷ 보기 단어를 의미 덩어리에 맞춰 조합하기

He wanted / to know / why I missed / class / on Monday

의미 덩어리

| 그는 원했다 | / 알기를 | / 내가 왜 빠졌는지 | / 수업을 | / 월요일에 |
| He wanted | to know | why I missed | class | on Monday |

02: 의미 덩어리를 배열해서 문장 완성하기

단어들을 의미 덩어리로 묶어주었다면, 이제 문장의 어순에 맞게 덩어리를 배열합니다. 문장의 필수 성분인 주어와 동사, 목적어 및 보어를 먼저 배열하여 기본 구조를 세운 뒤, 수식어구/절을 알맞은 위치에 배치하면 긴 문장도 쉽게 완성할 수 있습니다.

Step 1 문장의 필수 성분 배열하기

미리 만들어둔 보기 단어의 의미 덩어리들 중에서 문장의 필수 성분들을 먼저 어순에 따라 배열합니다.

- 평서문: 주어 → 동사 → 목적어/보어
- 의문문: (의문사) → 조동사/be동사 → 주어 → 동사 → 목적어/보어

Step 2 수식어구나 절 등의 나머지 의미 덩어리를 배열해 문장 완성하기

문장의 필수 성분들을 배열한 뒤에는 수식어구(전치사구, 형용사구, 부사구)와 절(명사절, 형용사절, 부사절) 등을 올바른 위치에 순서대로 배열합니다. 특히 수식어는 어떤 성분을 꾸미는지에 따라 자리가 달라지므로, 이에 주의하며 배열해야 합니다.

> **tip**
> 답변 문장의 모든 빈칸을 채웠는데도 보기 단어가 남아 있는 경우가 있을 수 있습니다. 이때는 '완성한 답변 문장이 문법적으로 정확한지', '남아 있는 보기 단어가 불필요한 것이 맞는지' 이 두 가지를 반드시 확인해야 합니다.
>
> 질문 What did the teacher ask you this morning?
> 답변 She wanted to know why I was late for school yesterday.
> 보기 what / ~~yesterday~~ / ~~why~~ / ~~was late~~ / ~~I~~ / ~~for school~~ / ~~to know~~ / ~~wanted~~
>
> → 완성한 답변 문장은 주어(She) + 동사(wanted) + 목적어(to know ~) + 간접의문문(why~) 구조로 문법적으로 정확하고, 질문에도 정확히 대답하고 있습니다. 따라서 남은 보기 단어 'what'은 문장에 불필요한 단어가 맞다는 것을 알 수 있습니다.

덩어리를 올바른 순서로 배열해서 문장 완성하기의 예

질문 Why did Jeremy call you yesterday?

답변 He _____ _____ _____ _____ _____ _____ _____.

보기 missed / why / to know / wanted / on Monday / I / class / missing

의미 덩어리

그는 원했다 / 알기를 / 내가 왜 빠졌는지 / 수업을 / 월요일에

덩어리를 올바른 순서로 배열하기

❶ 문장의 필수 성분 배열하기

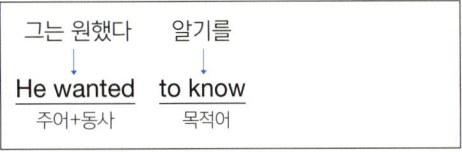

❷ 나머지 의미 덩어리를 배열해서 문장 완성하기

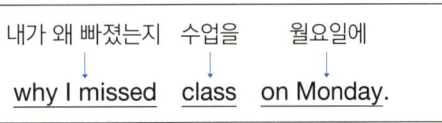

완성한 답변 문장

He wanted to know why I missed class on Monday.

Daily Check-up

▲ 주어진 문제에 대해 답변 문장을 완성하세요. 이때 질문의 내용과 예측한 답변 문장 내용을 참고하세요.

01 질문 What did the product designer ask during the meeting?
답변 She _____ _____ _____ _____ _____ _____.
보기 the budget / wondered / to be / why / had / reduced

질문의 내용
제품 디자이너가 회의 중에 무엇을 물어봤나요?
예측한 답변 문장 내용
그녀는 예산이 왜 줄어들어야 했는지 궁금해했어요.

02 질문 How did you like the festival last night?
답변 _____ _____ _____ _____ _____ properly.
보기 was / to enjoy / do / loud / too / the music

질문의 내용
어젯밤 페스티벌은 어땠어?
예측한 답변 문장 내용
제대로 즐기기에는 음악이 너무 시끄러웠어.

03 질문 I'm planning to visit the new pizza place down the road.
답변 Do _____ _____ _____ _____ _____ there?
보기 to get / you / a / ride / need / planned

질문의 내용
나는 새로 생긴 피자집에 가볼 계획이야.
예측한 답변 문장 내용
너는 거기까지 태워 주기를 원하니?

04 질문 Are you going to Jenna's house for the pajama party tomorrow?
답변 I'm _____ _____ whether _____ _____ _____ _____.
보기 time / not / will have / sure / I / to go

질문의 내용
Jenna의 집에 파자마 파티 가니?
예측한 답변 문장 내용
내가 갈 시간이 있을지 불확실해.

05 질문 We're almost out of onions in the kitchen.
답변 _____ _____ _____ _____ _____ _____ this morning.
보기 ordering / the / said / them / he / chef / already ordered

질문의 내용
주방에 양파가 거의 다 떨어졌어요.
예측한 답변 문장 내용
셰프님이 오늘 아침에 이미 주문하셨다고 하셨어요.

06 질문 The public badminton court has been closed for renovation.

답변 _____ _____ _____ how long _____ _____ _____?

보기 it / do / take / you / will / know / had

질문의 내용
공공 배드민턴장이 보수 공사로 문을 닫았어요.

예측한 답변 문장 내용
그것이 얼마나 걸릴지 아세요?

07 질문 What did Sylvia ask about the headphones?

답변 _____ _____ _____ _____ they are still _____ _____.

보기 wanted / warranty / to confirm / she / under / that / where

질문의 내용
Sylvia가 헤드폰에 대해 무엇을 물어봤니?

예측한 답변 문장 내용
그녀는 그것들이 아직 보증기간인지 확인하고 싶어 했어.

08 질문 I have an interview for a school soccer coach position this afternoon.

답변 _____ _____ _____ later _____ _____ _____?

보기 how / you / went / could / tell me / it

질문의 내용
저는 오늘 축구부 코치 면접이 있어요.

예측한 답변 문장 내용
어떻게 됐는지 나중에 말해줄 수 있나요?

09 질문 The cookies you brought yesterday were very delicious.

답변 _____ you _____ _____ _____ _____?

보기 to try / would / some other / like / flavors

질문의 내용
네가 어제 가져온 쿠키들이 정말 맛있었어.

예측한 답변 문장 내용
다른 맛들도 먹어 볼래?

10 질문 Do you know when Evelyn will be back from her business trip?

답변 _____ _____ _____ _____ _____ Friday morning.

보기 is / scheduled / this / to arrive / her flight

질문의 내용
Evelyn이 출장에서 언제 오는지 아세요?

예측한 답변 문장 내용
그녀의 항공편이 이번 주 금요일 아침에 도착할 예정이에요.

정답·해석 p.285

Daily Test

보기 단어를 올바른 순서로 배열하여 답변 문장을 완성하세요.

01 My mother is thinking of getting a new phone this week.

_____ _____ _____ _____ _____ _____?

thought / model / which / planning / she / is / to purchase

02 Why did Jake want to look at the participant list?

He _____ _____ how many _____ _____ _____.

needed / hard copies / to know / should print / he / does

03 I like the way your team rearranged the office layout!

Thanks. We definitely _____ _____ _____ _____ _____.

work / while / more sunlight / wanted / we

04 Have you been to the grocery store after the renovation?

_____ _____ _____ _____ _____.

found / wider shelves / I / the / really practical / finding

05 I agreed to work at the overseas branch from next March.

Could you tell me _____ _____ _____ _____ _____?

that / you / why / decided / to do / done

06 The teacher said we should submit this club application by Friday at noon.

I am _____ _____ _____ _____ _____ _____ _____.

if / will / be able to / were / on time / make it / I / uncertain

07 How was the cruise with your family?

_____ _____ _____ _____ _____ such a great experience.

dinner / the sea / on / having / was / had

08 Do you know who will coach the hockey team next semester?

_____ _____ _____ _____ _____ _____ yet.

heard / about / anything / that / haven't / I

09 It's not easy to book a conference hall at this time of the year.

Should I request _____ _____ _____ _____ _____?

adjust / schedule / the workshop / the manager / requested

10 Our client just called me to postpone the meeting until tomorrow afternoon.

Did _____ _____ _____ _____ _____ best?

what time / also say / would / she / work

다음 문장에서 틀린 부분을 찾아 고쳐 보세요.

1. Many children who grow up in small houses is more competitive.

2. The students in the other class wants to join this class.

3. The rest of her life were devoted to helping sick people.

4. Seventy-five percent of the Earth are covered with water.

5. Half of the passengers was killed in the accident.

6. Having pen pals abroad are delightful to me.

7. To climb steep hills require a slow pace at first.

8. Whether you are likely to have a disease or not depend on your immune system.

9. The number of babies born in the country are on the rise.

10. A number of students in this town has already visited the museum when young.

수의 일치

1. 주어와 동사 간의 수의 일치
주어와 동사 사이에 수식어구가 오는 경우에는, 실제 주어와 수식어구를 혼동하지 말고 주어의 단수와 복수를 구분해서 동사를 써야 합니다.

예) 두 아이와 함께 있는 한 여자가 지금 쇼핑하고 있다.
A woman with two babies **are** shopping now. (×)
→ **A woman** with two babies **is** shopping now. (○)

2. '부분을 나타내는 표현 + 명사'는 명사에 따라 동사를 수 일치시킨다
분수, percent, half, rest, most, some, majority of와 같이 부분을 나타내는 표현이 주어로 올 때는 수식 받는 명사를 살펴보아 명사가 단수일 때는 단수로, 복수일 때는 복수로 취급합니다.

예) 대부분의 창문이 깨졌다.
Most of the windows **is** broken. (×)
→ Most of the windows **are** broken. (○)

3. 동명사구/to 부정사구/명사절은 단수 취급한다
동명사구나 to 부정사구, 또는 명사절(의문사절, whether절, that절, what절 등)이 주어가 되는 경우에는 단수 취급합니다.

예) 사진을 찍는 것은 매우 재미있다.
Taking pictures **are** much fun. (×)
→ Taking pictures **is** much fun. (○)

4. 'the number of + 명사'는 단수 취급, 'a number of + 명사'는 복수 취급한다
'the number of 복수 명사'는 '~의 수'라는 뜻으로 단수 취급하고, 'a number of + 복수 명사'는 '많은 ~'이라는 뜻으로 복수로 취급하여 동사를 수 일치시켜야 합니다.

예) 많은 학생들이 참석했다.
A number of students **was** present. (×)
→ A number of students **were** present. (○)

정답

1. is → are   2. wants → want   3. were → was   4. are → is   5. was → were
6. are → is   7. require → requires   8. depend → depends   9. are → is   10. has → have

Day 12   Task Test

TOEFL iBT Writing

Make an appropriate sentence.

01   **What did you think of my presentation from yesterday's class?**

I _____ _____ _____ _____ _____ _____.

those colorful pictures / did / curious about / am / found / you / where

---

02   **This shampoo has such a nice fragrance.**

Thanks. _____ _____ _____ _____ _____ _____ last week.

it / I / cosmetics fair / bought / from / the

---

03   **Who was chosen as the new project manager?**

Actually, _____ _____ _____ _____ _____ _____.

picked / me / to take charge / everyone / the project / of / why

---

04   **I think your car isn't big enough to carry all the camping gear.**

_____ _____ _____ _____ where we can _____ _____?

you / any place / a bigger vehicle / rent / know / do

---

05   **A notice about the health checkup was posted on the board.**

When _____ _____ _____ _____ _____?

you / it / are / to do / take / planning

06 What did your father want to check about your trip?

He asked _____ _____ _____ _____ _____ _____ earlier.

home / could / I / a day / if / come back

---

07 Your band performance last night was really impressive!

_____ _____ _____ because _____ _____ _____ every day.

had to / wasn't / we / it / practice / easy / having

---

08 Several issues were raised during the board meeting.

Which _____ _____ _____ _____ the most?

are / stood out / points / you / to

---

09 The lecture I attended seemed worthwhile for my career.

_____ _____ _____ _____ _____ _____ for this week?

if / another lecture / there is / tell me / can / does / you

---

10 When did Garrett buy those boxes of tomatoes?

He _____ _____ during _____ _____ _____ _____.

getting / grocery store / got / at / them / the sale / the

TOEFL iBT Writing

Make an appropriate sentence.

11 What was that announcement just now about the zoo hours?

_____ _____ exactly hear _____ _____ _____.

where / didn't / it / what / I / was about

---

12 The plans for the play at this year's school festival have been finalized.

_____ _____ _____ _____ _____ _____ _____?

assigned / the teacher / say / roles / did / which / we were

---

13 I'm planning to cook something from this recipe book tonight.

_____ _____ _____ _____ _____ _____ _____?

dish / want / out / do / to try / which / you

---

14 Anna's camping video got millions of views in just a week.

_____ _____ _____ _____ _____ _____ would become.

imagined / no / never / popular / I / how / it

---

15 Can you read the notification on the station screen for me?

It says _____ _____ _____ _____ _____ late.

arrive / thirty minutes / will / our train / arriving

16 Did Jane let us know about the details for the Christmas party?

She _____ _____ _____ _____ _____ _____ _____.

will / we / costumes / what / for the event / wear / explained

---

17 The boss seemed happy that Brenda finally finished designing the company logo.

Is that the one _____ _____ _____ _____ for three months?

she / on / has been / working / that / do

---

18 How about going to the barbeque place for lunch today?

_____ _____ _____ _____ _____ _____ _____ instead.

seafood / if / wonder / I / some / have / we could

---

19 Why did the police come to your house yesterday?

_____ _____ _____ _____ _____ _____ my apartment building.

in / me / asked / the robbery / they / about

---

20 Didn't you speak with the landlord yesterday?

Yes, I wanted _____ _____ _____ _____ _____ _____ _____ yet.

fixed / not / he / why / has / to ask / the air conditioner / what

실수 클리닉

다음 문장에서 틀린 부분을 찾아 고쳐 보세요.

1. I have known her since she has been a child.

2. Every morning, I am going for a walk.

3. I have seen a good film yesterday.

4. He is never taking sugar in his coffee.

5. I have wanted to go to that country since I have seen the movie.

6. Water is boiling at 100 degrees Celsius.

7. I have heard nothing from him since he has gone to America.

8. It has snowed last night.

9. He hasn't been at work yesterday.

10. John lives in Vancouver. He lived there since 2020.

시제

1. 현재 시제와 진행 시제

현재 시제는 현재의 사실과 상태 외에도 현재의 반복적인 습관이나 불변의 진리를 나타낼 때 사용합니다. 진행 시제는 현재 진행 중인 동작을 나타내는 동사에만 사용할 수 있습니다. 따라서 현재의 습관이나 진리를 나타내는 문장에 진행 시제를 쓰면 틀리게 됩니다.

예) 달은 지구를 돈다.
　　The Moon **is going** around the Earth. (×)
　　→ The Moon **goes** around the Earth. (○)

2. 현재완료와 과거 시제

현재완료 시제는 just, already, yet, recently, for, since와 같은 표현과 함께 쓰여 과거의 어느 한 시점에서 현재까지의 완료, 경험, 결과, 계속 등을 나타낼 때 씁니다. 따라서 yesterday, last night, 10 years ago, in the past, in 2020과 같이 이미 완료된 명백한 과거의 한 시점을 나타내는 표현과는 함께 쓰일 수 없으며, 이러한 경우에는 과거 시제를 써야 합니다.

예) 그녀는 어제 이곳에 도착했다.
　　She **has arrived** here yesterday. (×)
　　→ She **arrived** here yesterday. (○)

또한, since가 시간의 부사절을 이끄는 접속사로 쓰이면 '과거의 한 시점에 ~한 이래로, 지금까지 계속 –하다'라는 의미로, since가 쓰인 종속절에는 과거 시제를, 주절에는 현재완료를 써야 합니다.

예) 그가 온 이래로, 우리는 행복했다.
　　Since he came, we **are** happy. (×)
　　→ Since he came, we **have been** happy. (○)

정답

1. has been → was　　2. am going → go　　3. have seen → saw　　4. is never taking → never takes
5. have seen → saw　　6. is boiling → boils　　7. has gone → went　　8. has snowed → snowed
9. hasn't been → was not　　10. lived → has lived

무료 토플자료 · 유학정보 제공
goHackers.com

Hackers
Updated TOEFL
Writing Basic

TASK ②
이메일 쓰기
Write an Email

Introduction

Day 13 문제 파악하기
실수 클리닉 자동사와 타동사

Day 14 아웃라인 잡기
실수 클리닉 수동태

Day 15 이메일 쓰기
실수 클리닉 연결어

Day 16 Task Test
실수 클리닉 명사

Introduction:

Task 2 (Write an Email)는 문제에서 주어진 상황에 맞게 이메일을 작성하는 Task입니다. 문제에는 주로 학교생활(예: 교수님께 과제 제출 연장을 부탁하기)이나 일상생활(예: 친구에게 약속 변경 요청하기)처럼 실제로 일어날 법한 상황들이 제시됩니다. 상황에 따라 추천, 초대, 문제 해결 방안 제안 등 문제에서 요구하는 항목에 맞춰 이메일을 작성해야 합니다. 답변 작성 시간은 7분이며, 시험마다 1문제가 출제됩니다. 별도의 분량 제한은 없지만 완전한 문장으로 가능한 한 많이 작성하는 것이 좋습니다.

■ 시험 미리보기

Direction 화면

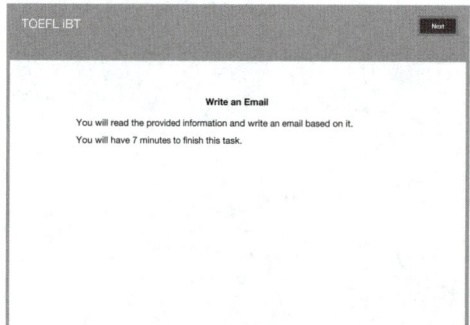

Task 2에 대한 Direction이 주어집니다.

디렉션의 내용: 제시된 정보를 읽고 그 내용을 바탕으로 이메일을 작성합니다. 이 Task의 제한 시간은 7분입니다.

해야 할 일: 메모를 하기 위한 펜과 종이를 준비하고 지시사항을 충분히 숙지한 후, 문제 풀이 화면으로 넘어갑니다.

문제 풀이 화면

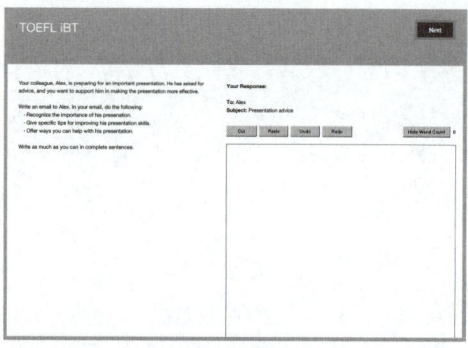

문제가 출제될 때 나오는 화면으로, 문제와 답안 작성란이 제시됩니다.

답안을 작성할 수 있는 시간: 7분

답안을 작성할 때 해야 할 일: 문제를 확인한 뒤, 이메일에 쓸 내용을 브레인스토밍하고 아웃라인으로 정리합니다. 그 후, 답안 작성란에 이메일을 작성합니다.

답안을 작성하고 난 후 해야 할 일: 이메일을 완성한 후 상단의 Next 버튼을 누르면 다음 Task로 넘어갑니다. 이때, 한 번 넘어가면 이전 Task 돌아올 수 없으므로 충분히 고민한 후 넘어가도록 합니다.

■ 풀이 전략

1. 문제를 정확히 파악합니다.
문제에는 작성자가 처한 상황, 이메일의 목적, 반드시 포함해야 하는 항목, 그리고 수신자 등 중요한 정보들이 제시됩니다. 이를 모두 반영하는 것이 매우 중요합니다. 따라서 답안을 작성하기 전에 이러한 주요 내용을 정확히 파악하고, 파악한 내용을 간단히 메모하며 정리해 두면 글을 쓸 때 빠뜨림 없이 답안을 완성할 수 있습니다.

2. 브레인스토밍하고 아웃라인을 잡습니다.
본격적으로 이메일을 작성하기 전에 답변 작성에 필요한 아이디어를 빠르게 떠올리고, 이를 항목별로 정리하여 아웃라인을 구성합니다. 이렇게 하면 글을 쓰는 과정에서 길을 잃지 않고 효율적으로 내용을 전개할 수 있습니다.

3. 시간이 남는다면 작성한 이메일을 다시 검토합니다.
시간이 남는다면 작성한 이메일을 다시 검토합니다. 이때, 이메일의 내용 뿐 아니라 문법, 철자, 문장 구조 등의 형식적인 사항도 검토하여 수정합니다.

■ 스터디 가이드

1. 이메일에 자주 쓰이는 표현을 익힙니다.
이메일에는 상황별로 자주 사용되는 표현들이 있습니다. 예를 들어, 감사 표현(Thank you for ~), 요청 표현(I would be grateful if you could ~), 제안 표현(You might want to consider ~) 등이 있습니다. 이런 표현을 미리 익혀 두면, 떠올린 아이디어를 더 빠르고 자연스럽게 영어로 옮겨 이메일을 완성할 수 있습니다.

2. 이메일의 기본 구조를 익힙니다.
이메일은 일반적으로 인사말과 목적을 밝히는 도입부 → 문제에서 요구하는 내용을 담은 본문 → 요약과 감사, 기대감을 표현하는 마무리 순으로 구성됩니다. 이 기본 구조를 익혀 두면 글의 흐름을 잡기 쉽고, 필요한 내용을 빠뜨리지 않고 꼼꼼하게 정리할 수 있습니다.

3. 아이디어를 떠올리는 연습을 자주 합니다.
이메일 문제에서는 제한된 시간 안에 적절한 아이디어를 떠올려야 합니다. 따라서 평소에 다양한 상황을 가정하며 아이디어를 정리하는 습관을 들이면 실제 시험에서 훨씬 수월하게 답안을 작성할 수 있습니다.

Day 13 문제 파악하기

TASK 2 이메일 쓰기는 7분이라는 짧은 시간 안에 문제 파악부터 실제 이메일 작성까지 마쳐야 하는 유형입니다. 이때 중요한 것은 문제의 요구 사항을 빠르고 정확하게 이해하는 것입니다. 문제를 잘 이해해야 이후에 어떤 아이디어를 담을지 정리할 수 있고, 실제로 이메일을 작성할 때도 방향을 잃지 않고 차근차근 완성할 수 있습니다.

01: 상황과 목적 파악하기

문제의 첫 문단은 보통 2~3문장으로 구성되며, 각 문장에는 일정한 역할이 있습니다.

- **첫 문장**
  작성자가 처한 상황에 대한 정보가 제시됩니다. 예를 들어, 작성자가 '학생인지 직장인인지', '어디에 살고 있는지'와 같은 배경이나, '현재 어떤 상황에 놓여 있는지'에 대한 내용이 제공됩니다.

- **두 번째 문장 이후**
  이메일을 쓰는 목적이 드러납니다. 특히 'You want to ~', 'You need to ~', 'You would like to ~'와 같은 표현 뒤에 이메일의 목적이 분명히 드러나는 경우가 많으므로, 이러한 표현이 쓰인 부분을 주의 깊게 확인하면 목적을 쉽게 파악할 수 있습니다.

> **tip**
> 문제를 읽으면서 핵심 내용을 짧은 키워드로 메모해 두세요. 이렇게 정리한 메모는 이후 브레인스토밍과 아웃라인 작성 단계에서 아이디어를 정리할 뼈대를 마련해 주므로 반드시 거쳐야 하는 중요한 과정입니다.

목적 파악하기의 예

Since this morning, the hot water in your apartment hasn't been working. **You need to** contact your building manager, Mr. Graham, to report the problem and request a repair.

Write an email to Mr. Graham. In your email, do the following:
- Describe the issue you are experiencing with the hot water.
- Explain how the issue is affecting you.
- Request a repair and ask when it can be fixed.

Your Response:
To: Mr. Graham
Subject: Hot water repair request

• 작성자가 처한 상황
아침부터 온수가 나오지 않는 문제가 발생

• 이메일을 쓰는 목적
문제를 알리고 수리를 요청하기 위해 건물 관리자(Mr. Graham)에게 이메일 작성

 노트

- 목적 온수 고장 → 수리 요청
-
-            (to. Mr. Graham)

오늘 아침부터, 당신의 아파트에서 온수가 작동하지 않고 있습니다. 당신은 건물 관리인인 Mr. Graham에게 연락하여 문제를 보고하고 수리를 요청해야 합니다.

Mr. Graham에게 이메일을 쓰세요. 당신의 이메일에서:
· 온수와 관련하여 겪고 있는 문제를 설명하세요.
· 이 문제가 당신에게 어떤 영향을 미치고 있는지 설명하세요.
· 수리를 요청하고 언제 수리될 수 있는지 문의하세요.

당신의 답변:
수신: Mr. Graham
제목: 온수 수리 요청

02: 문제에서 요구하는 세 가지 항목 파악하기

작성자의 상황과 이메일의 목적을 설명하는 첫 문단 아래에는 반드시 포함해야 할 세 가지 항목이 제시됩니다. 이 항목들은 보통 'In your email, do the following:' 뒤에 불릿(•)으로 나열되며, 'Describe ~', 'Explain ~', 'Request ~', 'Suggest ~'와 같은 지시문 형태로 나타납니다.

항목별로 자주 나오는 내용

항목 1	• **문제 상황 묘사**: 이메일을 쓰게 된 배경이 되는 문제나 사건을 간략히 설명하기 • **고마움 표현**: 도움을 받거나 초대를 받은 경우 감사 표현하기 • **경험/정보 공유**: 활동, 여행, 서비스 이용 경험이나 주문·예약 등에 대한 정보 제공하기 • **추천**: 수신자에게 유용할 만한 제품, 서비스, 장소, 활동 등을 제안하기
항목 2	• **영향/문제점 설명**: 작성자가 겪은 불편이나 그로 인해 생활이나 업무에 미친 영향을 설명하기 • **이유/방법 설명**: 문제의 이유를 구체적으로 설명하거나, 수신자가 앞으로 취해야 할 행동 설명하기 • **경험/반응 전달**: 과거의 경험이나 문제 상황에서 느꼈던 감정, 또는 타인의 반응 표현하기 • **장단점 제시**: 어떤 대상이나 경험의 긍정적인 점과 아쉬운 점을 함께 설명하기
항목 3	• **후속 조치 요청**: 문제 해결, 수리, 자료 제공, 일정 확인이나 문의 등 필요한 후속 행동 요청하기 • **대안/해결책 제시**: 문제를 해결하기 위한 방법이나 고려할 만한 대안 제시하기 • **약속/계획 언급**: 향후 만남이나 계획을 제안하기 • **감사 표현**: 도움이나 답변에 대해 미리 감사 표현하기

* 각 항목에서 자주 다뤄지는 내용은 위와 같지만, 항목별 내용이 고정된 것은 아니며 서로 바뀔 수 있습니다. 따라서 주어진 문제를 꼼꼼히 읽고 각 항목이 요구하는 핵심을 정확히 파악합니다.

문제에서 요구하는 세 가지 항목 파악하기의 예

Since this morning, the hot water in your apartment hasn't been working. **You need to** contact your building manager, Mr. Graham, to report the problem and request a repair.

Write an email to Mr. Graham. In your email, do the following:
- Describe the issue you are experiencing with the hot water.
- Explain how the issue is affecting you.
- Request a repair and ask when it can be fixed.

Your Response:
To: Mr. Graham
Subject: Hot water repair request

오늘 아침부터, 당신의 아파트에서 온수가 작동하지 않고 있습니다. 당신은 건물 관리인인 Mr. Graham에게 연락하여 문제를 보고하고 수리를 요청해야 합니다.

Mr. Graham에게 이메일을 쓰세요. 당신의 이메일에서:
· 온수와 관련하여 겪고 있는 문제를 설명하세요.
· 이 문제가 당신에게 어떤 영향을 미치고 있는지 설명하세요.
· 수리를 요청하고 언제 수리될 수 있는지 문의하세요.

당신의 답변:
수신: Mr. Graham
제목: 온수 수리 요청

- **항목1 문제 상황 묘사**
  어떤 문제가 발생했는지 묘사

- **항목2 영향/문제점 설명**
  이 문제가 생활에 어떤 불편을 주는지 설명

- **항목3 후속 조치 요청**
  문제 해결을 요청하고, 언제 수리될 수 있는지 구체적으로 문의

🏷️ 노트

- 목적   온수 고장 → 수리 요청
- 항목 1   어떤 문제가 발생했는지 묘사
- 항목 2   생활에 어떤 불편을 주는지 설명
- 항목 3   수리 요청 및 일정 문의

문제에서 제시되는 "To: ~" 부분에는 "Mr. Graham"처럼 수신자의 이름이 직접 나오기도 하지만, 때로는 이메일 주소가 주어지기도 합니다. 이때 이메일 주소를 잘 살펴보면, 수신자의 소속(학교명, 회사명 등)을 파악할 수 있습니다.

Ex
To: admissions@greenvalleyuniv.edu → 수신자: Green Valley University 입학처
To: support@homeessentials.com → 수신자: Home Essentials 고객 지원팀

Daily Check-up

 주어진 문제를 읽고 문제에서 요구하는 세 가지 항목을 작성하세요.

01

You recently ordered an electronic device from an online store, but there was a problem with it when it arrived. You want to contact the company's customer service team to report the issue and ask for solutions.

Write an email to the customer service team. In your email, do the following:

- Describe the details of your order.
- Explain the problem with the electronic device you received.
- Request an appropriate solution from the company.

Your response:
To: support@shinyelectronics.com
Subject: Problem with my product

문제 분석 및 힌트
온라인으로 주문한 가전제품에 문제가 있어서 구매처에 연락해야 하는 상황입니다.

노트

- 목적   배송된 상품에 있는 문제를 알리고 해결책을 요청
-
- 항목 1
- 항목 2
- 항목 3

02

In your apartment building, some cars are often parked outside the designated spaces, which causes inconvenience for residents. You want to contact the building manager, Mr. Williams, to report the problem and suggest improvements.

Write an email to Mr. Williams. In your email, do the following:
- Mention the parking problem.
- Explain how it affects the residents.
- Suggest ways to improve the situation.

Your response:
To: Mr. Williams
Subject: Issue with Parking Spaces

문제 분석 및 힌트
아파트에서 지정된 공간 밖에 차가 자주 주차되어 주민들에게 불편을 주는 상황입니다.

노트

- 목적   아파트 주차 문제를 알리고 개선안을 제안하려고 이메일 보냄
-
- 항목 1
- 항목 2
- 항목 3

Daily Test

🔺 주어진 문제를 읽고 노트를 완성하세요.

01

You recently attended an online class taught by Professor Johnson. After the class, he asked students to share feedback for improving future classes. You would like to provide your thoughts on the class.

Write an email to Professor Johnson. In your email, do the following:
- Thank him for organizing and teaching the class.
- Explain what you found most helpful during the class.
- Suggest ways to improve future classes.

Your response:
To: Professor Johnson
Subject: Feedback on the online class

문제 분석 및 힌트
온라인 수업을 들은 뒤 교수님께 수업에 대한 의견을 보내는 상황이 주어졌습니다.

노트

- 목적
-
- 항목 1
- 항목 2
- 항목 3

02

You have been having trouble with your work computer. It often freezes or shuts down while you are working. You want to report the problem to the IT support team and request a repair.

Write an email to the IT support team. In your email, do the following:
- Describe the problem you are experiencing with your computer.
- Explain how the problem is affecting your work.
- Request a repair and ask when it can be done.

Your response:
To: IT support team
Subject: Computer repair request

문제 분석 및 힌트
업무용 컴퓨터가 자주 멈추거나 꺼져서 IT팀에 연락을 하는 상황입니다.

노트

- 목적
-
- 항목 1
-
- 항목 2
-
- 항목 3

정답·해석 p.289

실수 클리닉

다음 문장에서 틀린 부분을 찾아 고쳐 보세요.

1. Tom married with Jennifer last year.

2. The meeting discussed about the problems of poor families.

3. He has not replied my email yet.

4. I waited for him to apologize me, but he didn't.

5. He entered into the room.

6. The stranger approached to me to talk.

7. She graduated high school three years ago.

8. You must answer to the question.

9. He resembles with his mother.

10. I had to leave from the party early.

자동사와 타동사

1. 전치사가 필요한 자동사

자동사가 목적어를 취하기 위해서는 목적어 앞에 전치사를 반드시 써 주어야 합니다. 따라서 '너를 기다리다'라는 표현은 'wait you'가 아닌 'wait for you'가 되어야 맞는 표현입니다. 자동사로 착각하기 쉬운 타동사와 마찬가지로, 목적어를 취할 때 전치사가 필요한 자동사들은 전치사와 함께 묶어 외워두어야 합니다.

타동사로 착각하기 쉬운 자동사

wait for ~을 기다리다	apologize to ~에게 사과하다	compensate for ~을 보상하다
compete with ~와 경쟁하다	graduate from ~을 졸업하다	participate in ~에 참여하다
reply to ~에게 대답하다	complain about ~을 불평하다	consent to ~을 승낙하다

예) 그는 모든 것을 불평했다.
    He **complained** everything. (×)
    → He **complained about** everything. (○)

2. 전치사 없이 바로 목적어를 취하는 타동사

타동사는 전치사 없이 동사 뒤에 바로 목적어를 취합니다. 우리말로 '방에 들어가다'를 영작하면 'enter into a room'이 아닌 'enter a room'이라고 해야 맞는 표현입니다. 이처럼 자동사로 착각하기 쉬운 타동사들은 반드시 의미와 함께 암기해야 합니다.

자동사로 착각하기 쉬운 타동사

attend ~에 참석하다	discuss ~에 대해 토론하다	enter ~에 들어가다
mention ~을 언급하다	reach ~에 도달하다	resemble ~와 닮다
leave ~을 떠나다	approach ~에 접근하다	answer ~에 대답하다

예) 우리는 그 문제에 대해 토론했다.
    We **discussed about** the matter. (×)
    → We **discussed** the matter. (○)

정답

1. married with → married
2. discussed about → discussed
3. replied → replied to
4. apologize → apologize to
5. entered into → entered
6. approached to → approached
7. graduated → graduated from
8. answer to → answer
9. resembles with → resembles
10. leave from → leave

Day 14 아웃라인 잡기

문제를 파악하고 주요 내용을 메모한 후에는, 정리한 메모를 토대로 실제 이메일에 담을 내용을 구상해야 합니다. 이 과정이 바로 아웃라인 잡기입니다. 제한된 시간 안에 효율적으로 글을 쓰려면 아웃라인을 먼저 정리해 두는 것이 큰 도움이 됩니다.

01: 이메일의 기본 구조

이메일은 일반적으로 인사말과 이메일을 쓴 목적이 드러나는 도입, 답안에 포함해야 할 세 가지 항목이 포함된 본문, 그리고 감사 인사 등으로 구성된 맺음말로 이루어져 있습니다.

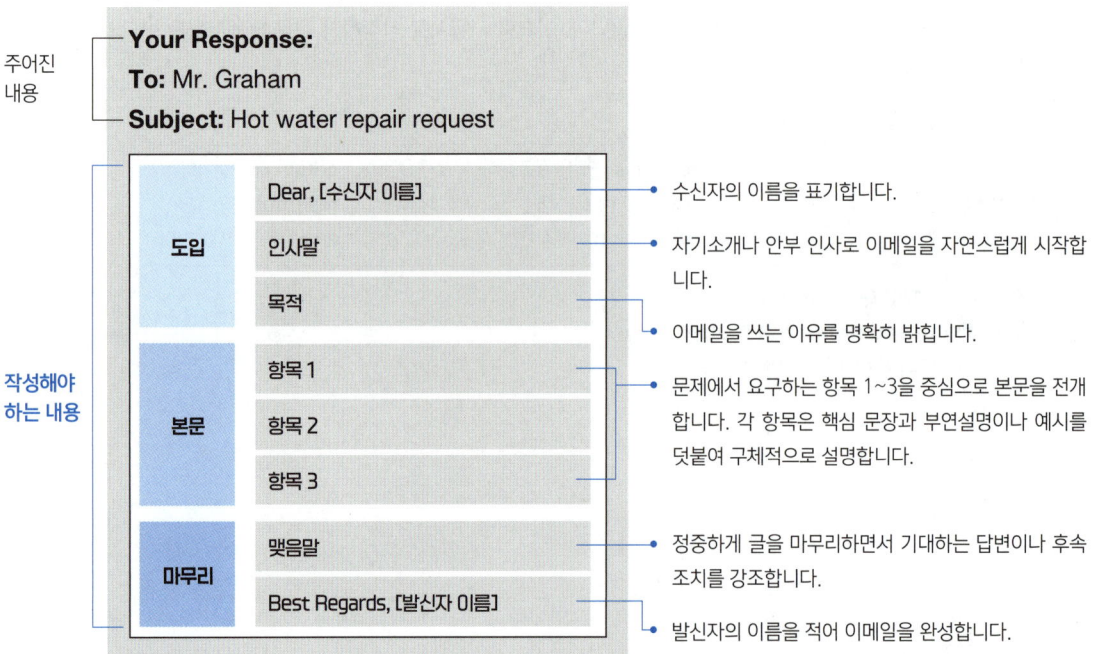

02: 아웃라인 잡기

아웃라인을 세우기 전에, 메모해 둔 키워드를 중심으로 브레인스토밍을 하여 관련 아이디어를 최대한 떠올립니다. 그다음 그중에서 문제의 요구에 가장 알맞은 내용만 골라 아웃라인에 정리합니다.

Step 1 브레인스토밍하기

아웃라인을 세우기 전에, 문제를 파악하며 메모해 둔 내용을 중심으로 브레인스토밍을 합니다. 이 단계에서는 아이디어를 최대한 많이 떠올리는 것이 가장 중요하므로, 한국어로 자유롭게 정리합니다. 아이디어를 더 쉽고 빠르게 떠올리기 위해서는 다음과 같은 방법들을 활용할 수 있습니다.

브레인스토밍 방법	항목 내용
[1] 육하원칙으로 정리하기 (언제·어디서·누가·무엇을·어떻게·왜)	• 주어진 상황 묘사 • 경험/정보 공유
[2] 문제+결과 / 제안+이유 정리하기	• 영향/문제점 설명 • 이유 설명 • 대안/해결책 제시
[3] 해결책의 우선순위 매기기 / 행동을 단계별로 정리하기	• 후속 조치 요청
[4] 장점과 단점 나누어 생각하기	• 추천
[5] 경험+느낀 점 / 반응 정리하기	• 경험/반응 전달 • 감사 표현

Step 2 아웃라인에 쓸 아이디어 고르기

브레인스토밍한 아이디어 중에서 아웃라인에 쓸 아이디어를 고릅니다. 이때, 영어로 표현하기 쉬운 것, 그리고 글의 흐름에 자연스럽게 어울리는 것 위주로 선택합니다. 너무 복잡하거나 표현하기 어려운 내용은 과감히 제외하는 것이 좋습니다.

Step 3 아웃라인 잡기

앞서 선택한 아이디어를 영어로 옮겨 적습니다. 이때 문장을 길게 완성할 필요 없이, 핵심 단어, 또는 어구 위주로 정리하는 것이 좋습니다.

아웃라인 잡기의 예

Since this morning, the hot water in your apartment hasn't been working. You need to contact your building manager, Mr. Graham, to report the problem and request a repair. Write an email to Mr. Graham. In your email, do the following: • Describe the issue you are experiencing with the hot water. • Explain how the issue is affecting you. • Request a repair and ask when it can be fixed.	오늘 아침부터, 당신의 아파트에서 온수가 작동하지 않고 있습니다. 당신은 건물 관리인인 Mr. Graham에게 연락하여 문제를 보고하고 수리를 요청해야 합니다. Mr. Graham에게 이메일을 쓰세요. 당신의 이메일에서: • 온수와 관련하여 겪고 있는 문제를 설명하세요. • 이 문제가 당신에게 어떤 영향을 미치고 있는지 설명하세요. • 수리를 요청하고 언제 수리될 수 있는지 문의하세요.
Your Response: **To:** Mr. Graham **Subject:** Hot water repair request	당신의 답변: 수신: Mr. Graham 제목: 온수 수리 요청

브레인스토밍

목적 온수 고장 → 요청 (to Mr. Graham)

- 항목1 어떤 문제가 발생했는지 묘사
  - [언제] 오늘 아침부터
    - [어디서] 내 아파트(401호에서)
    - [무엇이] 온수가 나오지 않음
- 항목2 생활에 어떤 불편을 주는지 설명
  - [문제] 아침에 샤워를 못 함
    - [결과] 등교 준비에 차질
- 항목3 수리 요청 및 일정 문의
  - [1순위] 오늘 수리 가능한지 확인 요청
    - [2순위] (당일 수리 X) 수리 일정 안내

아웃라인

목적	request for hot water repair
항목 1	since this morning
	in my apartment (no. 401)
	no hot water
항목 2	couldn't take a shower
	disrupted preparation for school
항목 3	check if the repair can be done today
	(If same-day repair X)
	let me know the repair schedule

- 항목 1은 육하원칙을 활용하여 구체적인 날짜, 장소 등을 떠올려 아웃라인에 담아냅니다.
- 항목 2는 문제 상황으로 인한 결과 또는 이로 인해 어떤 영향을 받았는지 떠올려 아웃라인에 담아냅니다.
- 항목 3은 여러 가지 해결책을 떠올린 뒤, 우선 순위를 매겨서 아웃라인에 담아냅니다.

Daily Check-up

🌲 주어진 문제를 읽고 답안의 아웃라인을 작성하세요.

01

Your friend Lily is thinking about starting to exercise regularly, but she is not sure which exercises are good for beginners. Since she knows that you work out regularly and have experience with fitness, she has asked you for advice.

Write an email to Lily. In your email, do the following:
- Describe your exercise routine.
- Explain the benefits of regular exercise.
- Suggest some exercises she might enjoy.

Your response:
To: Lily
Subject: Work out advice

문제 분석 및 힌트

운동을 시작하려고 하지만 초보자에게 어떤 운동이 좋은지 모르는 친구에게 조언을 하는 상황입니다. 본인의 운동 루틴을 소개하고 규칙적인 운동의 장점을 설명한 뒤 친구가 즐길 만한 운동을 제안합니다.

아웃라인

- 목적
- 항목 1
- 항목 2
- 항목 3

02

You are an employee responsible for organizing the visit of international guests next week. However, you have recently encountered some unexpected problems that could affect their visit. You need to write an email to Ms. Rivera, the representative of the guest group, to report the situation and suggest how to handle it.

Write an email to Ms. Rivera. In your email, do the following:
- Explain the original plan for the guest visit.
- Describe the problems in detail.
- Suggest possible solutions to address the issues.

Your response:
To: Ms. Rivera
Subject: Update on visit schedule

문제 분석 및 힌트
손님 맞이 계획에 차질이 생겨 손님 대표인 Ms. Rivera에게 이를 알리고 해결책을 제시하는 상황입니다. 기존 계획에 어떤 문제가 발생했는지 알리고, 이를 해결할 수 있는 해결책을 제시합니다.

아웃라인

- 목적
- 항목 1
- 항목 2
- 항목 3

정답·해석 p.290

Daily Test

 주어진 문제를 읽고 답안의 아웃라인을 작성하세요.

01

You are the president of the newly established school band. Your band will be performing for the first time at the upcoming school fall festival, and you want to recruit members to join the band.

Write an email to your classmates. In your email, do the following:
- Explain the details of the performance.
- Describe which positions are open in the band and what experience or skills are preferred.
- Explain how and when classmates can apply to join.

Your response:
To: Classmates
Subject: Invitation to the school band

문제 분석 및 힌트

학교 밴드 회장으로서 학교의 가을 축제 공연에 함께할 멤버를 모집하는 상황입니다. 공연의 세부 사항을 설명하고 어떤 자리와 조건이 있는지 설명한 뒤, 구체적인 신청 방법과 마감일을 안내합니다.

아웃라인

- 목적
- 항목 1
- 항목 2
- 항목 3

02

At your workplace, your team members share documents and files on a shared drive. However, the files are not well organized and this causes problems. You want to write to your team members about this issue and suggest improvements.

Write an email to the team members. In your email, do the following:
- Describe the problem with the shared files.
- Explain how it affects your team's work.
- Suggest ways to improve file organization.

Your response:
To: Team members
Subject: Suggestions for file organization

문제 분석 및 힌트

팀원들이 사용하는 공유 드라이브의 문서와 파일들이 정돈되지 않아 문제를 일으키는 상황입니다. 어떤 문제가 있는지 설명하고, 이 문제가 팀 업무에 어떤 영향을 주는지 설명하면서 파일 정돈 방식을 개선할 수 있는 방법들을 제안합니다.

아웃라인

- 목적
- 항목 1
- 항목 2
- 항목 3

정답·해석 p.291

실수 클리닉

다음 문장에서 틀린 부분을 찾아 고쳐 보세요.

1. A watch was bought me by him.

2. I was asked do the job.

3. The boy was resembled by his father.

4. He was seemed happy.

5. The accident was occurred yesterday.

6. English is taught us by him.

7. I was encouraged study harder by my teacher.

8. The show is started at eight.

9. The book was given me by him.

10. His parents were died when he was very young.

수동태

1. 4형식의 수동태 만들기

4형식의 문장은 두 개의 목적어, 즉 간접목적어와 직접목적어를 각각의 주어로 하여 수동태 문장을 만들 수 있습니다. 이때 직접목적어를 주어로 수동태 문장을 만들면 수동태 문장의 간접목적어 앞에 동사에 따라 전치사 to, for, of 등을 써야 하는 것에 주의해야 합니다.

예) 아버지께서 나에게 선물을 주셨다.
  My father gave **me a present**.

  나는 아버지께 선물을 받았다.
  → **I** was given **a present** by my father. (○)   [간접목적어 주어]

  선물이 아버지에 의해 내게 주어졌다.
  → **A present** was given me by my father. (×)   [직접목적어 주어]
  → **A present** was given **to** me by my father. (○)

2. 5형식의 수동태 만들기

[주어 + 동사 + 목적어 + 목적보어]의 5형식 문장이 수동태가 되면, 목적어가 주어가 되고 목적보어가 주격보어가 되어 [주어 + 동사 + 주격보어]의 문장이 됩니다. 5형식의 문장을 수동태로 만들 때는 목적보어로 쓰인 명사, 형용사, to 부정사는 그대로 동사 뒤에 써주면 됩니다.

예) 그녀는 나에게 잠자리에 들라고 말했다.
  She told **me to go to bed**.

  나는 그녀에게 잠자리에 들라는 말을 들었다.
  → **I** was told **to go to bed** by her.

3. 수동태로 만들 수 없는 자동사

목적어를 취하지 않는 자동사이기 때문에 수동태로 쓸 수 없는 동사들이 있습니다. 예를 들면, start, die, happen, occur, seem, appear, look, exist, remain 등과 같은 동사들은 수동태로 만들 수 없다는 것에 주의해야 합니다.

예) 그녀는 주저하는 듯 보였다.
  She **was appeared** to hesitate. (×)
  → She **appeared** to hesitate. (○)

정답

1. me → for me   2. do → to do   3. was resembled by → resembled   4. was seemed → seemed
5. was occurred → occurred   6. us → to us   7. study → to study   8. is started → starts   9. me → to me
10. were died → died

Day 15 이메일 쓰기

아웃라인을 다 만들었다면 이제 이메일을 실제 형식에 맞게 써야 합니다. 먼저 간단한 인사말과 이메일의 목적을 밝히는 도입부를 쓰고, 아웃라인에 정리했던 아이디어들을 하나씩 문장으로 풀어 작성합니다. 마지막에는 상황에 맞는 맺음말을 더해 주면, 완성된 이메일이 만들어집니다.

01: 도입 쓰기

이메일을 시작할 때는 안부 인사나 자기소개를 하는 인사말과 함께 이메일을 쓰는 목적을 분명하게 밝혀야 합니다. 도입부가 자연스럽게 쓰이면 읽는 사람이 내용을 쉽게 이해할 수 있고, 글 전체의 흐름도 매끄러워집니다.

Step 1 인사말 쓰기

이메일은 보통 'Dear [수신자 이름],'과 같이 수신자의 이름을 쓴 뒤 안부 인사나 자기소개를 하는 인사말을 쓰고 목적을 밝힙니다. 때로는 수신자와의 관계나 내용의 시급성에 따라 안부 인사 없이 바로 목적을 언급하기도 합니다. 인사말을 쓸 때는 아래의 표현들을 사용할 수 있습니다.

인사말	Good to hear from you again.	다시 연락을 받게 되어 기쁩니다.
	I hope this email finds you well.	이 이메일이 당신에게 잘 전달되길 바랍니다.
	I hope you're doing well	잘 지내고 계시기를 바랍니다.
자기소개	This is [이름] from [회사/부서].	저는 [회사/부서]의 [이름]입니다.
	My name is [이름], and I am [소속/역할].	저는 [이름]이고, [소속/역할]입니다.

Step 2 목적 쓰기

인사말 뒤에는 이메일을 쓰는 목적을 분명하게 밝힙니다. 이메일을 작성하는 목적에 따라 다양한 표현을 사용할 수 있습니다.

I would like to request your assistance with ~	~에 대해 도움을 요청드리고자 합니다
I am writing to inform you that ~	~에 대해 알려드리고자 이메일을 씁니다
I am writing to report an issue with ~	~와 관련된 문제를 알려드리고자 합니다
I would like to share my thoughts about ~	~에 대한 제 생각을 나누고자 합니다
I am writing to ask ~	~에 대해 문의드리고자 씁니다

도입 쓰기의 예

Since this morning, the hot water in your apartment hasn't been working. You need to contact your building manager, Mr. Graham, to report the problem and request a repair. Write an email to Mr. Graham. In your email, do the following: • Describe the issue you are experiencing with the hot water. • Explain how the issue is affecting you. • Request a repair and ask when it can be fixed. **Your Response:** **To:** Mr. Graham **Subject:** Hot water repair request	오늘 아침부터, 당신의 아파트에서 온수가 작동하지 않고 있습니다. 당신은 건물 관리인인 Mr. Graham에게 연락하여 문제를 보고하고 수리를 요청해야 합니다. Mr. Graham에게 이메일을 쓰세요. 당신의 이메일에서: • 온수와 관련하여 겪고 있는 문제를 설명하세요. • 이 문제가 당신에게 어떤 영향을 미치고 있는지 설명하세요. • 수리를 요청하고 언제 수리될 수 있는지 문의하세요. 당신의 답변: 수신: Mr. Graham 제목: 온수 수리 요청

아웃라인

- 온수 고장 → 수리 요청 (Mr. Graham에게)
- hot water problem → repair request (to Mr. Graham)

도입 쓰기

Dear Mr. Graham,

인사말

My name is Jessica Lee, **and I am** a tenant in apartment no. 401.
제 이름은 Jessica Lee이고, 401호 아파트의 세입자입니다.

목적

I would like to request your assistance with a hot water problem in my apartment.
제 아파트의 온수 문제에 대해 도움을 요청드리고자 합니다.

- 문제에 제시된 "To: Mr. Graham"를 활용해 수신자 'Dear Mr. Graham,'을 적습니다.
- 이어서 인사말 표현 'My name is [이름], and I am [소속/역할].'을 사용하여 본인이 누구인지 간단히 밝힙니다.
- 마지막으로 이메일을 쓰는 목적을 나타내는 표현 'I would like to request your assistance with ~'를 활용하여, 아웃라인에서 정리한 내용을 바탕으로 자연스럽게 목적을 설명합니다.

> **tip**
> 이메일에서 수신자의 이름을 쓸 때는 상대방의 이름이나 직책 등 지칭할 수 있는 명칭을 알고 있는지, 그리고 수신자와의 친밀도를 고려해 적절한 표현을 선택합니다.
>
> | | |
> |---|---|
> | (상대방의 이름·직함을 알 때) | Dear [수신자], |
> | (상대방의 이름을 모를 때) | To whom it may concern, |
> | (상대방과 친한 관계일 때) | Hi [수신자], To [수신자] |

02: 본문 쓰기

이메일 본문에서는 아웃라인에 정리한 아이디어를 실제 문장으로 발전시켜 작성합니다. 각 항목은 핵심 문장 1개를 먼저 쓰고, 이어서 예시 또는 부연 설명 1-2문장을 덧붙여 총 2-3문장으로 완성하는 것이 좋습니다. 이 두 단계를 항목 1 → 항목 2 → 항목 3에 동일하게 반복하여 이메일 본문을 완성합니다.

Step 1 핵심 문장 쓰기

항목에서 요구하는 핵심 정보(문제 상황 묘사, 영향/문제점 설명, 고마움 표현 등)을 직접적으로 제시합니다. 항목별로 다음과 같은 표현들을 활용하여 작성할 수 있습니다.

Since … there has been ~	…부터 ~이 있었습니다 / 발생했습니다.
I recently experienced an issue with ~	저는 최근에 ~과 관련된 문제를 겪었습니다.
Because of this, I was unable to ~	이로 인해, 저는 ~할 수 없었습니다.
This has made it difficult / easier to ~	이것 때문에 ~하는 것이 더 어려워 / 쉬워졌습니다.
Thank you very much for your help with ~	~을 도와주셔서 정말 감사합니다.
I would appreciate it if ~	~을 해주시면 감사하겠습니다.
Recently, I participated in ~	최근에, 저는 ~에 참여했습니다.
Could you please ~?	~해 주시겠습니까? / ~해 주실 수 있을까요?
I'd like to suggest/recommend ~	저는 ~을 제안/추천하고 싶습니다.

Step 2 예시·부연 설명 덧붙이기

STEP 1에서 쓴 핵심 문장에 예시 또는 이유, 결과/영향, 추가 사실, 사례 등의 부연 설명을 추가합니다.

For example, ~	예를 들어, ~
To be specific, ~	더 자세히 말하자면, ~
In addition, ~	게다가, ~ / 또한, ~
If ~, / Otherwise, ~	만약 ~이라면, / 그렇지 않으면, ~
Because ~, / Since ~,	~ 때문에, / ~이므로,
As a result, ~ / Therefore, ~	그 결과, ~ / 따라서, ~

본문 쓰기의 예

Since this morning, the hot water in your apartment hasn't been working. You need to contact your building manager, Mr. Graham, to report the problem and request a repair.

Write an email to Mr. Graham. In your email, do the following:
- Describe the issue you are experiencing with the hot water.
- Explain how the issue is affecting you.
- Request a repair and ask when it can be fixed.

Your Response:
To: Mr. Graham
Subject: Hot water repair request

오늘 아침부터, 당신의 아파트에서 온수가 작동하지 않고 있습니다. 당신은 건물 관리인인 Mr. Graham에게 연락하여 문제를 보고하고 수리를 요청해야 합니다.

Mr. Graham에게 이메일을 쓰세요. 당신의 이메일에서:
- 온수와 관련하여 겪고 있는 문제를 설명하세요.
- 이 문제가 당신에게 어떤 영향을 미치고 있는지 설명하세요.
- 수리를 요청하고 언제 수리될 수 있는지 문의하세요.

당신의 답변:
수신: Mr. Graham
제목: 온수 수리 요청

아웃라인

1. 오늘 아침부터 내 아파트(401호)에서 온수가 전혀 나오지 않음
   since this morning, no hot water in my apartment (apt. no. 401).

2. 샤워나 세수를 제대로 할 수 없어 등교 준비가 어려움
   couldn't take a shower in the morning, disrupted preparation for school

3. 오늘 수리 가능한지 확인 요청 check if the repair can be done today
   (당일 수리 X) 수리 일정 안내 (if same-day repair X) let me know the repair schedule

본문 쓰기

항목 1

Since this morning, **there has been** no hot water in my apartment. The shower, bathroom sink, and kitchen faucet are all running only cold water.

오늘 아침부터, 제 아파트에서 온수가 전혀 나오지 않습니다. 샤워기, 세면대, 부엌 수도꼭지 모두 찬물만 나옵니다.

항목 2

Because of this, I was unable to take a shower in the morning, which disrupted my preparation for school.

이로 인해, 저는 아침에 샤워를 할 수 없었고, 그 결과 학교 갈 준비에 차질이 생겼습니다.

항목 3

Could you please check if the repair can be done today? **If** a same-day repair isn't possible, **I would appreciate it if** you could let me know the repair schedule.

오늘 수리가 가능한지 확인해 주실 수 있을까요? 만약 당일 수리가 어렵다면, 수리 일정을 알려주시면 감사하겠습니다.

- 'Since ··· there has been ~' 표현으로 문제가 언제부터 발생했는지와 어떤 부분에 문제가 있는지를 간단히 설명합니다.
- 'Because of this, I was unable to ~' 표현으로 문제로 인한 불편이나 영향을 간략히 나타냅니다.
- 'Could you please ~?' 표현으로 빠른 수리를 요청하고, 당일 수리가 어렵다면 일정 안내를 부탁합니다.

03: 마무리 쓰기

이메일의 마지막인 마무리 부분에서는 앞에서 다룬 내용을 정리하고, 감사 인사를 남기거나, 답변 또는 후속 조치에 대한 기대를 전합니다.

Step 1 맺음말 쓰기

시간을 내어 이메일을 읽어 준 것에 대한 감사 인사와 답변이나 후속 조치에 대한 기대를 정중하게 전합니다. 필요하면 본문에서 다룬 내용을 짧게 요약하는 문장을 덧붙여도 좋습니다.

Thank you for your attention to this matter.	이 사안에 관심 가져주셔서 감사합니다.
Let me know if you have any questions.	궁금한 점이 있으시면 알려주세요.
I appreciate your understanding.	너그러운 이해에 감사드립니다.
I look forward to your response.	답변 기다리겠습니다.
I hope to hear from you soon.	곧 연락 주시길 바랍니다.
Thank you once again for ~	~해주셔서 다시 한번 감사드립니다.

Step 2 서명 쓰기

적절한 맺음 표현을 고른 뒤 쉼표를 찍고 다음 줄에 발신자인 '나'의 이름을 씁니다. 이때 수신자와의 관계에 맞춰 격식을 조절해야 합니다.

교수님, 건물 관리자 등	Sincerely, / Sincerely yours,
회사, 고객센터 등	Best regards, / Kind regards,
친한 친구	Cheers, / Talk soon,

> **tip**
> 마무리 쓰기까지 완료한 후 시간이 남는다면, 작성한 이메일을 쭉 읽어보며 검토합니다. 이때는 아래의 사항들을 중점적으로 확인합니다.
>
> ☑ 문제에서 요구한 항목 1, 2, 3에 대한 내용이 빠짐없이 들어갔는지
> ☑ 이메일의 기본 구조(인사말 → 목적 → 본문 → 맺음말 → 서명)에 맞춰 작성됐는지
> ☑ 철자 및 문법 오류가 없는지
> ☑ 문장이 지나치게 길거나 어색하지 않은지

마무리 쓰기의 예

Since this morning, the hot water in your apartment hasn't been working. You need to contact your building manager, Mr. Graham, to report the problem and request a repair. Write an email to Mr. Graham. In your email, do the following: • Describe the issue you are experiencing with the hot water. • Explain how the issue is affecting you. • Request a repair and ask when it can be fixed.	오늘 아침부터, 당신의 아파트에서 온수가 작동하지 않고 있습니다. 당신은 건물 관리인인 Mr. Graham에게 연락하여 문제를 보고하고 수리를 요청해야 합니다. Mr. Graham에게 이메일을 쓰세요. 당신의 이메일에서: • 온수와 관련하여 겪고 있는 문제를 설명하세요. • 이 문제가 당신에게 어떤 영향을 미치고 있는지 설명하세요. • 수리를 요청하고 언제 수리될 수 있는지 문의하세요.
Your Response: **To:** Mr. Graham **Subject:** Hot water repair request	당신의 답변: 수신: Mr. Graham 제목: 온수 수리 요청

마무리 쓰기

맺음말
Thank you for your attention to this matter.
이 사안에 관심 가져주셔서 감사합니다.

서명 쓰기
Sincerely,
Jessica Lee

마음을 담아,
Jessica Lee 드림

• 수신자가 문제를 검토해 줄 것에 대해 미리 감사 인사를 전합니다.
• 이메일의 수신자가 건물 관리인 Mr. Graham라는 점을 고려하여 격식 있는 맺음말인 Sincerely를 이용하여 서명을 합니다.

Daily Check-up

 주어진 문제에 대해 답안을 작성하세요.

01

Your friend Paige has an important job interview coming up, but she is not sure how to prepare. Since you have interview experience, you want to give her some advice.

Write an email to Paige. In your email, do the following:
• Share your own experience with job interviews.
• Give tips for preparing for an interview.
• Offer ways you can help her get ready.

Your response:
To: Paige
Subject: Tips on job interview

문제 분석 및 힌트
중요한 면접을 앞둔 친구 Paige에게 조언을 하는 상황입니다. 본인의 면접 경험을 나누고, 준비하는 팁을 제시하며, 직접 도와줄 수 있는 방법을 함께 제안합니다.

아웃라인

목적		Paige에게 다가올 면접 준비 관련 조언 주기
		job interview advice to Paige
항목 1		지난달 마케팅 회사 면접
		interview last month (marketing company)
		받은 질문은 경력, 팀워크, 동기 중심
		questions about past experience, teamwork, and motivation
항목 2		회사 조사, 예상 질문 연습
		research the company, practice common questions
		크게 연습하면서 자신감 얻기
		gain confidence from practicing aloud
항목 3		모의 면접 해주기, 이력서 검토, 함께 답변 연습
		offer mock interview, check résumé, practice answer together
		긴장 완화 팁 공유
		share relaxation tips

도입

To Paige, Paige에게.

인사말
Hi, this is Jeremy. 안녕, Jeremy야.

목적
I heard you have a job interview coming up, so _____.

네가 곧 취업 면접이 있다고 들었는데, 네가 준비하는 데 도움이 될 만한 몇 가지 팁을 공유하고 싶어.

본문

항목 1
Last month, _____. Most of the questions were about my past experiences, teamwork, and motivation for the job.

지난달, 나는 한 마케팅 회사 면접을 봤어. 질문의 대부분은 내 과거 경력, 팀워크, 그리고 직무에 대한 동기에 관한 것이었어.

항목 2
_____.

It is also helpful to speak your answers out loud to build confidence.

준비를 위해, 회사에 대해 미리 조사하고 흔히 나오는 면접 질문에 대한 답변을 연습하는 걸 추천해. 자신감을 키우려면 답변을 큰 소리로 말해 보는 것도 도움이 돼.

항목 3
_____.

I could also review your résumé or we could practice answers together. Finally, _____.

원한다면, 내가 모의 면접을 같이 해서 도와줄 수도 있어. 너의 이력서를 같이 검토하거나 우리가 답변을 함께 연습할 수도 있어. 마지막으로, 내가 차분함을 유지하는 데 도움이 되었던 긴장을 푸는 팁도 기꺼이 공유해줄게.

마무리

맺음말
I hope this advice makes you feel more confident.

이 조언들이 네가 좀 더 자신감을 느끼게 해 주길 바라.

서명
Talk soon,
Jeremy

또 이야기하자, Jeremy 보냄

Daily Check-up

02

You are required to attend a team meeting to give a presentation on your project. However, you have an important client meeting scheduled at the same time. You want to ask your team manager, Mr. Thomas, if the project meeting can be rescheduled.

Write an email to Mr. Thomas. In your email, do the following:
- Request to reschedule the project meeting.
- Explain why you cannot attend the meeting.
- Propose a new time for the meeting.

Your response:
To: Mr. Thomas
Subject: Meeting rescheduling request

문제 분석 및 힌트

중요 고객 미팅과 팀 발표 회의의 시간이 겹치는 상황입니다. 회의 일정 조정을 먼저 요청하고, 그 이유와 제안하는 시간을 순서대로 언급합니다.

아웃라인

목적	Mr. Thomas에게 프로젝트 회의 일정 조정 요청	
	request to reschedule project meeting to Mr. Thomas	
항목 1	팀 회의에서 발표하기 위해, 시간 변경 문의	
	to give a presentation in a team meeting, ask about changing the time	
	가능한 경우, 참석할 수 있는 시간으로 변경 부탁	
	if possible, move to a time I can attend	
항목 2	같은 시각에 중요 고객 미팅(이미 지난주 확정)	
	important client meeting at the same time (confirmed last week)	
	고객 미팅은 변경 어려움, 대신 팀 회의만 조정 요청	
	hard to move client schedule, request adjusting team meeting instead	
항목 3	수요일 오후 4:30, 또는 목요일 오전 10:00	
	Wed 4:30 p.m. or Thur 10:00 a.m.	
	팀 일정 우선 고려	
	happy to follow team availability	

도입

Dear Mr. Thomas, Mr. Thomas에게.

인사말

I hope you are doing well. 별일 없으셨기를 바랍니다.

목적

I'm writing to ask if the project meeting for my presentation can be rescheduled.
저는 제 발표를 위해 프로젝트 회의 일정이 조정될 수 있을지 문의드리고자 씁니다.

본문

항목 1

_____. If possible, I'd appreciate moving it to a time when I'm available.
제가 참석하여 발표할 수 있도록 프로젝트 회의 시간을 새로 잡아 주시기를 요청드리고자 합니다. 가능하시다면, 제가 참석할 수 있는 시간대로 옮겨 주시면 감사하겠습니다.

항목 2

I'm unable to join at the current time because _____
_____. The client meeting was confirmed last week and is difficult to move, so I'm asking about adjusting our team meeting instead.
저는 같은 시간대에 중요한 고객 미팅이 잡혀 있어 현재 시각에는 참석이 어렵습니다. 해당 고객 미팅은 지난주에 확정되어 변경이 어려워서, 대신 팀 회의를 조정할 수 있을지 여쭙습니다.

항목 3

_____
If those times are not convenient, I'm happy to follow a time that suits everyone.
수요일 오후 4시 30분이나 목요일 오전 10시에 만나는 건 어떨까요? 위 시간들이 불편하시다면, 모두에게 맞는 시간에 기꺼이 따르겠습니다.

마무리

맺음말

_____. Please let me know what time would be best, and I'll adjust my schedule accordingly.
이해해 주셔서 감사합니다. 가장 적합한 시간을 알려 주시면 그에 맞춰 제 일정을 조정하겠습니다.

서명

_____,

마음을 담아, Gabriela 드림

Daily Test

🔺 주어진 문제에 대해 답안을 작성하세요.

01

You recently stayed for two nights at Parker's Guesthouse during your weekend trip. After your stay, the owner, Ms. Parker, contacted you to ask for feedback. You would like to share your thoughts about your experience to help improve the guesthouse.

Write an email to Ms. Parker. In your email, do the following:
- Thank her for her warm welcome.
- Share what you enjoyed during your stay.
- Suggest ways the guesthouse could be improved.

Your response:
To: Ms. Parker
Subject: Feedback on my stay

문제 분석 및 힌트

Parker's 게스트 하우스에서 숙박을 한 뒤, 주인의 요청으로 의견을 주는 상황입니다. 감사 인사를 먼저 전하고, 머무는 동안 좋았던 점을 공유한 뒤, 개선될 수 있는 점을 제안합니다.

아웃라인

	목적	Parker's 게스트 하우스 숙박 후 주인에게 피드백 제공
		feedback on my stay to Ms. Parker
	항목 1	잊을 수 없는 친절함
		unforgettable kindness
		친절한 체크인, 여행 정보 제공, 맛있는 아침 식사
		welcoming check-in, travel information, delicious breakfast service
	항목 2	편안한 방, 깨끗한 시설, 조용한 분위기
		comfortable room, clean facilities, quiet atmosphere
		침대가 편했고 휴식을 잘 취했음, 주변 경치도 좋았음
		very comfortable bed, had good rest, nice surroundings
	항목 3	Wi-Fi 속도 개선, 더 다양한 아침 식사 메뉴
		suggest improve Wi-Fi speed, more breakfast options
		소소한 개선으로 만족도 더 높아질 것
		small changes can improve guest satisfaction

도입

Dear Ms. Parker,
Ms. Parker에게,

인사말

My name is Maggie, and I'm the person who stayed at your guesthouse last weekend.
제 이름은 Maggie이고, 지난 주말에 당신의 게스트하우스에 머물렀던 사람입니다.

목적

_____
숙박하는 동안 느꼈던 점을 공유하고자 이메일을 씁니다.

본문

항목 1

Your kindness was unforgettable. You were very welcoming at check-in, _____
_____
당신의 친절함은 잊을 수 없습니다. 체크인 때 환영하며 맞아 주셨고, 유용한 여행 정보를 주셨으며, 맛있는 아침 식사도 챙겨 주셨습니다.

항목 2

During my stay, _____
_____. The bed was very comfortable and allowed me to rest well, and the beautiful surroundings made the stay even better.
머무는 동안, 저는 편안한 방과 조용하고 깨끗한 시설이 특히 마음에 들었습니다. 침대가 매우 편안해서 푹 쉴 수 있었고, 주변 경치도 아름다워서 머무는 시간이 더욱 좋았습니다.

항목 3

One small suggestion I have is to improve the Wi-Fi speed and offer more breakfast options. _____
제가 드리고 싶은 작은 제안은 와이파이 속도를 개선하고 아침 식사 메뉴를 조금 더 다양하게 제공하는 것입니다. 이런 작은 개선은 경험을 훨씬 더 개선할 것이라 생각합니다.

마무리

맺음말

Thank you again for your care, and I hope to stay at your guesthouse again in the future.
다시 한번 배려에 감사드리며, 앞으로 당신의 게스트 하우스에 또 머무를 기회가 있기를 바랍니다.

서명

Best Regards,
Maggie
마음을 담아, Maggie 드림

Daily Test

02

You are planning a small dinner gathering at your house next Friday. You want to invite your friend Alex to join.

Write an email to Alex. In your email, do the following:
- Share details about the gathering.
- Mention the things you have planned for the event.
- Ask him to confirm if he can come.

Your response:
To: Alex
Subject: Dinner gathering invitation

문제 분석 및 힌트
다음 주 금요일에 집에서 저녁 모임을 계획하고 있으며, 친구 Alex를 초대하는 상황입니다. 모임의 세부 사항을 공유하고 계획한 것들을 소개한 뒤 참석 가능 여부를 확인해 달라고 부탁합니다.

아웃라인

	목적	Alex를 저녁 모임에 초대하기
		invite Alex to dinner gathering
	항목 1	다음 주 금요일 저녁, 오후 7시 나의 집에서
		next Friday evening, at my house 7 p.m.
		소규모 모임, 몇몇 가까운 친구들만 초대
		small dinner gathering, invite only close friends
	항목 2	저녁 요리, 디저트, 음악
		planned dinner dishes, dessert, music
		수제 파스타, Alex가 좋아하는 치즈 케이크, 분위기 있는 재즈 음악
		homemade pasta, cheesecake (Alex's favorite), jazz music for atmosphere
	항목 3	참석 가능하다면 주말 전에 알려 달라고 부탁
		please let me know before the weekend if you can make it

도입

Hi, Alex,
Alex에게,

인사말
I hope this email finds you well.
이 이메일이 당신에게 잘 전달되길 바랍니다.

목적
I'm planning a small dinner gathering at my house. I'd love for you to join.
우리 집에서 작은 저녁 모임을 계획 중이에요. 당신이 와 주면 정말 좋겠어요.

본문

항목 1
_____
It will be a small gathering with just a few close friends.
저녁 모임은 다음 주 금요일 저녁 7시부터 제 집에서 있을 거예요. 몇몇 가까운 친구들만 함께하는 소규모 모임이 될 거예요.

항목 2
I'm preparing some special food and a nice atmosphere for the evening. _____
_____
그날 저녁을 위해 특별한 음식과 좋은 분위기를 준비하고 있어요. 저는 저녁으로 수제 파스타를, 디저트로 당신이 제일 좋아하는 치즈 케이크를 만들 거예요. 저는 또한 재즈 음악도 틀어 놓을 거예요.

항목 3
Please let me know if you can make it to the dinner. If possible, it would be great if you could confirm before the weekend.
저녁 모임에 올 수 있는지 알려 주세요. 가능하다면, 주말 전에 알려 주면 좋겠어요.

마무리

맺음말
_____
_____
당신이 저녁 모임에 함께할 수 있으면 좋겠어요. 답장을 기다릴게요.

서명
Kind regards,
Norris
마음을 담아, Norris 보냄

실수 클리닉

다음 문장에서 틀린 부분을 찾아 고쳐 보세요.

1. I laughed though it was very funny.

2. Since she knows me well, so I cannot hide my feelings from her.

3. Although it's raining, but he will go.

4. Mark can swim, however I can't.

5. Although he was tired, he went to bed early.

6. The tickets were selling at half price, however very few bought them.

7. Nevertheless he was sick, he was absent from school.

8. Though I live near the sea, but I'm not a good swimmer.

9. I drink my coffee black instead he prefers his with cream.

10. We have not yet won. Because, we shall keep trying.

연결어

1. 접속사와 접속부사

접속사는 절과 절을 연결하는 기능을 하는 반면에, 접속부사는 부사이기 때문에 접속사의 기능을 할 수 없고 문장 맨 앞에 쓰여서 앞 문장과의 관계를 나타내는 역할을 합니다. 따라서 절과 절을 연결하는 접속사의 자리에 접속부사를 쓰면 틀린 문장이 됩니다.

	접속사	접속부사
시간	when ~할 때, while ~하는 동안, before ~ 전에, after ~ 후에, since ~ 이후로, until ~ 때까지, as soon as ~하자마자	then 그리고 나서, meanwhile 그 동안에, afterward 그 이후, later 나중에, soon 곧, next 다음에, finally 마침내
대조/양보	but/yet 그러나, while 반면에, though, although 비록 ~일지라도	however/still 그러나, instead 대신에, on the other hand 반면에, nevertheless 그럼에도 불구하고
인과	because/as/since ~하기 때문에	therefore/thus/accordingly 따라서, consequently/as a result 결과적으로
조건	if ~이라면, unless ~하지 않는다면	otherwise 그렇지 않으면

예) 비가 내리고 있다, 하지만 어쨌든 나는 달릴 것이다.
    It is raining, **however** I will run anyway. (×)
    → It is raining, **but** I will run anyway. (○)
    → It is raining. **However**, I will run anyway. (○)

2. 접속사의 개수

접속사는 절과 절을 연결하는 역할을 하므로, 절이 두 개일 때 접속사는 하나만 올 수 있습니다. 따라서 접속사의 개수는 항상 절의 개수보다 하나가 적습니다.

예) 그녀가 아팠기 때문에, 나는 그녀에게 수프를 가져다주었다.
    Since she was feeling sick, **so** I brought her soup. (×)
    → **Since** she was feeling sick, I brought her soup. (○)
    → She was feeling sick, **so** I brought her soup. (○)

[정답]
1. though → because   2. Since 또는 so 생략   3. Although 또는 but 생략   4. however → but
5. Although → Because   6. however → but   7. Nevertheless → Since   8. Though 또는 but 생략
9. instead → while   10. Because → However

Day 16 Task Test

TOEFL iBT Writing

Directions You will read the provided information and write an email based on it. You will have 7 minutes to finish this task.

Your close friend Zack is planning to visit your city for the first time next month. He asked you for recommendations to make his trip enjoyable. You want to write an email to Zack with your suggestions.

Write an email to Zack. In your email, do the following:
- Recommend places he should visit.
- Suggest local food he should try.
- Give advice for traveling in your country.

Write as much as you can and in complete sentences.

Your Response:

To: Zack
Subject: Suggestions for your trip

TOEFL iBT Writing

Directions You will read the provided information and write an email based on it. You will have 7 minutes to finish this task.

You are in your final semester of university and need one required course to graduate. However, you were not able to register for the class. Since this course is taught by Professor Watson, you want to contact him about joining it.

Write an email to Professor Watson. In your email, do the following:
• Mention the course you want to register for.
• Explain why the course is important for you.
• Request permission to join the course.

Write as much as you can and in complete sentences.

Your Response:

To: Professor Watson
Subject: Course registration request

실수 클리닉

다음 문장에서 틀린 부분을 찾아 고쳐 보세요.

1. Most his money was inherited from his parents.

2. Each candidates was given fifteen minutes to speak.

3. Health is the first requisite for a success.

4. Most the students in my school come from middle-class families.

5. Every letters need to be checked before it is sent out.

6. Most of employees do not work on Saturdays.

7. Teachers should be able to give their students some good advices.

8. Most of cities have public transportation systems.

9. We can think of another ways to learn about life.

10. Korea has made great economic progresses.

명사

1. 셀 수 있는 명사와 셀 수 없는 명사

구체적인 사물을 가리키는 보통 명사는 셀 수 있기 때문에 부정관사 a(n)을 붙이거나 복수로 쓸 수 있고, (a) few, many, several과 같은 수량 형용사를 취합니다. 반면에, 일정한 형태가 없는 물질 명사(water, air, bread, metal, wood)와 개념을 나타내는 추상 명사(success, knowledge, beauty, advice, happiness, luck, information, progress)는 단위와 관련하여 생각할 수 없기 때문에 a(n)을 붙이거나 복수로 쓸 수 없고, (a) little, much와 같은 수량 형용사를 취합니다.

예) 우리는 대학에서 많은 지식을 얻는다.
   We get **many informations** in a university. (×)
   → We get **much information** in a university. (○)

2. every / each / another + 단수 명사

every는 '모든', each는 '각각의', another는 '또 다른'의 의미로 단수 명사와 결합해서 단수 동사를 취합니다. 따라서 복수 명사와 결합하거나 복수 동사를 쓰면 틀립니다.

예) 모든 시민들은 그 시장을 존경한다.
   Every citizens respects the mayor. (×)
   → **Every citizen** respects the mayor. (○)

3. 'most + 명사'와 'most of + 한정사 + 명사'

'most + 명사'는 '대부분의 ~'라는 의미로 일반적인 대상에 대해 말할 때 쓰고, 'most of + 한정사(the 또는 소유격 대명사) + 명사'는 '~ 중 대부분'이라는 의미로 특정한 대상에 대해 말할 때 씁니다.

예) 대부분의 아이들은 사탕을 좋아한다.
   Most of children like candy. (×)
   → **Most children** like candy. (○)

내 친구들 중 대부분은 도시에 산다.
Most my friends live in the city. (×)
→ **Most of my friends** live in the city. (○)

정답

1. Most → Most of   2. candidates → candidate   3. a success → success   4. Most → Most of
5. letters need → letter needs   6. Most of → Most 또는 employees → the employees   7. advices → advice
8. Most of → Most 또는 cities → the cities   9. ways → way   10. progresses → progress

무료 토플자료 · 유학정보 제공
goHackers.com

Hackers
Updated TOEFL
Writing Basic

TASK ❸
학술 토론 의견 쓰기
Write for an Academic Discussion

Introduction

Day 17   답안 구조 잡기
  실수 클리닉 명사

Day 18   답안 핵심 문장 쓰기
  실수 클리닉 전치사

Day 19   답안 쓰기
  실수 클리닉 형용사와 부사

Day 20   Task Test
  실수 클리닉 주의해야 할 어순

Introduction:

Task 3(Write for an Academic Discussion)는 온라인 수업 토론 게시판에 참여해 주어진 주제에 대한 의견을 제시하는 Task입니다. 교수가 짧은 글로 주제를 제시하고 질문을 던지면, 두 명의 학생이 서로 다른 입장을 담은 글을 게시합니다. 이에 대해 자신의 의견을 정해 답변해야 하며, 부연 설명이나 예시 등의 근거를 통해 자신의 의견을 논리적으로 제시해야 합니다. 답변 시간은 10분이며, 시험마다 1문제가 출제됩니다. 답변은 최소 100단어 이상으로 작성하는 것이 좋습니다.

시험 미리보기

Direction 화면

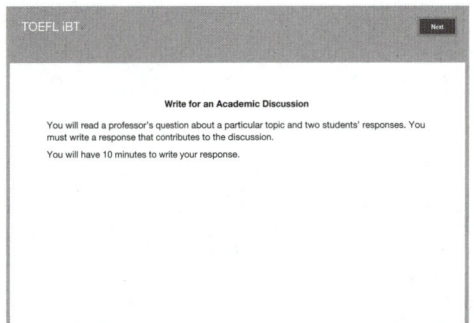

Task 3에 대한 Direction이 주어집니다.

디렉션의 내용 : 교수의 질문과 두 학생의 의견을 읽고, 그 주제에 대한 자신의 답변을 작성하여 토론에 참여합니다. 답안을 작성하기 위해 10분이 주어질 것입니다.

해야 할 일 : 메모를 하기 위한 펜과 종이를 준비하고 지시사항을 충분히 숙지한 후, 문제 풀이 화면으로 넘어갑니다.

문제 풀이 화면

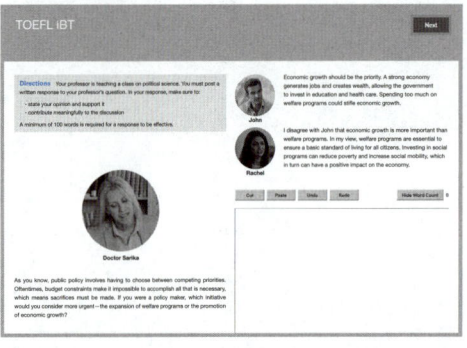

문제가 출제될 때 나오는 화면으로, 교수가 올린 토론 주제가 제시되고 두 학생의 의견과 답안 작성란이 나옵니다.

답안을 작성할 수 있는 시간 : 10분

답안을 작성할 때 해야 할 일 : 토론 주제 및 교수의 질문을 정확히 파악한 뒤, 두 학생의 의견을 참고해 자신의 의견을 정하고 아웃라인을 잡습니다. 그 후 아웃라인에 정리한 내용을 바탕으로 답안을 작성합니다.

답안을 작성하고 난 후 해야 할 일 : 답안을 완성한 후 우측 상단의 Next 버튼을 누르면 라이팅 시험이 종료되고 다음 영역의 시험 화면으로 넘어갑니다. 이때, 이전 화면으로 돌아갈 수 없으므로 충분히 고민한 후 넘어가도록 합니다.

■ 풀이 전략

1. 아웃라인을 잡습니다.
100단어가 넘는 답안을 10분 안에 작성하기는 쉽지 않습니다. 따라서 먼저 아웃라인을 잡아 글의 흐름과 핵심 내용을 정리한 뒤 작성하는 것이 효율적입니다.

2. 두 학생과 다른 이유와 근거를 활용합니다.
고득점 답안을 작성하려면 문제에 나온 표현이나 아이디어를 단순히 반복하기보다, 스스로 독창적인 아이디어를 제시할 수 있음을 보여주는 것이 중요합니다. 이를 위해 두 학생과는 다른 의견을 제시하거나, 같은 입장을 취하더라도 다른 이유와 근거를 활용하는 것이 바람직합니다.

3. 답변을 검토합니다.
시간이 남는다면 작성한 글을 다시 검토합니다. 글의 내용 뿐 아니라 문법, 철자, 문장 구조 등의 형식적인 사항도 검토하여 수정합니다.

■ 스터디 가이드

1. 자주 등장하는 주제에 대한 아이디어 뱅크를 만듭니다.
환경, 교육, 기술, 예술, 사회 문제 등 대표적인 주제별로 찬성·반대 근거를 미리 정리해 두면 시험에서 빠르게 활용할 수 있습니다.

2. 내 의견을 표현하는 문장을 익혀둡니다.
"In my opinion", "From my point of view", "For example", "In other words"와 같은 기본 표현을 익혀두면 자신의 생각을 더욱 명확하고 빠르게 전달할 수 있습니다.

3. 시간 내 글쓰기 훈련을 합니다.
10분 제한에 맞춰 답변을 작성하는 연습을 반복해, 실제 시험에서 시간 부족으로 답변을 완성하지 못하는 상황을 방지합니다.

Day 17 답안 구조 잡기

주제가 확실하게 드러나고 일관성과 통일성이 지켜지는 좋은 답안을 쓰기 위해서는 처음부터 글 전체의 구조를 잘 잡아 두어야 합니다. 구조 잡기란 아이디어의 큰 틀을 만드는 것으로, 아이디어를 정리하고 답안의 기본 뼈대를 빠른 시간 안에 효율적으로 이끌어 내는 연습이 필요합니다.

01: 답안의 구조

토론형 답안의 구조는 기본적으로 나의 의견과 그에 대한 이유로 이루어집니다. 먼저, 토픽을 소개하고 주어진 질문에 대한 나의 의견을 밝히며 글을 시작합니다. 그런 다음, 나의 의견을 뒷받침하는 이유와 구체적인 근거를 작성합니다. 시간이 남는 경우에는 맺음말을 덧붙임으로써 나의 의견을 다시 한번 강조하며 글을 마무리 지을 수도 있습니다. 일단 답안 구조의 큰 그림을 머릿속에 그려두고 시작합시다.

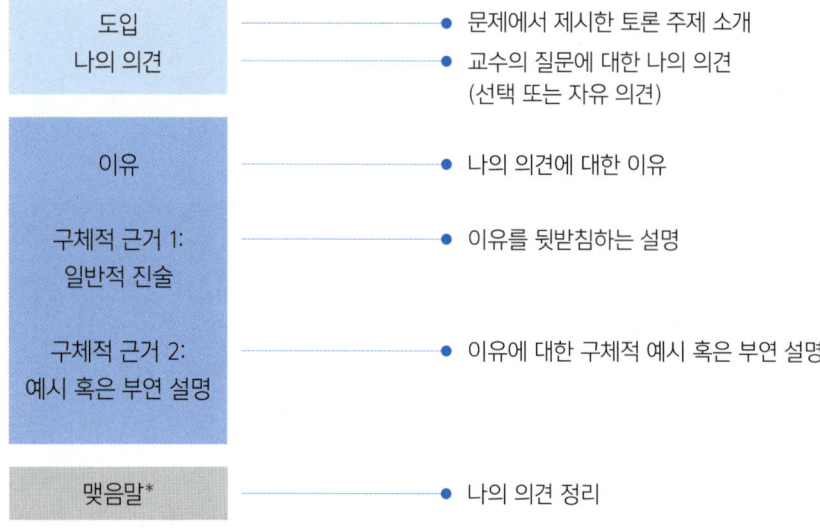

*시간이 남는 경우에는 자신의 의견을 정리하여 재진술하는 맺음말을 마지막 문장으로 덧붙일 수 있습니다.

02: 브레인스토밍하기

브레인스토밍이란 주어진 문제에 대해 떠오르는 생각을 자유롭게 전개해 나가는 방법으로, 답안 쓰기의 가장 첫 번째 단계입니다.

Step 1 문제 파악하기

주어진 문제가 요구하는 바가 무엇인지 생각해 봅니다. 문제의 요지를 제대로 파악하지 못하면 큰 감점으로 이어질 수 있으므로 주의합니다.

Step 2 나의 의견 정하기

먼저 주어진 질문에 대한 자신의 의견(제시된 여러 가지 의견 중 무엇을 선택할지, 혹은 어떤 자유로운 의견을 제시할지)을 생각해 봅니다. 의견이 쉽게 정해지지 않으면 여러 의견들의 이유를 모두 생각해 보고, 아이디어가 더 많이 생각나거나 설득력이 큰 쪽을 선택합니다.

Step 3 이유 생각하기

의견이 정해졌으면 그렇게 생각하는 이유를 더욱 구체적으로 다양하게 떠올려 봅니다.

브레인스토밍의 예

Doctor Kim

For the past few weeks, we have been discussing education issues. Today's discussion board topic is as follows: Do you believe that contemporary society provides a better educational environment for raising children, or is it more difficult to raise children compared to 50 years ago?

지난 몇 주 동안, 우리는 교육 문제에 대해 논의해 왔습니다. 오늘의 토론 게시판 주제는 다음과 같습니다. 여러분은 현대 사회가 아이들을 키우는 데 더 좋은 교육적 환경을 제공한다고 생각합니까, 아니면 50년 전에 비해 아이들을 키우는 것이 더 어렵다고 생각합니까?

Samantha

Raising children today is easier than in the past. In today's world, most countries provide mandatory education up to high school.

오늘날 아이들을 키우는 것이 과거보다 더 쉽습니다. 현대 사회에서, 대부분의 국가가 고등학교까지 의무 교육을 제공합니다.

Jack

I disagree with Samantha. Today, parents face pressure to provide expensive private education, making raising children much more complex and difficult compared to 50 years ago.

저는 Samantha의 의견에 반대합니다. 오늘날, 부모들은 비싼 사교육을 제공해야 한다는 압박에 직면하고, 이것이 50년 전에 비해 아이들을 키우는 것을 더 복잡하고 어렵게 만듭니다.

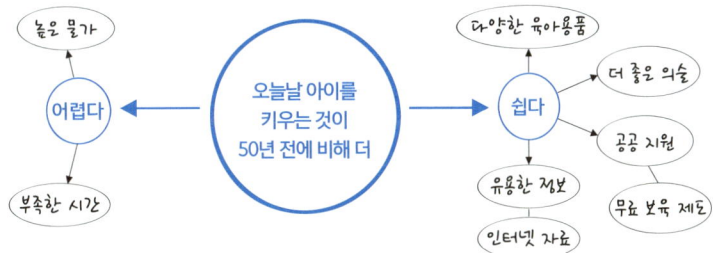

양쪽 의견을 모두 떠올려 본 뒤, 아이디어를 더 구체화할 수 있는 '쉽다' 쪽으로 나의 의견을 정합니다.

03: 아웃라인 잡기

아웃라인은 답안의 구조를 간략히 정리한 것으로, 앞으로 쓸 답안의 뼈대 역할을 합니다. 주어진 질문에 대한 나의 의견과 그 이유 및 구체적 근거를 간략하게 정리합니다. 답안의 구조가 논리적으로 탄탄하게 완성되면 그 아웃라인을 바탕으로 답안을 완성해 가는 일은 어렵지 않습니다.

Step 1 나의 의견 정하기

주어진 질문에 대한 자신의 의견을 정할 수 있도록 제시된 여러 가지 의견 중 하나를 선택하거나, 또는 질문에 대한 자유 의견을 떠올립니다.

Step 2 나의 의견에 대한 이유 떠올리기

나의 의견을 정했으면 그렇게 생각하는 이유를 간단히 떠올립니다. 이때 이유는 문제에서 두 학생이 언급한 이유와 겹치지 않아야 합니다.

Step 3 이유에 대한 구체적인 근거 정리하기

나의 의견에 대한 이유를 정리했으면 그 이유를 뒷받침하는 구체적인 근거를 정리합니다. 이유를 충분히 설득력 있게 말할 수 있도록 일반적 사실이나 예시, 실제 경험, 연구 결과 등을 정리하는 것이 좋습니다.

> **tip 1**
> 아웃라인을 잡는 것은 답안을 쓰기 위해 자신의 아이디어를 정리하는 과정이므로, 반드시 영어로 작성해야 하는 것은 아닙니다. 한글과 영어 중 편한 쪽을 선택해 쓰거나, 두 언어를 함께 사용하여 빠른 시간 안에 정리하는 데 목적을 두도록 합니다.

> **tip 2**
> 아웃라인은 답안의 중심 생각을 정리한 것이므로, 답안의 뼈대가 되는 핵심 내용을 위주로 정리합니다.

아웃라인 잡기의 예

Doctor Kim	Samantha
For the past few weeks, we have been discussing education issues. Today's discussion board topic is as follows: Do you believe that contemporary society provides a better educational environment for raising children, or is it more difficult to raise children compared to 50 years ago? 지난 몇 주 동안, 우리는 교육 문제에 대해 논의해 왔습니다. 오늘의 토론 게시판 주제는 다음과 같습니다. 여러분은 현대 사회가 아이들을 키우는 데 더 좋은 교육적 환경을 제공한다고 생각합니까, 아니면 50년 전에 비해 아이들을 키우는 것이 더 어렵다고 생각합니까?	Raising children today is easier than in the past. In today's world, most countries provide mandatory education up to high school. 오늘날 아이들을 키우는 것이 과거보다 더 쉽습니다. 현대 사회에서, 대부분의 국가가 고등학교까지 의무 교육을 제공합니다. **Jack** I disagree with Samantha. Today, parents face pressure to provide expensive private education, making raising children much more complex and difficult compared to 50 years ago. 저는 Samantha의 의견에 반대합니다. 오늘날, 부모들은 비싼 사교육을 제공해야 한다는 압박에 직면하고, 이것이 50년 전에 비해 아이들을 키우는 것을 더 복잡하고 어렵게 만듭니다.

나의 의견	50년 전에 비해 더 쉬움	
	easier compared to 50 years ago	
이유	공공 지원을 받음	
	receive public assistance	
구체적 근거 1	– 정부가 부모들을 재정적으로 지원함	
일반적 진술	governments support parents financially	
구체적 근거 2	– 예) 한국 정부는 무료 보육 제도를 가지고 있음	
예시	ex) Korean government has a free daycare system	

- 문제에서 주어진 두 가지 선택지 중, 현대 사회는 아이들을 키우는 데 더 좋은 교육적 환경을 제공한다는 쪽으로 나의 의견을 정합니다.
- '공공 지원을 받는다'라는 이유를 떠올립니다.
- 이유를 뒷받침하는 구체적인 근거를 정리합니다.

Daily Check-up

🔺 주어진 문제에 대해 답안의 아웃라인을 작성하세요.

01

Professor Chavez
Companies are often faced with financial decisions that require careful consideration. The choices they make can have lasting impacts on the company's overall growth and success. For example, companies must decide on the best way to attain a skilled workforce that can help them achieve their goals. Now, I want you to discuss the following question. Should companies invest in training their current employees, or should they simply hire new employees with the desired skills? Why?

Victoria
I believe that companies should prioritize training their current employees. This helps the companies keep experienced workers who are loyal to them. When employees feel that the company continually invests in their professional growth and career advancement, they are more likely to stay and not leave easily.

Cindy
While I agree that investing in current employees is important, I think companies should first consider hiring new employees with the desired skills. Bringing in people who already specialize in the given area is probably the fastest and most cost-effective way to achieve the preferred outcome.

문제 분석 및 힌트

기업들이 현 직원들을 교육하는 데 투자해야 할지, 아니면 원하는 기술을 가진 새로운 직원들을 고용해야 할지를 묻는 문제입니다. 현 직원들을 교육하는 데 투자해야 한다는 쪽으로 나의 의견을 정하고 Victoria가 말한 것과 다른 이유를 떠올려 봅니다.

아웃라인

- 나의 의견   should invest in training current employees
-
- 이유
-
-

02

Dr. Isabella
In the textbook, we read that artists have a unique ability to affect individuals and society as a whole. Given that the work of artists is everywhere, from music to literature to visual arts, their impact must be great. I would like to hear your thoughts on this. In your opinion, what is the most profound effect that artists have on people these days? Why do you think artists are so influential?

Jamal
I think that one major impact artists have is their ability to inspire and motivate people. Art has the power to move people emotionally and spark a desire for change or action. For example, a painting that portrays the beauty of nature can inspire people to take steps toward helping the environment.

Adrian
Actually, some artists can negatively affect society by promoting harmful or misguided values. In fact, certain musicians glorify violence or drug use in their lyrics, which can affect impressionable young people. Similarly, there are some visual artists who create works that are vulgar or offensive.

문제 분석 및 힌트
오늘날 예술가들이 사람들에게 미치는 가장 지대한 영향이 무엇인지를 묻는 문제입니다. Jamal과 같이 예술가들이 긍정적인 영향을 미친다는 쪽으로 의견을 정하고, Jamal이 말한 것과는 다른 긍정적인 영향 및 그에 대한 이유를 떠올려 봅니다.

아웃라인

- 나의 의견   connect people from diverse backgrounds
-
- 이유
-
-

정답·해석 p.299

Daily Test

주어진 문제에 대해 답안의 아웃라인을 작성하세요.

01

Doctor Morris
A period of rapid technological advancement began in the 1980s and continues to this day. It is characterized by the development of digital technologies such as personal computers, mobile devices, and the Internet. As we all know, these innovations have greatly impacted human society in numerous ways. What do you think is the most significant effect that the invention of digital technologies has had on humans thus far? Why do you think these advancements have had such an impact?

Oscar
It's hard to choose just one, but I believe it's the increased efficiency in our daily lives. Everything is much faster and more streamlined, saving us time and effort. For example, online banking allows us to manage our finances from home, so we don't need to waste time and energy visiting a bank.

Diana
I have a different view. The most significant effect has been on our privacy. With social media and other digital platforms collecting, analyzing, and sharing our personal information, we never know who has access to our data. Protecting our privacy has become an essential task in today's world.

문제 분석 및 힌트
디지털 기술의 발명이 인간에게 미쳐 온 가장 큰 영향은 무엇인지를 묻는 문제입니다. Oscar와 같이 긍정적인 영향을 미친다는 쪽으로 의견을 정하고, Oscar가 말한 것과는 다른 긍정적인 영향 및 그에 대한 이유를 떠올려 봅니다. 그런 다음, 이유에 대한 구체적인 근거를 정리합니다.

아웃라인

- 나의 의견 revolutionized communication
-
- 이유
-
    - 구체적 근거 1 : 일반적 진술
    - 구체적 근거 2 : 예시 혹은 부연 설명

02

Dr. da Silva
Streaming services have become the primary source of entertainment for many people, with YouTube being used by 81 percent and Netflix by 55 percent of adults in the US. Despite their popularity, there is a growing concern about the potential negative impacts of these services. What is your stance on this issue? Do you believe that streaming services have a positive or negative effect, and why?

Yujin
I believe that excessive streaming can be detrimental to individuals because it may prevent them from completing tasks effectively. With so many options available, people often lose track of time while binge-watching shows or browsing videos. This can lead to procrastination, reduced concentration, and distraction from the tasks at hand.

Ted
I think streaming services offer us a convenient and enjoyable means to unwind and relieve stress after a long day, which can help us recharge and boost our creativity. As long as individuals manage their time and prioritize their tasks, I don't think that streaming services are inherently detrimental to productivity.

문제 분석 및 힌트
스트리밍 서비스가 긍정적인 영향을 미치는지, 아니면 부정적인 영향을 미치는지를 묻는 문제입니다. 긍정적인 영향을 미친다는 쪽으로 나의 의견을 정하고, Ted가 말한 것과 다른 이유를 떠올려 봅니다. 그런 다음, 이유에 대한 구체적인 근거를 정리합니다.

아웃라인

- 나의 의견   have a positive effect
-
- 이유
-     - 구체적 근거 1 : 일반적 진술
-     - 구체적 근거 2 : 예시 혹은 부연 설명

실수 클리닉

다음 문장에서 틀린 부분을 찾아 고쳐 보세요.

1. Great artists have an unique talent.

2. I did not like her first time I met her.

3. I need the good book to read in the mornings on the subway.

4. Seoul is largest city in Korea.

5. There were no specific methods to cure disease in past.

6. Since we do not know a future, it is best to be cautious.

7. The Internet has had a profound impact on how world communicates.

8. Washington is the capital of a United States of America.

9. People can eat with their pets at same table.

10. Smoking in public places such as school, hospital, and station harms other people.

관사

1. 부정관사 a/an

부정관사 a/an은 '하나의'라는 의미로 앞에서 언급되지 않는 명사를 나타낼 때 가산 명사 앞에 씁니다. 따라서 셀 수 있는 단수 명사가 부정관사 없이 단독으로 쓰이면 틀립니다. 또한 부정관사는 고유 명사와 추상 명사 앞에 쓸 수 없고, 뒤에 오는 단어의 철자에 상관 없이 발음이 모음으로 시작되면 a 대신 an을 쓰는 것에 주의해야 합니다.

예) 그는 Peter에게서 차를 빌렸다.
    He borrowed **car** from Peter. (×)
    → He borrowed **a car** from Peter. (○)

2. 정관사 the

정관사 the는 앞에서 언급되었거나 특정한 사물, 장소, 개념을 나타낼 때 씁니다. 정관사는 부정관사와는 달리 단수 명사, 복수 명사, 가산 명사, 불가산 명사 모두에 사용될 수 있으며, 다음과 같이 반드시 정관사를 사용해야 하는 특수한 용법들은 기억해두어야 합니다.

- the + 형용사의 최상급
- the + 서수(first, second, third, …)
- the + 유일한 사물(moon, sun, earth, world, universe, sky, …)
- the + same, only, next, last, …
- the + morning, afternoon, evening, present, future, past, …
- by the + 단위(hour, pound, dozen, …)

예) 그것은 2층에 있다.
    It is on **second** floor. (×)
    → It is on **the second** floor. (○)

정답

1. an unique → a unique   2. first → the first   3. the good book → a good book   4. largest → the largest
5. past → the past   6. a future → the future   7. world → the world   8. a → the   9. same → the same
10. school, hospital, and station → a school, a hospital, and a station 또는 schools, hospitals, and stations

Day 18 답안 핵심 문장 쓰기

답안의 아이디어를 생각해 내고 구조를 잡는 방법을 배웠으니, 이제 답안의 가장 기본이 되는 문장들을 직접 써 보기로 합니다. Day 18에서 답안의 핵심 문장 쓰는 법을 익히고 나면, 그 뼈대에 살을 붙여 답안을 완성하기란 그리 어렵지 않습니다.

01: 나의 의견 문장 쓰기

토론형 문제에서는 특정 주제에 대한 여러 가지 의견 중 어떤 것을 선택할지 묻거나, 특정 주제에 대한 자유로운 의견을 묻습니다. 따라서 아웃라인을 통해 정리한 나의 의견을 간략하면서도 명확하게 드러낼 수 있는 문장을 제시하는 것이 중요합니다. 나의 의견 문장은 주어진 질문을 이용하여 자신의 의견을 설명합니다.

Step 1 나의 의견을 나타내는 표현 쓰기

아웃라인에서 정한 나의 의견을 바탕으로, 아래의 표현들 중 하나를 이용하여 주어진 질문에 대한 나의 의견을 밝힙니다.

In my opinion, ~	내 생각에는, ~이다
I agree that ~	나는 ~에 동의한다
I disagree that ~	나는 ~에 반대한다
I firmly believe that ~	나는 ~이라고 굳게 믿고 있다
I strongly support the idea of ~	나는 ~이라는 의견을 강력히 지지한다
From my point of view / From my perspective, ~	내 관점(견해)으로는, ~이다

Step 2 토픽 쓰기

문제에서 주어진 교수의 질문을 활용하여 나의 의견 문장으로 담아냅니다. 이때, 질문에 사용된 표현을 그대로 쓰지 않고 약간 다른 표현을 사용하여 재진술(paraphrase)합니다.

나의 의견 문장 쓰기의 예

Doctor Kim

For the past few weeks, we have been discussing education issues. Today's discussion board topic is as follows: Do you believe that contemporary society provides a better educational environment for raising children, or is it more difficult to raise children compared to 50 years ago?

지난 몇 주 동안, 우리는 교육 문제에 대해 논의해 왔습니다. 오늘의 토론 게시판 주제는 다음과 같습니다. 여러분은 현대 사회가 아이들을 키우는 데 더 좋은 교육적 환경을 제공한다고 생각합니까, 아니면 50년 전에 비해 아이들을 키우는 것이 더 어렵다고 생각합니까?

Samantha

Raising children today is easier than in the past. In today's world, most countries provide mandatory education up to high school.

오늘날 아이들을 키우는 것이 과거보다 더 쉽습니다. 현대 사회에서, 대부분의 국가가 고등학교까지 의무 교육을 제공합니다.

Jack

I disagree with Samantha. Today, parents face pressure to provide expensive private education, making raising children much more complex and difficult compared to 50 years ago.

저는 Samantha의 의견에 반대합니다. 오늘날, 부모들은 비싼 사교육을 제공해야 한다는 압박에 직면하고, 이것이 50년 전에 비해 아이들을 키우는 것을 더 복잡하고 어렵게 만듭니다.

아웃라인

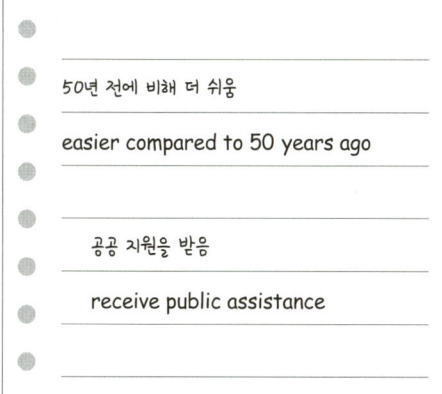

50년 전에 비해 더 쉬움
easier compared to 50 years ago

공공 지원을 받음
receive public assistance

나의 의견 문장 쓰기

❶ 나의 의견 표현 쓰기

> In my opinion

+

❷ 토픽 쓰기

> It is easier for parents to raise their children today compared to 50 years ago.

나의 의견 문장

In my opinion, it is easier for parents to raise their children today compared to 50 years ago.

제 생각에는, 50년 전에 비해 오늘날 부모들이 아이들을 키우는 것이 더 쉽습니다.

- 앞서 '50년 전에 비해 더 쉽다'로 정한 아웃라인을 바탕으로 '내 생각에는, ~이다'라는 의미의 'In my opinion, ~' 표현을 이용하여 나의 의견을 밝힙니다.
- 문제에서 주어진 표현 'is it more difficult to raise children compared to 50 years ago'를 참고하되 약간 다른 표현을 사용하여 나의 의견 문장을 작성합니다.

02: 이유 문장 쓰기

나의 의견을 확실히 표현했다면 그렇게 생각하는 이유도 제시할 수 있어야 합니다. 미리 작성한 아웃라인을 바탕으로 이유에 대한 문장을 작성합니다.

Step 1 이유를 나타내는 표현 쓰기

다음의 표현들을 활용하여 나의 의견에 대한 이유를 밝힐 수 있습니다.

This is mainly because ~	이는 주로 ~이기 때문이다
The main reason is that ~	주된 이유는 ~이라는 것이다
The primary reason is that ~	주된 이유는 ~이라는 것이다
To begin with, ~	우선, ~
To start with, ~	먼저, ~
First / Firstly / First of all, ~	첫째로, ~

Step 2 이유 밝히기

1. 아웃라인에서 정한 이유를 문장으로 풀어서 씁니다.
2. 이때 두 학생이 이미 제시한 이유와 겹치지 않는 새로운 이유를 제시해야 합니다.

이유 문장 쓰기의 예

Doctor Kim

For the past few weeks, we have been discussing education issues. Today's discussion board topic is as follows: Do you believe that contemporary society provides a better educational environment for raising children, or is it more difficult to raise children compared to 50 years ago?

지난 몇 주 동안, 우리는 교육 문제에 대해 논의해 왔습니다. 오늘의 토론 게시판 주제는 다음과 같습니다. 여러분은 현대 사회가 아이들을 키우는 데 더 좋은 교육적 환경을 제공한다고 생각합니까, 아니면 50년 전에 비해 아이들을 키우는 것이 더 어렵다고 생각합니까?

Samantha

Raising children today is easier than in the past. In today's world, most countries provide mandatory education up to high school.

오늘날 아이들을 키우는 것이 과거보다 더 쉽습니다. 현대 사회에서, 대부분의 국가가 고등학교까지 의무 교육을 제공합니다.

Jack

I disagree with Samantha. Today, parents face pressure to provide expensive private education, making raising children much more complex and difficult compared to 50 years ago.

저는 Samantha의 의견에 반대합니다. 오늘날, 부모들은 비싼 사교육을 제공해야 한다는 압박에 직면하고, 이것이 50년 전에 비해 아이들을 키우는 것을 더 복잡하고 어렵게 만듭니다.

아웃라인

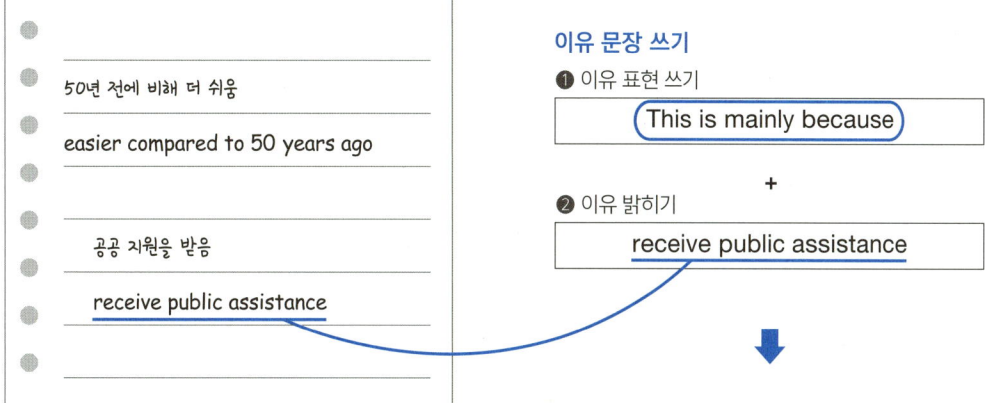

이유 문장

This is mainly because parents can now **receive public assistance**.

이는 주로 부모들이 현재 공공 지원을 받을 수 있기 때문입니다.

- 이유를 나타내는 표현인 'This is mainly because ~'를 활용하여 이유 문장을 시작합니다.
- 아웃라인에서 정한 이유 receive public assistance를 문장으로 풀어서 씁니다.

Daily Check-up

 주어진 아웃라인을 참고하여 나의 의견 문장과 이유 문장을 완성하세요.

01

Professor Martin
The current chapter in our textbook examines many different forms of marketing, from print advertisements to television commercials. In fact, there are advertisements just about everywhere we look, and they have had a significant impact on society. So, I would like to propose a question for us to consider on the class discussion board: What do you think is the biggest change that advertising has brought about in society?

Stacey
Advertising has brought about positive changes in society by raising awareness about and promoting important causes. Advertising can reach a large audience, making it an effective tool for educating and informing people about pressing issues.

Austin
In my view, advertising's greatest impact on society is the promotion of unrealistic beauty standards. Advertising has influenced our perception of beauty, often presenting ideals most people cannot achieve. This has also led to a rise in eating disorders.

문제 분석 및 힌트
광고가 사회에 가져온 가장 큰 변화가 무엇인지를 묻는 문제입니다. Austin과 같이 부정적인 변화를 가져온다는 쪽으로 나의 의견을 정하고, 이를 문장으로 써 봅니다.

아웃라인
- 과소비 문화 culture of overconsumption
- _____
- 사람들로 하여금 유행에 따르기 위해 새로운 것들을 사게 만듦
  make people buy new things to stay trendy

나의 의견
_____.
제 생각에는, / 가장 큰 영향은 / 광고가 사회에 미쳐 온 / 형성입니다 / 과소비 문화의

이유
This is mainly because advertisements make people buy new things to stay trendy.
이는 주로 ~ 때문입니다 / 광고가 사람들로 하여금 사게 만들기 / 새로운 것들을 / 유행에 따르기 위해

02

Doctor Devi
Politicians play a crucial role in shaping policies and driving change. However, they often have different leadership styles, and there is ongoing debate as to which is the most effective. I encourage you to discuss the following question before our next class. What leadership qualities do you think are more important for politicians: strong individual leadership and determination or the ability to foster cooperation and effectively communicate with groups of people? Why?

Clara
A strong leader is more effective in setting and accomplishing goals. They aren't impeded by the challenges that can arise from working within a group. Additionally, they can promote cooperation in the end by motivating others with a clear vision.

Ethan
I see Clara's point, but I think the ability to bring people together and collaborate well is more crucial. A politician who excels in communication and tries to find the middle ground can work with diverse groups of people to achieve common goals.

문제 분석 및 힌트
정치인의 자질로서 개인적 리더십과 협력 및 소통 능력 중 무엇이 더 중요한지를 묻는 문제입니다. 협력 및 소통 능력이 더 중요하다는 쪽으로 나의 의견을 정하고, Ethan과는 다른 이유를 문장으로 써 봅니다.

아웃라인

- 협력을 추구하는 것이 더 중요함 pursuing collaboration is more vital
-
- 다른 국가의 지도자들과 공고한 관계를 구축할 수 있음
- can build strong relationships with other countries' leaders

나의 의견
In my opinion, pursuing collaboration and communication is more vital for politicians.
제 생각에는, / 협력과 소통을 추구하는 것이 / 더 중요합니다 / 정치인들에게

이유
_____.
주된 이유는 / 협력을 추구하는 정치인들이 / 공고한 관계를 구축할 수 있다는 것입니다 / 다른 국가의 지도자들과

정답·해석 p.302

Daily Test

🔺 주어진 아웃라인을 참고하여 나의 의견 문장과 이유 문장을 완성하세요.

01

Doctor Tara
As we all know, smaller local markets are finding it increasingly more difficult to compete with large supermarkets. For example, the rise of e-commerce and globalization has made it easier for consumers to access products from all over the world, putting pressure on local markets. Given these challenges, should the government support small local markets, or is the dominance of large supermarkets an inevitable consequence of the global free market economy?

Angelina
I strongly believe that supporting small local markets is beneficial to the economy. Small local markets offer locally sourced products that come from small businesses. Therefore, when we shop at these smaller markets, the money stays in the local economy, encouraging the growth of the participating businesses.

David
I think the increasing popularity of large supermarkets is advantageous, and the government should refrain from intervening. These businesses are able to purchase goods in large quantities from suppliers, resulting in reduced prices per unit. As a result, items become more affordable for low-income families.

문제 분석 및 힌트

정부가 소규모 지역 시장을 지원해야 할지, 아니면 대형 슈퍼마켓의 우세가 세계 자유 시장 경제의 불가피한 결과인지를 묻는 문제입니다. Angelina와 같이 소규모 지역 시장을 지원해야 한다는 쪽으로 의견을 정하고, Angelina가 말한 것과는 다른 이유를 떠올려 봅니다. 그런 다음, 나의 의견과 이유를 문장으로 써 봅니다.

아웃라인

- 소규모 지역 시장에 지원을 제공함 provide support to small local markets
-
- 환경적으로 더 지속 가능한 제조 방법을 사용함
  utilize more environmentally sustainable manufacturing practices
-

나의 의견

_____
_____.
제 생각에는, 정부는 소규모 지역 시장에 경제적 지원을 제공할 책임을 져야 합니다.

이유

_____
_____.
주된 이유는 지역 시장이 대량 생산을 피함으로써 환경적으로 더 지속 가능한 제조 방법을 사용하는 경향이 있다는 것입니다.

Daily Test

02

Dr. Brown
For the past few weeks, we've been discussing the interconnection between food culture and human health worldwide. It has been greatly influenced by factors like popular TV programs about food and social media food trends. Some people say that the growing availability of fast food has led to a less healthy food culture compared to the past. Do you agree that people nowadays have an unhealthier food culture? Why or why not?

Zhen
As I see it, people had a healthier food culture in the past. Historically, many cultures emphasized the consumption of whole, unprocessed foods and locally grown produce. However, with industrialization and the disappearance of rural areas, these foods have become less accessible, resulting in a shift towards less healthy processed foods.

Carolina
I believe we have a healthier food culture now, as we can make more informed dietary choices based on research. Thanks to advances in nutrition science, we have a better understanding of how different foods and nutrients affect our health. This knowledge enables us to seek out foods that are high in beneficial nutrients while avoiding those that are harmful.

문제 분석 및 힌트

요즘 사람들이 더 건강하지 못한 식문화를 가지고 있다는 주장에 대해 어떻게 생각하는지를 묻는 문제입니다. 주어진 주장에 반대하며, Carolina와 같이 오늘날에 사람들이 더 건강한 식문화를 가지고 있다는 쪽으로 의견을 정하고, Carolina가 말한 것과는 다른 이유를 떠올려 봅니다. 그런 다음, 나의 의견과 이유를 문장으로 써 봅니다.

아웃라인

- 오늘날의 식문화가 더 건강함   today's food culture is healthier
-
- 향상된 조리 기술이 건강한 식사를 준비하는 것을 더 쉽게 만듦
  improved cooking technology makes it easier to prepare healthy meals

나의 의견

_____.
제 생각에는, 오늘날의 식문화가 더 건강합니다.

이유

_____
_____.
주된 이유는 인덕션 레인지와 같은 향상된 조리 기술이 건강한 식사를 준비하는 것을 더 쉽게 만든다는 것입니다.

실수 클리닉

다음 문장에서 틀린 부분을 찾아 고쳐 보세요.

1. He went traveling to abroad this summer.

2. Thoughts are expressed by means words.

3. He promised that such accidents wouldn't happen again from this day to forward.

4. The results were contrary all expectations.

5. He does as he wants regardless others.

6. In addition criticism from health experts, the fast-food industry has faced criticism from environmental groups.

7. The woman next me tried to tell me something.

8. I volunteered at the orphanage instead taking a vacation.

9. He was in charge of the sales department before going to overseas.

10. I cannot accept your invitation because my illness.

전치사

1. 2개 이상의 단어로 이루어진 전치사

다음은 2개 이상의 단어로 이루어진 전치사로, 반드시 함께 쓰여야 전치사의 역할을 할 수 있으므로 함께 묶어 외워두고 활용할 수 있어야 합니다.

according to ~에 따르면	by means of ~을 사용해서
contrary to ~과는 반대로	due to/because of ~ 때문에
far from ~하기는커녕	in addition to ~ 외에도, ~에 덧붙여
in spite of ~에도 불구하고	instead of ~ 대신에
next to ~의 옆에	regardless of ~에 상관없이
in front of ~의 앞에	thanks to ~ 덕택에

예) 그들은 폭우에도 불구하고 외출했다.
　　They went out **in spite** the heavy rain. (×)
　→ They went out **in spite of** the heavy rain. (○)

2. 전치사와 함께 잘못 쓰기 쉬운 부사

abroad(해외로), overseas(해외로), home(집으로), upward(위쪽으로), forward(앞으로), backward(뒤로), downward(아래로)와 같은 단어들은 방향과 장소를 나타내는 부사로 쓰일 때 앞에 전치사를 쓰면 틀리므로 주의해야 합니다.

예) 그는 비 때문에 일찍 집에 갔다.
　　He went **to home** early because of the rain. (×)
　→ He went **home** early because of the rain. (○)

정답

1. to abroad → abroad　　2. by means → by means of　　3. to forward → forward　　4. contrary → contrary to
5. regardless → regardless of　　6. In addition → In addition to　　7. next → next to　　8. instead → instead of
9. to overseas → overseas　　10. because → because of

Day 19 답안 쓰기

답안의 아이디어를 생각해서 구조를 잡는 방법과 답안의 핵심 문장들을 작성하는 방법을 익혔다면, 이제 답안을 직접 써 보기로 합니다. 나의 의견 및 이유와 근거를 제시할 때 쓰는 표현들을 익히면서 답안을 작성하는 방법을 연습합니다.

01: 나의 의견 쓰기

답안을 작성할 때는 나의 의견을 명확히 밝히며 시작해야 합니다. 자신의 의견을 어떻게 서술하고 글을 전개해 나갈 것인지를 보여주는 부분으로, 답안 전체의 첫인상을 결정하기 때문입니다.

Step 1 도입 쓰기

1. 답안을 시작하는 문장으로, 자신의 의견과 반대되는 학생의 의견을 언급하거나, 자신의 의견과 같은 학생의 의견에 동의하며 토픽에 대해 소개합니다.
2. 문제에 주어진 질문을 다른 어휘 혹은 다른 구조의 문장을 사용해서 재진술(paraphrase)하여 소개합니다.
3. 도입 문장을 작성할 때는 다음의 표현들을 활용할 수 있습니다.

I understand why A thinks that ~	나는 왜 A가 ~이라고 생각하는지 이해한다
I see why A and B think that ~	나는 왜 A와 B가 ~이라고 생각하는지 이해한다
I disagree with A's point that ~	나는 ~이라는 A의 주장에 동의하지 않는다
I agree with B's perspective that ~	나는 ~이라는 B의 견해에 동의한다

4. 두 학생의 의견을 언급하는 도입 문장은 필수적인 것이 아니므로, Step 2로 넘어가 나의 의견을 단도직입적으로 밝히며 답안을 시작할 수도 있습니다.

Step 2 나의 의견 쓰기

나의 의견 문장에서는 주어진 질문에 대한 자신의 의견을 제시합니다.

나의 의견 쓰기의 예

Doctor Kim

For the past few weeks, we have been discussing education issues. Today's discussion board topic is as follows: Do you believe that contemporary society provides a better educational environment for raising children, or is it more difficult to raise children compared to 50 years ago?

지난 몇 주 동안, 우리는 교육 문제에 대해 논의해 왔습니다. 오늘의 토론 게시판 주제는 다음과 같습니다: 여러분은 현대 사회가 아이들을 키우는 데 더 좋은 교육적 환경을 제공한다고 생각합니까, 아니면 50년 전에 비해 아이들을 키우는 것이 더 어렵다고 생각합니까?

Samantha

Raising children today is easier than in the past. In today's world, most countries provide mandatory education up to high school.

오늘날 아이들을 키우는 것이 과거보다 더 쉽습니다. 현대 사회에서, 대부분의 국가가 고등학교까지 의무 교육을 제공합니다.

Jack

I disagree with Samantha. Today, parents face pressure to provide expensive private education, making raising children much more complex and difficult compared to 50 years ago.

저는 Samantha의 의견에 반대합니다. 오늘날, 부모들은 비싼 사교육을 제공해야 한다는 압박에 직면하고, 이것이 50년 전에 비해 아이들을 키우는 것을 더 복잡하고 어렵게 만듭니다.

아웃라인

- 50년 전에 비해 더 쉬움 easier compared to 50 years ago
-
- 공공 지원을 받음
- receive public assistance

나의 의견 쓰기

도입

(I understand why Jack thinks that) bringing up children is more difficult these days due to the pressure to provide children with costly educational programs and extracurricular activities.

저는 왜 Jack이 아이들에게 값비싼 교육 프로그램과 과외 활동을 제공해야 한다는 압박감 때문에 오늘날 아이들을 키우는 것이 더 어렵다고 생각하는지 이해합니다.

나의 의견

(However, in my opinion), it is easier for parents to raise their children today compared to 50 years ago.

하지만, 제 생각에는, 50년 전에 비해 오늘날 부모들이 아이들을 키우는 것이 더 쉽습니다.

- '나는 왜 Jack이 ~이라고 생각하는지 이해한다'라는 표현인 'I understand why A thinks that ~'을 이용해 자신의 의견과 반대되는 의견, 즉 오늘날 아이를 키우는 것이 더 어렵다는 의견을 제시하면서 답안을 시작합니다. 이때, Jack이 사용한 표현 'raising children'을 그대로 쓰기보다는 'bringing up children'으로 재진술하여 토픽에 대해 소개하는 도입 문장을 만듭니다.
- '50년 전에 비해 더 쉽다'로 정한 아웃라인을 바탕으로 'However, in my opinion, ~' 표현을 써서 나의 의견을 담아냅니다. 이때, 질문의 표현을 참고하되 약간 다른 표현으로 바꾸어 씁니다.

02: 이유와 근거 쓰기

앞서 제시한 나의 의견을 뒷받침하기 위해 이유와 근거가 필요합니다. 이 부분은 답안의 핵심으로, 자신이 말하고자 하는 바를 효과적으로 뒷받침하는 것이 중요합니다.

Step 1 이유 쓰기

이유 문장에서는 앞서 제시한 나의 의견에 대한 이유를 설명합니다. 이 부분은 답안의 핵심 주제가 됩니다.

Step 2 구체적 근거 쓰기

1. 구체적 근거는 나의 의견 문장을 뒷받침하여 설명해 주는 상세한 내용들입니다.
2. 구체적 근거는 일반적 진술과 예시 혹은 부연 설명으로 구성하면 효과적입니다. 우선 일반적 진술에서는 이유 문장을 뒷받침하는 일반적인 설명을 덧붙입니다. 그런 다음, 그 설명을 뒷받침하는 예시나 부연 설명으로 자신의 경험담, 연구, 설문 조사 결과, 기사, 통계 자료 등을 소개합니다.
3. 구체적 근거 중 예시 부분은 다음의 표현들을 활용하여 작성할 수 있습니다.

For example / For instance, ~	예를 들어, ~
To illustrate my point, ~	내 요점을 분명히 하기 위해, ~
According to ~	~에 따르면
Studies have shown that ~	연구는 ~이라는 것을 보여 주었다
From my experience / Based on my experience, ~	내 경험에 따르면, ~

> **tip**
> 이유와 근거를 충분히 작성한 후 시간이 남는다면, 맺음말을 덧붙여 답안을 마무리할 수 있습니다. 답안의 중심 내용에서 벗어나지 않도록 통일성 있게 작성하되, 이미 사용한 표현을 지나치게 반복하지 않도록 주의합니다. 맺음말을 작성할 때 다음의 표현들을 활용할 수 있습니다.
>
> | | |
> |---|---|
> | Overall, ~ | 전반적으로, ~ |
> | In this regard / In this respect, ~ | 이러한 점에서 / 이 점에 있어서, ~ |
> | To sum up, ~ | 요약하자면, ~ |
> | For this reason, ~ | 이러한 이유 때문에, ~ |
> | Therefore / Thus, ~ | 따라서, ~ |

이유와 근거 쓰기의 예

Doctor Kim

For the past few weeks, we have been discussing education issues. Today's discussion board topic is as follows: Do you believe that contemporary society provides a better educational environment for raising children, or is it more difficult to raise children compared to 50 years ago?

지난 몇 주 동안, 우리는 교육 문제에 대해 논의해 왔습니다. 오늘의 토론 게시판 주제는 다음과 같습니다. 여러분은 현대 사회가 아이들을 키우는 데 더 좋은 교육적 환경을 제공한다고 생각합니까, 아니면 50년 전에 비해 아이들을 키우는 것이 더 어렵다고 생각합니까?

Samantha

Raising children today is easier than in the past. In today's world, most countries provide mandatory education up to high school.

오늘날 아이들을 키우는 것이 과거보다 더 쉽습니다. 현대 사회에서, 대부분의 국가가 고등학교까지 의무 교육을 제공합니다.

Jack

I disagree with Samantha. Today, parents face pressure to provide expensive private education, making raising children much more complex and difficult compared to 50 years ago.

저는 Samantha의 의견에 반대합니다. 오늘날, 부모들은 비싼 사교육을 제공해야 한다는 압박에 직면하고, 이것이 50년 전에 비해 아이들을 키우는 것을 더 복잡하고 어렵게 만듭니다.

아웃라인

- 공공 지원을 받음 receive public assistance
  - 정부가 부모들을 재정적으로 지원함
    governments support parents financially
  - 예) 한국 정부는 무료 보육 제도를 가지고 있음
    ex) Korean government has a free daycare system

이유와 근거 쓰기

이유

This is mainly because parents can now receive public assistance.
이는 주로 현재 부모들이 공공 지원을 받을 수 있기 때문입니다.

구체적 근거 1 : 일반적 진술

Although it is expensive to raise children, governments support parents financially.
아이를 키우는 데 비용이 많이 들지만, 정부가 부모들을 재정적으로 지원합니다.

구체적 근거 2 : 예시

For example, the Korean government has a free daycare system. Children under five years old are entitled to free daycare services.
예를 들어, 한국 정부는 무료 보육 제도를 가지고 있습니다. 5세 미만 아동은 무료 보육 서비스를 받을 수 있습니다.

- 이유를 나타내는 표현인 'This is mainly because ~'를 이용하여 아웃라인에서 정리한 이유 receive public assistance를 이유 문장에 담아냅니다.
- 구체적 근거 중 일반적 진술에서 아이를 키우는 데 비용이 많이 들지만 정부가 재정적으로 지원한다는 설명을 덧붙인 다음, 예시로 한국 정부의 무료 보육 제도에 대해 설명합니다.

Daily Check-up

 주어진 아웃라인을 참고하여 나의 의견 및 이유와 근거를 작성하세요.

01

Dr. Inez
Public policies have a significant impact on society and can improve many people's lives. Of course, choosing which policies to support and invest in can be a challenging process due to limited resources or conflicting opinions. As such, it is important for lawmakers to decide which issues to focus on. If it were up to you, which would you prioritize—developing educational technology for children or re-educating the elderly?

Bethany
It is the future of our society that is important, so we should be focusing on the younger generation. Our world is becoming more and more digitized. Think about how much it has changed in just the past 10 years. Better educational technology is needed so we can prepare our children for success down the road.

Jun
Right now, we live in an aging society, so we should prioritize re-educating the elderly. We are living longer than ever before, with the number of elderly citizens increasing each year. We need to find ways to ensure that older adults can remain engaged in the workforce and contribute to the economy.

문제 분석 및 힌트
아이들을 위한 교육 기술 개발과 노인들을 재교육하는 것 중 어느 것을 우선시할 것인지를 묻는 문제입니다. 노인들을 재교육하는 것을 우선시해야 한다는 쪽으로 나의 의견을 정하고, 아웃라인을 바탕으로 답안을 완성해 봅니다.

아웃라인

나의 의견	노인 세대에 지속적인 교육을 제공하는 것	providing ongoing education to older gen.
이유	젊은 세대의 부양 부담을 줄임	ease caregiving burden on younger generations
구체적 근거 1	- 경제적 자유를 얻을 가능성이 더 높음	more likely to attain financial freedom
구체적 근거 2	- 예) 디지털 활용 능력 프로그램 참여 후, 할아버지는 재무 상담사로 일하고 계심	ex) after participating in a digital literacy program, grandfather works as a financial consultant

나의 의견 쓰기

도입

I understand why Bethany thinks that the development of educational technology for children is important as they are the future.

저는 왜 Bethany가 아이들을 위한 교육 기술의 개발이 중요하다고 생각하는지 이해하는데 이는 그들이 미래이기 때문입니다.

나의 의견

_____.

하지만, 제 생각에는, 노인 세대에 지속적인 교육을 제공하는 것이 우리의 최우선 순위가 되어야 합니다.

이유와 근거 쓰기

이유

_____.

이는 주로 그것이 나이 든 부모님이나 조부모님에 대한 젊은 세대의 부양 부담을 줄여 줄 수 있기 때문입니다.

구체적 근거 1 : 일반적 진술

_____.

신기술에 대한 교육을 받은 노인들은 은퇴 후에 일자리를 구함으로써 경제적 자유를 얻을 가능성이 더 높습니다.

구체적 근거 2 : 예시

For example, my grandfather retired from a bank at the age of 60. After participating in a digital literacy program at a local community center, he acquired computer skills, which enabled him to work as a financial consultant. By staying economically active, he not only takes pride in his life but also remains financially independent from my parents. As a result, my parents can invest more in my younger brother's education as they don't have to support my grandparents.

예를 들어, 저의 할아버지는 60세의 나이에 은행에서 은퇴하셨습니다. 지역 주민 센터의 디지털 활용 능력 프로그램에 참여하신 후, 그는 컴퓨터 기술을 습득하셨는데, 이는 그가 재무 상담사로 일할 수 있게 했습니다. 경제 활동을 계속함으로써, 그는 자신의 삶에 자부심을 가질 뿐만 아니라 저의 부모님으로부터 경제적으로도 독립해 계십니다. 그 결과, 저의 부모님은 조부모님을 부양하지 않아도 되기 때문에 저의 남동생의 교육에 더 많이 투자할 수 있습니다.

Daily Check-up

02

Doctor Nomikos
Over the past few weeks, we have been discussing serious environmental crises affecting the world and how we can address them for future generations. It is undeniable that not only individuals, but also big corporations, contribute to environmental issues in various ways. Before our next class, let's discuss this topic on the online discussion board. What is the most significant environmental impact caused by big corporations? Why do you think so?

Zoe
I think oil spills are a significant problem caused by big corporations. They can harm marine animals and negatively impact local businesses. For instance, the Deepwater Horizon oil spill in 2010 had severe consequences for the Gulf of Mexico. It harmed animals and made it difficult for people to make a living.

Thomas
In my view, resource depletion is a notable environmental impact caused by big corporations. The extraction and use of natural resources like timber and minerals have harmed ecosystems and led to the depletion of these resources. Deforestation for commercial purposes has resulted in biodiversity loss, soil erosion, and changes in weather patterns.

문제 분석 및 힌트
대기업에 의해 야기된 가장 중대한 환경적 영향이 무엇인지를 묻는 문제입니다. Zoe와 Thomas와는 다른 아이디어를 생각해 보고, 아웃라인을 바탕으로 답안을 완성해 봅니다.

아웃라인

나의 의견	수질 오염	water pollution
이유	물이 오염되면 복구하기가 어려움	water is contaminated → restoring it is difficult
구체적 근거 1	– 위험 물질이 폐기되어 결국 수역에 이르게 됨	
	hazardous materials are disposed of, ending up in bodies of water	
구체적 근거 2	– 예) 인도에서 수질 오염이 식수 부족을 초래했음	
	ex) in India, water pollution has triggered a shortage of drinking water	

나의 의견 쓰기

나의 의견

_____.

제 생각에는, 산업 폐기물로부터 초래되는 수질 오염이 대기업에 의해 야기된 가장 심각한 환경 문제들 중 하나입니다.

이유와 근거 쓰기

이유

_____.

이는 주로 물이 한번 오염되면, 그것을 원래의 상태로 복구하기가 어렵고, 이는 인간의 삶에 직접적으로 영향을 미치기 때문입니다.

구체적 근거 1 : 일반적 진술

_____
_____.

일반적으로, 대기업은 환경적 관심보다 이익을 우선시하고 종종 적절한 폐기물 관리 관행을 채택하는 것을 등한시합니다. 적절한 조치 없이는, 위험 물질이 무분별하게 폐기되어, 결국 수역에 이르게 되고 상당한 환경 피해를 초래합니다.

구체적 근거 2 : 예시

For example, contaminated water can cause marine life to die and people to suffer from water scarcity. In India, water pollution has triggered a shortage of drinking water.

예를 들어, 오염된 물은 해양 생물을 죽게 하고 사람들이 물 부족으로 고통받게 할 수 있습니다. 인도에서는, 수질 오염이 식수 부족을 초래했습니다.

맺음말

Overall, I believe that water pollution is the foremost concern and that corporations have a responsibility to act in ways to prevent further contamination.

전반적으로, 저는 수질 오염이 가장 우선적인 우려 사항이며 기업들이 더 이상의 오염을 방지하는 방향으로 행동할 책임이 있다고 생각합니다.

Daily Test

🔺 주어진 아웃라인과 해석을 참고하여 답안을 완성하세요.

01

Professor Lee
From the earliest cave paintings to modern-day blockbusters, art has been used throughout much of human history to express ideas and inspire change. Over the past 100 years, there have been certain works of art, including visual art pieces, films, and music, that have left a deep impression on society. I'd like to hear what you think about this. What specific work of art has had the greatest impact on society?

Jin
For me, the most influential art piece is Pablo Picasso's Guernica. By depicting the horrors of war and the suffering of innocent civilians, this painting delivers a powerful anti-war message. It significantly influenced the social environment of the time and became a symbol of peace movements worldwide.

Sara
I believe that the Beatles' album Abbey Road has had the greatest impact on society. The songs on that album, such as "Come Together" and "Here Comes the Sun," resonated with millions of people and helped to define the counterculture movement of the 1960s. They also pushed musical boundaries and influenced the countless artists who came after them.

문제 분석 및 힌트
사회에 가장 큰 영향을 미친 예술 작품이 무엇인지를 묻는 문제입니다. 영화 『블랙 팬서』로 나의 의견을 정하고, 아웃라인을 바탕으로 답안을 완성해 봅니다.

아웃라인

나의 의견	블랙 팬서	Black Panther
이유	고정관념에 도전해 흑인들에게 힘을 실어 줌	defied stereotypes & empowered Black people
구체적 근거 1	할리우드는 다양성의 부족으로 비판을 받아 왔음	
	Hollywood has been criticized for its lack of diversity	
구체적 근거 2	영화의 재정적 성공은 흑인 배우들이 나오는 영화가 수익성이 떨어진다는 믿음에 도전했음	
	the film's financial success challenged the belief that films featuring Black actors are less profitable	

나의 의견 쓰기

나의 의견

_____.

제 생각에는, 의심할 여지 없이 사회를 변화시킨 하나의 예술 작품은 영화 『블랙 팬서』(Black Panther)입니다.

이유와 근거 쓰기

이유

_____.

주된 이유는 그것이 고정관념에 도전하여 전 세계 흑인들에게 힘을 실어 주었다는 것입니다.

구체적 근거 1 : 일반적 진술

_____
_____
_____.

수년 동안, 할리우드는 카메라 앞과 뒤에서 모두, 다양성의 부족으로 비판을 받아 왔습니다. 『블랙 팬서』는 주로 흑인 출연진과 제작진을 포함시킴으로써 이러한 규범에 저항했습니다. 이 영화는 아프리카 문화를 찬미하는 것이자 수 세기 동안 흑인들을 괴롭혀 온 고정관념에 대한 거부였습니다.

구체적 근거 2 : 부연 설명

Furthermore, the film's financial success challenged the commonly held belief that films featuring Black actors are less profitable than mainstream blockbusters. This has led to more opportunities for underrepresented groups in Hollywood.

게다가, 이 영화의 재정적인 성공은 흑인 배우들이 나오는 영화가 주류 블록버스터보다 수익성이 떨어진다는 일반적인 믿음에 도전했습니다. 이것은 할리우드에서 불충분하게 대표된 집단에 대한 더 많은 기회로 이어졌습니다.

맺음말

_____
_____.

전반적으로, 이 영화의 아프리카 문화에 대한 찬미, 소외된 공동체에 대한 대표성, 그리고 재정적인 성공 모두가 이것의 여파에 기여했습니다.

Daily Test

02

Doctor Gomez
A specialized education involves focusing on a specific area of study. While this is normal for university students, there is a lot of debate on whether to provide this option to younger students. I'd like to hear your thoughts, so consider the following scenario. What would be the best way to educate a child with exceptional scientific abilities: to focus primarily on science or to provide a broad education by including other subjects?

Sandra
I think that providing a broad education is the best approach. Learning different subjects can help students become better at communicating with others, which is essential in science. When working in scientific fields, it's important to be able to network and collaborate effectively with other people.

Kevin
I strongly believe that if students display exceptional talent in science, it is a waste of time to require them to take courses in subjects like history or art. Focusing on science is crucial for developing their expertise. To force them to study unrelated subjects could hinder their potential.

문제 분석 및 힌트

뛰어난 과학적 능력을 가진 아이에게 과학에 집중된 교육을 제공할 것인지 아니면 폭넓은 교육을 제공할 것인지를 묻는 문제입니다. 폭넓은 교육을 제공해야 한다는 쪽으로 의견을 정하고, 아웃라인을 바탕으로 답안을 완성해 봅니다.

아웃라인

나의 의견	종합적인 교육	a comprehensive education
이유	창의성과 혁신을 촉진함	fosters creativity and innovation
구체적 근거 1	— 많은 과목에 대한 이해는 과학자들이 다양한 관점에서 문제에 접근하도록 영감을 줄 수 있음	
	understanding of many subjects can inspire scientists to approach problems from various perspectives	
구체적 근거 2	— 예) 아인슈타인은 바이올리니스트였고 과학적 사고를 불러일으키기 위해 음악을 사용했음	
	ex) Einstein was a violinist and used music to inspire scientific thinking	

Hackers Updated TOEFL Writing Basic

나의 의견 쓰기

도입

I understand why Kevin thinks that taking other courses may waste the time of students with a talent for science.

저는 왜 Kevin이 다른 과목들을 수강하는 것이 과학에 재능이 있는 학생들의 시간을 낭비시킬 수 있다고 생각하는지 이해합니다.

나의 의견

_____.

하지만, 제 생각에는, 과학적으로 재능 있는 아이들을 교육하는 가장 효과적인 방법은 그들에게 종합적인 교육을 제공하는 것입니다.

이유와 근거 쓰기

이유

_____.

주된 이유는 균형 잡힌 교육은 창의성과 혁신을 촉진하는데, 이것이 과학 분야에서의 경력에 유용할 수 있다는 것입니다.

구체적 근거 1 : 일반적 진술

_____
_____

실제로, 많은 과목에 대한 폭넓은 이해는 과학자들이 다양한 관점에서 문제에 접근하고 독특한 해결책을 찾도록 영감을 줄 수 있습니다. 많은 과학적인 발전은 자신의 기술적 지식을 넘어 다른 분야의 아이디어를 적용할 수 있는 사람들에 의해 이루어져 왔습니다.

구체적 근거 2 : 예시

For example, while Einstein is best known for his contributions to physics, he was also an avid violinist. He believed that music helped him to relax and think more clearly, and he often used music to inspire his scientific thinking.

예를 들어, 아인슈타인은 물리학에 대한 그의 공헌으로 가장 잘 알려져 있지만, 그는 열렬한 바이올리니스트이기도 했습니다. 그는 음악이 그가 긴장을 풀고 더 명확하게 생각하는 데 도움을 준다고 믿었고, 그는 종종 그의 과학적인 사고를 불러일으키기 위해 음악을 사용했습니다.

맺음말

_____.

따라서, 저는 종합적인 교육이 과학적 능력을 가진 아이들의 잠재력을 키우고 극대화하는 데 있어 핵심적이라고 생각합니다.

정답·해석 p.306

실수 클리닉

다음 문장에서 틀린 부분을 찾아 고쳐 보세요.

1. My plan proved successfully at last.

2. Most Koreans look nervously when they first meet strangers.

3. She was high recommended by her previous employer.

4. Computers have made our lives conveniently.

5. Machines make mass production possibly.

6. Near all of the students came from Korea.

7. She studied hardly for the midterm exams.

8. I arrived lately in the morning.

9. During the hurricane, trees and electric posts fell rightly before my eyes.

10. Their reaction made me angrily.

형용사와 부사

1. 보어 자리에 형용사 대신 부사가 오면 틀린다

be동사, appear, remain, seem, become, prove, 감각동사(look, feel, taste, smell)와 같은 불완전동사들은 보어를 필요로 합니다. 이 보어 자리에는 형용사와 명사만 올 수 있으며, 부사가 오면 틀린 문장이 됩니다. 특히 5형식의 문장에서 make가 '목적어를 ~하게 하다'라는 의미로 쓰여 목적어 다음에 목적격보어를 취할 경우, 보어 자리에 부사가 아닌 형용사를 쓰는 것에 주의해야 합니다.

예) 너는 나를 항상 행복하게 해준다.
    You always make me **happily**. (×)
    → You always make me **happy**. (○)

2. 형태에 따라 의미가 달라지는 부사들

형용사와 부사의 형태가 같은 단어 중 '-ly'가 붙어 다른 의미의 부사를 만드는 경우가 있습니다. 이처럼 형태에 따라 의미가 서로 다른 부사들을 잘 알아두고 활용할 수 있어야 합니다.

high 높이 – highly 상당히	late 늦게 – lately 최근에
near 가까이에 – nearly 거의	great 잘 – greatly 매우
hard 열심히 – hardly 거의 ~ 않다	right 바로 – rightly 마땅히

예) 그들은 이야기하느라 너무 바빠서 시간가는 줄도 거의 몰랐다.
    They were so busy talking that they **hard** noticed the time. (×)
    → They were so busy talking that they **hardly** noticed the time. (○)

정답

1. successfully → successful   2. nervously → nervous   3. high → highly   4. conveniently → convenient
5. possibly → possible   6. Near → Nearly   7. hardly → hard   8. lately → late   9. rightly → right
10. angrily → angry

Day 20 Task Test

TOEFL iBT Writing

Directions Your professor is teaching a class on sociology. You must post a written response to your professor's question. In your response, make sure to:

- state your opinion and support it
- contribute meaningfully to the discussion

A minimum of 100 words is required for a response to be effective. The time allotted for your response is 10 minutes.

Doctor Tiller

Over the last couple of decades, technology has advanced at a rapid pace. It seems like we are constantly being given access to new tools that make our lives more convenient and boost our productivity. They have also had a major impact on society, affecting everything from how companies operate to the methods used to educate children. Which tool do you think has been the most influential in changing our lives in recent years? Why?

Emily

In my opinion, the most influential tool that has changed our lives in recent years is artificial intelligence (AI). This technology has been integrated into various fields including health care, finance, and transportation. For instance, AI is being used to detect diseases earlier and more accurately, potentially saving lives through early treatment.

James

From my point of view, smartphones have had a profound impact on the way we live our lives nowadays. They have revolutionized the world, combining many objects like cameras, phones, and dictionaries. Thanks to them, staying connected with family and friends, working remotely, and accessing a vast array of information have become easier.

TOEFL iBT Writing

Directions Your professor is teaching a class on education. You must post a written response to your professor's question. In your response, make sure to:

- state your opinion and support it
- contribute meaningfully to the discussion

A minimum of 100 words is required for a response to be effective. The time allotted for your response is 10 minutes.

Professor O'Brian

As we discussed earlier, speech classes provide students with the opportunity to improve their public-speaking skills. Consequently, some people believe that all university students should be obligated to take a speech class before they graduate. So, I would like to have a discussion about the following question: Do you agree that a speech class should be mandatory for all university students? Why or why not?

Sam

I agree that a speech class should be mandatory in university as it can help students build confidence. Feeling anxious about public speaking is common, but this fear can be reduced with proper guidance. Being confident in this type of situation is useful in any career students choose to pursue.

Julia

While public-speaking skills can be helpful, not every major requires them. For example, programmers rarely need to present their work to an audience. Encouraging computer majors to focus on developing their technical abilities would be more beneficial than forcing them to take a speech class. Universities should equip students with skills that are relevant to their career paths.

실수 클리닉

다음 문장에서 틀린 부분을 찾아 고쳐 보세요.

1. I didn't know where had he gone.

2. He had never seen a such phenomenon as a solar eclipse.

3. Her son's graduation from high school made Mrs. Conner enough happy to cry.

4. The teacher asked me what games did I play.

5. I don't know why does he majors in mathematics.

6. It rains seldom in the desert.

7. I prefer usually coffee to tea.

8. I always am on time.

9. You were enough foolish to believe her.

10. We had a good such time at the seaside.

주의해야 할 어순

1. 간접의문문의 어순

간접의문문은 when, where, why, who, what, how 등의 의문사가 접속사로 쓰여 문장 속에 포함된 명사절을 말합니다. 간접의문문은 의문사 + 주어 + 동사의 어순으로 온다는 것에 주의해야 합니다.

예) 나는 그가 누구인지 모른다.
  I don't know **who is he**. (×)
  → I don't know **who he is**. (○)

2. 특수한 부사의 위치

ever, never, always, often, seldom, sometimes와 같이 빈도를 나타내는 부사와 almost, scarcely, hardly, nearly, even과 같은 부사들은 be동사 뒤, 일반 동사 앞에 옵니다.

예) 그들은 항상 버스로 학교에 온다.
  They **come always** to school by bus. (×)
  → They **always come** to school by bus. (○)

3. such와 enough의 어순

such + a(n) + 형용사 + 명사: 그렇게 ~한 [명사]

예) 나는 예전에 그렇게 좋은 사람을 만나본 적이 없다.
  I never met **a such** good man before. (×)
  → I never met **such a** good man before. (○)

형용사/부사 + enough + to 부정사: ~할 정도로 [형용사/부사]하다

예) 나는 말 한 마리를 먹어치울 수 있을 정도로 배가 고프다.
  I am **enough hungry** to eat a horse. (×)
  → I am **hungry enough** to eat a horse. (○)

정답
1. had he → he had   2. a such → such a   3. enough happy → happy enough   4. did I play → I played
5. does he majors → he majors   6. rains seldom → seldom rains   7. prefer usually → usually prefer
8. always am → am always   9. enough foolish → foolish enough   10. a good such → such a good

무료 토플자료 · 유학정보 제공

goHackers.com

Actual Test

Hackers Updated TOEFL Writing Basic

Actual Test

TOEFL iBT Writing   Questions 01~10 of 12

Make an appropriate sentence.

01   The career fair at our school was very informative.

_____ _____ _____ _____ _____ _____ _____ next semester?

which / will be coming / we / can / find out / companies / how

02   We better talk about the group project for our vacation homework.

Could you _____ _____ _____ _____ _____ _____ _____?

when / tell / we / get together / me / should / told

03   The new high-speed train has been getting a lot of attention.

_____ _____ _____ _____ about how _____ _____ _____?

heard / the railroads / have / any details / the engineers / you / designed

04   Why was the coach looking for you this morning?

_____ _____ _____ _____ _____ _____ _____.

she / to know / my injury / was / wanted / want / how serious

05   The manager said Jeremy is going to be promoted.

_____ _____ _____ _____ _____ last quarter.

team / remarkable / results / achieved / his

| Help | Review | < Back | Next > |

06 The city library just launched a digital archive.

On _____ _____ _____ _____ _____ _____ _____ ?

page / able / newspapers / which / were you / the old / to find

---

07 I heard that the national museum is going to hold a special quiz event for visitors.

_____ _____ _____ how I can _____ _____ ?

doing / it / do / happen to know / you / join

---

08 I need more time to pack for our bicycle trip.

_____ _____ _____ _____ _____ _____ _____ ?

our things / you want / to help / do / me / organize

---

09 Why did Kramer refuse to become a captain of the basketball team?

_____ _____ _____ _____ _____ _____ _____ _____ .

turned down / not / I'm / he / the offer / sure / why / does

---

10 Would you recommend a good place to watch a movie around here?

_____ _____ _____ last month _____ _____ _____ .

that / comfortable / the theater / seats / opened / has

Directions You will read the provided information and write an email based on it. You will have 7 minutes to finish this task.

You recently visited the children's section at the city library with your child, and you noticed that the children's section needs some maintenance. You want to send an email to the city library to discuss the problems and offer some suggestions.

Write an email to the city library. In your email, do the following:
• Describe what you enjoyed about the children's section.
• Explain what problems you noticed.
• Offer suggestions for improvement.

Write as much as you can and in complete sentences.

Your response:

To: City Library
Subject: Feedback on the children's section

Directions Your professor is teaching a class on philosophy of science. You must post a written response to your professor's question. In your response, make sure to:

- state your opinion and support it
- contribute meaningfully to the discussion

A minimum of 100 words is required for a response to be effective. The time allotted for your response is 10 minutes.

Doctor Stevens

We have been discussing whether scientists should take responsibility for the potential misuse of their research. An example of this is Alfred Nobel's invention of dynamite. While dynamite revolutionized construction and mining, it also became a destructive weapon of war. Some argue that scientists should be held accountable for any negative outcomes that may result from their research, while others believe this would hinder scientific progress. What are your thoughts on this matter, and why?

Josh

I believe scientists should be free to explore new avenues of research without worrying about potential misuse. It's not their responsibility to control how their research is used; rather, it's up to policymakers and other stakeholders to regulate the use of scientific discoveries. Holding scientists responsible for the actions of others would be unfair and would slow down innovation.

Sarah

While scientific progress is important, it should not come at the expense of public safety. Scientists have a responsibility to consider the implications of their research, including how it may be used. They should take steps to ensure that their findings are not misused, and they should be held accountable if they fail to do so.

무료 토플자료 · 유학정보 제공

goHackers.com

Hackers
Updated TOEFL
Writing Basic

Punctuation 부록

Punctuation

답안을 쓸 때, Punctuation(구두점)을 정확히 사용하는 것은 매우 중요합니다. 우리나라 학생이 쓴 답안에서는 colon(:), semicolon(;), hyphen(-) 등의 구두점을 찾아보기가 힘듭니다. 왜냐하면 국어에서는 이런 문장 부호들이 잘 사용되지 않기 때문입니다. 그러나 영어 원어민들은 글을 쓸 때 이러한 구두점을 즐겨 사용하며, 이는 적절히 사용되었을 때 의미를 더 잘 전달하는 효과가 있기 때문에, 좋은 영어 답안을 쓰기 위해서는 구두점을 잘 활용하는 것이 좋습니다.

Comma(,) 활용하기

1. 소개, 제시하기
   - 단어를 문장 머리에 제시할 때
     Ordinarily, I eat three meals a day. 보통, 나는 하루에 세 끼를 먹는다.
   - 구를 문장 머리에 제시할 때
     Despite the weather, we decided to go camping. 날씨에도 불구하고, 우리는 캠핑을 가기로 결정했다.
   - 종속절을 문장 머리에 제시할 때
     Since he started his new job, he hasn't had any free time.
     그는 새로운 일을 시작했기 때문에, 여유 시간이 전혀 없었다.

2. 연결하기
   - 셋 이상의 항목을 연결할 때
     They had a choice of hotdogs, hamburgers, or pizza for lunch.
     그들은 점심으로 핫도그나 햄버거, 또는 피자를 먹을 수 있었다.

3. 삽입하기
   - 단어를 문장 중간에 삽입할 때
     Her actions, however, have proved to be different than her words.
     그러나 그녀의 행동은 그녀의 말과 다른 것으로 나타났다.
   - 구를 문장 중간에 삽입할 때
     The plan, in other words, was a complete failure. 다시 말해, 그 계획은 완전히 실패였다.
   - 동격의 명사구를 문장 중간에 삽입할 때
     Michael, an avid bird watcher, received binoculars for his birthday.
     열정적인 조류 관찰자인 Michael은 그의 생일 선물로 쌍안경을 받았다.
   - 계속적 용법의 구나 절을 문장 중간에 삽입할 때
     Her ambition, to become a doctor, was one step closer after she was accepted to medical school.
     의사가 되고자 하는 그녀의 야망은 그녀가 의대에서 입학 허가를 받은 후 한 걸음 가까워졌다.

4. 첨부하기
   - 단어를 문장 끝에 첨부할 때
     I think she is coming along with us, too. 나는 그녀 역시 나와 함께 갈 거라고 생각한다.

- 구를 문장 끝에 첨부할 때

  The movie was too long, running over three hours from start to finish.
  그 영화는 처음부터 끝까지 3시간 넘게 상영하면서 지나치게 길었다.

Semicolon(;) 활용하기

- 접속사 대신 두 문장을 이어줄 때 (문장; 문장)

  Soccer is a very popular worldwide sport; basketball is another with a large following.
  축구는 아주 인기 있는 세계적인 스포츠다. 농구는 많은 팬을 갖고 있는 또 다른 세계적인 스포츠다.

- 부연 설명하는 문장을 덧붙일 때 (문장; 접속부사, 문장)

  Twenty people interviewed for the job; however, only two were hired.
  20명의 사람들이 취업 면접을 봤다. 그러나 단지 두 명만이 고용되었다.

- 길이가 긴 항목들을 나열할 때

  When I was applying to colleges, I had to turn in a completed application form, with picture; three written recommendations, two from teachers and one from a counselor; and my test scores, which were sent to each school individually.
  내가 대학에 지원했을 때, 나는 사진이 붙은 완벽한 입학 지원서를 제출해야 했다: 3장의 자필 추천서, 그 중 두 장은 선생님들로부터, 1장은 상담가로부터; 그리고 각 학교에 개별적으로 발송된 내 시험 성적.

Colon(:) 활용하기

- 항목을 나열할 때

  The cities we visited on our vacation are as follows: Los Angeles, Seattle and Las Vegas.
  내가 휴가 때 방문한 도시들은 다음과 같다: 로스앤젤레스, 시애틀, 라스베이거스.

- 부제목을 표시할 때

  The book, George Washington: A Biography, details the life of the first American president.
  조지 워싱턴이라는 책 : 최초의 미국 대통령의 삶을 상세하게 그린 전기.

Hyphen(-) 활용하기

- 단어와 단어를 결합할 때

  Sit-ups and push-ups are basic exercises that one can do to stay in shape.
  윗몸 일으키기와 팔 굽혀 펴기는 건강을 유지하기 위해 할 수 있는 기본적인 운동이다.

  I bought a hand-made sweater for my wife. 나는 아내를 위해 수제 스웨터를 샀다.

- 전치사 to를 대신할 때

  She works from 9:00 a.m.-6:00 p.m. every day. 그녀는 매일 오전 9시에서 오후 6시까지 일한다.

- 21에서 99 사이의 수를 나타낼 때

  My father is thirty-six years old. 나의 아버지는 36세이시다.

HACKERS
Updated
TOEFL
WRITING BASIC

개정 5판 3쇄 발행 2026년 1월 12일
개정 5판 1쇄 발행 2025년 11월 7일

지은이	David Cho	언어학 박사, 前 UCLA 교수, 해커스 어학연구소 공저
펴낸곳	(주)해커스 어학연구소
펴낸이	해커스 어학연구소 출판팀

주소	서울특별시 서초구 강남대로61길 23 (주)해커스 어학연구소
고객센터	02-537-5000
교재 관련 문의	publishing@hackers.com
동영상강의	HackersIngang.com

ISBN	978-89-6542-810-7 (13740)
Serial Number	05-03-01

저작권자 ⓒ 2025, David Cho, 해커스 어학연구소
이 책 및 음성파일의 모든 내용, 이미지, 디자인, 편집 형태에 대한 저작권은 저자에게 있습니다.
서면에 의한 저자와 출판사의 허락 없이 내용의 일부 혹은 전부를 인용, 발췌하거나 복제, 배포할 수 없습니다.

외국어인강 1위,
해커스인강(HackersIngang.com)
해커스인강

전세계 유학정보의 중심,
고우해커스(goHackers.com)
고우해커스

- 해커스 토플 스타강사의 본 교재 인강
- 토플 보카 외우기, 토플 스피킹/라이팅 첨삭 게시판 등 무료 학습 콘텐츠
- 고득점을 위한 토플 공부전략 강의
- 국가별 대학 및 전공별 정보, 유학 Q&A 게시판 등 다양한 유학정보

[외국어인강 1위] 헤럴드 선정 2018 대학생 선호브랜드 대상 '대학생이 선정한 외국어인강' 부문 1위

전세계 유학정보의 중심
고우해커스

goHackers.com

HACKERS

Updated
TOEFL
WRITING BASIC

정답 · 모범 답안 · 해석

2026년 1월 21일
NEW TOEFL
완벽 대비

HACKERS
Updated TOEFL
WRITING BASIC

정답 · 모범 답안 · 해석

라이팅을 위한 문법 기본기 다지기

Day 01 문장 성분·형식·문장의 종류

Course 1 .... p.26

01 **The police caught a thief** this morning.
02 **Alice exercised** in the gym for three hours.
03 To be honest, **Martin's shoes look too old**.
04 **We painted the walls red and black** yesterday.
05 **The students moved the chairs** downstairs.
06 **He will swim** in the ocean during the vacation.
07 **I named my dog Coffee** because of its brown color.
08 **Henry's sister made him some pancakes** for breakfast.
09 **Kate reached the top** of the mountain.
10 **The chef brought us our favorite dish** last night.
11 **The company canceled the event** because of the cost.
12 When Richard arrived at the hotel, **he found the room too small**.
13 **My sister is a zoologist** who studies tigers.
14 **Kramer sold people flowers** on Valentine's day.
15 **Salt and pepper are the most basic seasonings** used in cooking.

Course 2 .... p.32

01 **Did you check the invitation** yesterday?
02 **Baby ducks learn to swim** from their mothers.
03 **The new air conditioner made the room cool** quickly.
04 **What an impressive presentation** it was!
05 **Mr. Grand became a police officer** three weeks ago.
06 **Could you get a taxi** for me tomorrow morning?
07 **Don't forget to save the file** before you close the program.
08 **We didn't study geography** last Tuesday.
09 I want to know **why Paul canceled the meeting**.
10 **When did you visit your grandmother's home** last summer?
11 **Tell the truth** when you make a mistake.
12 **Do you have lunch** with your coworkers near your office?

13 **Who had the best record** this season?

14 **Ian had no reason** to worry about the test results.

15 **My sister likes to play upbeat music** while she cleans the house.

Daily Test   p.34

01 **He is going to learn Spanish** during the summer vacation.

02 **I need coffee** to start my day.

03 **The baby cried loudly** in the middle of the night.

04 **Did the marketing team start the new project** this week?

05 **The mud made the kid's boots dirty**.

06 **Was your uncle a professional baseball player**?

07 **Katie felt her heart beating fast** before her speech.

08 **Nancy found the teacher's advice helpful**.

09 **Alex stopped drinking soda** for his health.

10 **Do not speak loudly** on the subway.

11 **Could you stop by the grocery store** across from the apartment building?

12 **Many people fear making phone calls**.

13 **Mr. Brown postponed the appointment** for a personal reason.

14 **What did Jenna make** for lunch?

15 **He asked me when I could visit his restaurant again**.

Day 02 동명사 · to부정사 · 분사

Course 1   p.40

01 **Taking too much medicine** may be harmful to your health.

02 His only hobby is **collecting coins**.

03 The girl suddenly **stopped crying**.

04 I am used to **searching for information** on the Internet.

05 I decided **to start working out**.

06 You have enough intellect **to solve the problem**.

07 We found a study group **to take part in**.

08 They advised me **to be on time**.

09 He brought his wallet out **to show them a picture of his family**.

10 It rained too much **to go fishing**.

11 I am pleased **to meet you**.

12 I agreed **to clean the kitchen**.

13 She denied **cheating on the test**.

14 I object to **rescheduling the meeting**.

15 Some people travel **(in order) to learn about history**.
    = Some people travel **(so as) to learn about history**.

Course 2 — p.46

01 **The talking parrot** attracted my attention.

02 The girl **coming toward us** is Jessica.

03 He enjoys eating **seasoned steaks**.

04 There were many people **invited to the party**.

05 I saw you **walking a dog**.

06 She **had the printer fixed** in an hour.

07 **Walking down the street**, I ran into Ben.

08 **(Being) Followed by a man**, the thief ran around the corner.

09 **Not knowing it was another student's fault**, the teacher scolded me.

10 **(Being) Bored with talking to him**, I left the room with an excuse.

11 **Turning left**, you will find the convenience store.

12 **Walking along the beach**, we caught a crab.

13 **Not having any money**, I couldn't buy a new jacket.

14 **(Being) Cornered by his parents**, the boy finally told the truth.

15 **Not knowing his address**, she couldn't contact him.

Daily Test — p.48

01 My favorite way **to relieve** stress is **running**.

02 Above all, I enjoy **spending** time with my friends.

03 Through practice, I have become skilled at **playing** chess.

04 Leaders find ways **to motivate** others.

05 **To be** truly successful in life, one needs **to have** common sense.

06 Some tasks are **too difficult to handle** alone.

07 It would be nice **to live** in an area with changing weather.

08 The **growing** number of cars is related to the serious air pollution in big cities.

09 Some programs **watched** by children are fun and educational.

10 I **have seen** many students **idling** away outside during school hours.

11 (If) **Given** the chance to meet a historical figure, I would want to meet Einstein.

12 Lessons **learned** through personal experience stay longer than advice.

13 **(Being) Afraid** of distractions, I prefer to study by myself.

14 **Well-planned** activities make your free time more enjoyable.

15 **(While) Helping** their parents with household tasks, children can learn responsibility.

Day 03 명사절·부사절·관계절

Course 1 .... p.54

01 She couldn't accept **the fact that they finally broke up**.

02 They pointed out **that drinking alcohol is unhealthy**.

03 He did not know **whether there was a post office nearby or not**.

04 I wrote about **what I experienced on the trip**.

05 Do you know **who those men are**?

06 **When I hear your voice**, my heart starts to pound.

07 I can find out **where Terry went**.

08 It's hard to explain **why I like rainy days**.

09 Tell me **how the accident happened**.

10 He stopped by **when you were in class**.

11 **If you marry Chris**, you will be unhappy.

12 **Since we are putting on weight**, we should eat less.

13 **Although the company went out of business**, its products are still being used.

14 **Although I am living in New York**, I grew up in California.

15 You may keep the books **as long as you need them**.

Course 2 .... p.60

01 The man **(whom) you met yesterday** is my high school friend.

02 He is the ideal guy **(whom) I would like to date**.

03 She is a co-worker **who is helping me with the project**.

04 The teacher **who taught one of my classes** passed away.

05 The painting **(that) he bought last year** hangs in his living room.

06 I lent him the camera **(that) my father bought me**.

07 The machine **that is broken** will be fixed tomorrow.

08 He recommended a book **which was on the bestseller list** to me.

09 My grades fell, **which worried my parents**.

10 My favorite childhood memories are the times **when I played baseball with my father**.

11 I know a girl **whose father is a professor at this university**.

12 I don't understand **the way she thinks**. = I don't understand **how she thinks**.

13 There is no reason **why you cannot go**.

14 The department store **where we shopped** was packed with people.

15 Students **that/who prepare in advance** usually do well on tests.

Daily Test
p.62

01 I agree **that parents are the best teachers**.

02 I doubt **if daily homework would help students learn better**.

03 I will discuss **what has helped people live longer**.

04 You may wonder **who your roommate is going to be**.

05 **While many people study history**, only a few recognize its value.

06 **If I had to choose**, I would rather work at a high-paying job.

07 **When I am stressed**, I go somewhere to be alone.

08 **The fact that someone is rich** does not make him or her successful.

09 I'd like to work for a company **where I can advance quickly**.

10 Sometimes memories, **which can last for a lifetime**, are more valuable than jewelry.

11 I like having friends **who(m) I have a lot in common with**.

12 We live in a society **where people determine success by the amount of money they make**.

13 Parents **that push their children too hard** may cause them to rebel.

14 One of the happiest times of my life was the night **when my sister was born**.

15 Children **who grow up in the country** can develop a sense of community.

Day 04 It · There · 비교 · 병치

Course 1
p.68

01 It is impossible **to defeat Superman**.

02 It's hard **for me to say goodbye**.

03 It's true **that I love you**.

04 It turned out **that he was in Paris**.

05 Her height made it impossible **for her to be a famous model**.

06 It was fate **that Sally ran into her college roommate at the grocery store**.

07 It was in the bookstore **that/where I first saw you**.

08 It was yesterday **that I lost the book**.

09 **It is the weather** that makes you gloomy.

10 **It took 10 years** to finish this book.

11 **It cost me a week's salary** to buy the blouse.

12 **There are two men and a woman** in the house.

13 **There is no food** in the fridge.

14 **There are some people** that have no sense of humor.

15 **There will be no forest left** after the land is developed.

Course 2 ··· p.76

01 I am **as busy as** I was yesterday.

02 She spent **as much time as she could** with her child. = She spent **as much time as possible** with her child.

03 He is **not as handsome as** his brother.

04 The test was **much easier than** the last one.

05 Ron is **the fastest runner** on the team.

06 **The most effective way** to prevent jaywalking is by increasing fines.

07 Japan's population is **four times as big as** North Korea's. = Japan's population is **four times bigger than** North Korea's.

08 **The more** people have, **the more** they want.

09 You should quit **drinking and smoking**.

10 Taking a foreign language class is **not mandatory but recommended**.

11 I **most recently** worked for a bank.

12 **Both learning and teaching** are rewarding processes.

13 She is **not only smart but also very kind**.

14 Your guess is **as good as** mine.

15 It is more important to do a thorough job **than to finish quickly**.

Daily Test ··· p.78

01 **It is necessary to reduce the number of cars in Seoul**.

02 **It is important that teenagers get work experience from an early age**.

03 **It costs** a large amount of tax money **to improve** the roads and highways.

04 **There are few benefits** to watching television.

05 **There will be many online universities** in the future.

06 **It is unlikely that people will ever be satisfied with what they have**.

07 Email has made **it** easy **for people to keep in touch**.

08 **There is a time** when teenagers must start making their own decisions.

09 Spending time alone is **not as pleasant as** sharing time with friends.

10 College days were **the most rewarding** time of my life.

11 Giving students several short vacations will **most likely** encourage studying.

12 A large salary will allow me to **either buy a house or save for the future**.

13 Physical education should be **not optional but required**.

14 Teenagers should focus **more** on studying **than** earning money.

15 To some people, pets are **as close as** family members.

라이팅을 위한 필수 표현 익히기

Day 05 유형별 표현: 경험·문의·제안·감사·사과

Course 1 .... p.85

01 **I have been experiencing** difficulties submitting the online form since yesterday.
02 **I tried to contact** the event organizer, **but** no one answered the phone.
03 **I learned that** the new employee orientation was postponed to next Monday.
04 **Unfortunately, I encountered** a technical problem **while** uploading my project file.
05 The unstable Internet connection **makes it difficult for** students to take the online test.
06 The new policy **significantly impacts** the course schedule for students.
07 The delay in the delivery schedule **is troubling because** many customers need the items urgently.
08 **I found** the lecture too **advanced** for beginners.

Course 2 .... p.89

01 **Would you be able to provide me with more details about** the upcoming orientation schedule?
02 **Please provide me with the current status of** my membership renewal.
03 **I would be grateful if you could** postpone the deadline by one day.
04 **Could you please arrange for** a larger vehicle for our camping?
05 **I was hoping you could help me with** reviewing this proposal before submission.
06 **You might want to consider** joining the campus volunteer program this semester.
07 **I'd love to recommend** a quiet restaurant near the river for our lunch.
08 **I think** tomorrow afternoon **would be a great choice for** volunteering.

Course 3 .... p.93

01 **I truly appreciate** your guidance during the internship.
02 **I wanted to express my appreciation for** your help with organizing the conference last week.
03 **I can't thank you enough for** all your support while I was moving to my new apartment.
04 **I sincerely apologize for** being late for the team meeting this morning.
05 **I'm sorry, but I have some bad news about** our group trip to the island.
06 **I regret to inform you that** the event scheduled for tomorrow has been canceled.
07 **I'm sorry, but I will have to pass on** your dinner invitation tonight.
08 **Could we reschedule for** next Tuesday instead?

Daily Test
p.94

01 **I visited** the library around noon **to** gather materials for my report.

02 **I was in the restroom when** you called.

03 **I've really enjoyed** taking my psychology class this semester.

04 The meeting room **turned out to be** smaller than we expected.

05 The increase in household waste **is troubling because** it harms the environment.

06 **Could you please confirm whether** the exam will be held next Monday?

07 **Would you mind** explaining the required steps to register for the exchange program?

08 **How about we meet at** the park **for** a walk?

09 **I would like to make some suggestions for** your travel itinerary.

10 **You might want to consider** meeting with the academic advisor this semester.

11 **Don't miss** the fireworks show this weekend.

12 **Make sure to check out** the new café downtown.

13 **Unfortunately, I have to decline** the invitation this time due to prior commitments.

14 **Would you like to join me for** the party at Mark's house this Sunday?

15 **Thank you very much for helping me with** the project.

Day 06 유형별 표현: 의견·인과·비교·가정

Course 1
p.99

01 **In my opinion**, sugary drink manufacturers should pay a health tax.

02 **I entirely disagree with** the reasoning behind his argument.

03 **From my point of view**, participating in beach cleanups is a fulfilling experience.

04 **Contrary to popular opinion**, television is not responsible for the breakdown in family communication.

05 **Due to** the recession, many companies had to reduce their workforce.

06 **That is why** I am against the curfew policy in dormitories.

07 **Therefore**, it is important to have good customer service.

08 **As a result**, more students are studying computer science.

Course 2
p.103

01 **Compared with** wired headphones, wireless headphones are much more convenient.

02 Studying abroad **has its advantages and disadvantages**.

03 **Despite the fact that** cigarettes cause heart disease, smokers continue to light up.

04 **On the one hand** speed is important, **but on the other hand**, accuracy counts too.

05 **Presumably**, overpopulation is a danger in the world because of a global shortage of food.

06 **Otherwise**, students would not be motivated to study.

07 **In consideration of** the current trend, companies should focus on social media advertising.

08 **If I had the opportunity to** make a policy, **I would** promote universal access to quality mental health care for all individuals.

Daily Test

01 **I agree with Sarah's perspective that** advanced artificial intelligence would change the world.

02 **I cannot accept the fact that** freedom is often used to justify hate speech.

03 **I don't think it is** fair **to** punish someone for expressing an opinion.

04 **Personally, I think that** the minimum wage should be higher.

05 **This is mainly because** homeschooled students lack social interaction with other students.

06 **This gives rise to** increased pollution in the urban areas.

07 **It follows that** celebrities have a lot of influence on society.

08 **Due to** inflation, the cost of living has increased significantly.

09 **Unlike** a person's looks, character cannot be judged by a first impression.

10 **In contrast**, mandatory attendance of classes teaches students to be responsible.

11 **In comparison**, people who live life at a slower pace are healthier and happier.

12 Traditional medicine **and** modern medicine **are different in several ways**.

13 **Suppose** employees benefited from working four days a week.

14 **If it were not for** games, many children **would** have trouble developing social skills.

15 **I wish** a college education were available to all students regardless of finances.

Day 07 유형별 표현: 예시·인용·부연·요약

Course 1

01 **From my experience**, first impressions can often be deceiving.

02 **According to** experts, taking medicine for common ailments lowers immunity.

03 **As one might expect**, computers have completely changed the way students access information.

04 **For instance**, air pollution can cause respiratory disease.

05 **The survey shows that** most people eat out at least five times per week.

06 **It is believed that** the average adult needs at least eight hours of sleep a night.

07 **To illustrate my point**, people who exercise daily lower their risk of heart disease.

08 **To be specific**, smoking while pregnant correlates to a baby's low birth weight.

Course 2 — p.113

01 **Moreover**, some students may require additional financial assistance.

02 **In a word**, the education system needs to change.

03 **As we have seen**, one person can have a great effect on society.

04 **To sum up**, the Internet has revolutionized how people communicate.

05 **In particular**, people often visit museums to learn about the history of the area they are visiting.

06 **All things considered**, the cost of influencer marketing is not unreasonable.

07 **In conclusion**, Korea's economy is closely related to the growth of its imports and exports.

08 **In short**, studying abroad can be a rewarding experience.

Daily Test — p.114

01 **For instance**, younger generations are actively advocating for climate action and sustainability.

02 **Another example of** a good boss **is** someone who is willing to listen to suggestions.

03 **Generally speaking**, young people are very reliant upon the Internet for communication and entertainment.

04 **As a matter of fact**, playing violent video games can lead to aggressive behavior.

05 **In this respect**, volunteer work will give students an opportunity to gain hands-on experience in their chosen field.

06 **As far as** exploring outer space **is concerned**, the government needs to invest much more money.

07 **In most cases**, air pollution is caused by transportation and industrial activities.

08 **Not only that**, **but** a part-time job instills a sense of responsibility.

09 **Last but not least**, lifetime employment discourages productivity.

10 **More importantly**, exercising regularly keeps our immune system strong.

11 **In particular**, playing gives children an opportunity to develop their imaginations.

12 **In other words**, teachers should evaluate students based on their efforts.

13 **On top of that**, telecommuting helps save time and money that would be spent driving or taking public transportation.

14 **To summarize**, grades are an effective means of measuring academic progress.

15 **To put it another way**, students must study harder if they want to get better grades.

Day 08 주제별 표현: 일상·교육·환경·문화

Course 1 — p.119

01 Parents should always **make an effort** to help their children do well in school.

02 Parents **play a** major **role in** shaping their child's character.

03 Doing **household chores** helps children develop responsibility.

04 Governments need to **take responsibility for** the actions of their citizens.

05 People are now putting in more effort to **keep in shape** than they did in the past.

06 Most **minor ailments** can be treated with over-the-counter medications.

07 If a student **gets good grades**, he or she can qualify for a scholarship.

08 If people **cram for an exam**, they will have trouble reaching their goals.

Course 2 — p.123

01 Consumers are encouraged to buy more **environmentally friendly** products.

02 Waste can be reduced when companies **make the most of** their resources.

03 Governments need to offer more incentives for **alternative energy** research.

04 Many global companies make a profit **at the expense of** the environment.

05 Many cultures are working to **preserve their traditions** for the next generation.

06 A great way to learn more about a country is to study its **cultural activities**.

07 Television plays a major role in shaping **popular sentiment**.

08 The city is working to preserve many historic **residential areas**.

Daily Test — p.124

01 The consumption of fast food is one major reason why young children are **becoming obese**.

02 Social pressures influence decisions to **go on a diet**.

03 People often ignore problems that don't **make sense**.

04 TV has caused many people to **be obsessed with** their appearance.

05 It is much more common now for single parents to **raise children** than it was 20 years ago.

06 Many **inner conflicts** arise from traumatic experiences during childhood.

07 Embracing **lifelong education** can enhance personal growth and development.

08 It is important to **interact with peers** to develop social skills.

09 By having a **dress code**, students are able to save money.

10 The **moral standards** of a country change with every generation.

11 Many people are afraid that their electronic devices will **become obsolete**.

12 There is an ongoing controversy over whether zoos protect **endangered species** or exploit them.

13 Many people prefer living in the city despite the **polluted air**.

14 **Fuel-efficient** buses reduce pollution in congested areas.

15 Many people **put** their health **at risk** with their poor diets.

Day 09　주제별 표현: 과학기술·경제·정치·사회

Course 1　　　　　　　　　　　　　　　　　　　　　　　　　　　　　　　　　　　p.129

01　Some consumers are willing to pay a lot for **cutting-edge/state-of-the-art** technology.

02　When companies **hold patents** for too long, they hinder development in the field.

03　**With the advent of** cell phones, people can contact each other anytime.

04　The use of **wireless technology** is making older devices obsolete.

05　Most students have part-time jobs in order to **make ends meet**.

06　Countries do their best to **stabilize the economies**.

07　When a company makes a lot of money, all of its employees should **reap the benefits**.

08　Countries with a large **gap between the rich and the poor** often have numerous social problems.

Course 2　　　　　　　　　　　　　　　　　　　　　　　　　　　　　　　　　　　p.133

01　Political polarization hinders consensus on how to **allocate resources**.

02　The current **welfare system** needs to be reformed because it doesn't encourage people to work.

03　Good communication makes it much easier to **implement** new **policies**.

04　The government has a responsibility to increase funding for **public transportation**.

05　The **generation gap** is sometimes a significant obstacle to relationships between family members.

06　Members of large families have to be careful to avoid **infringing upon each other's privacy**.

07　The mass media plays a significant role in shaping **public opinion**.

08　It is important for college students to learn about **current affairs** in school.

Daily Test　　　　　　　　　　　　　　　　　　　　　　　　　　　　　　　　　　　p.134

01　**State-of-the-art/cutting-edge** devices are usually not available directly to consumers.

02　The countries that invest in science education have a **bright future**.

03　The Internet has made it easier for people to **leak information**.

04　Some companies lay off workers during a **slow economy**.

05　Joint ventures **split the cost** of investments to share risk.

06　Low-interest rates help **stabilize the economy**.

07　Most people **deposit the money** they earn **in a bank**.

08　The **job market** is increasingly competitive these days.

09　**Cultural exchanges between nations** promote understanding and tolerance.

10　Learning about the perspectives of different generations can help to overcome the **generation gap**.

11　Climate change is a pressing issue that demands **international cooperation**.

12　A **deep-rooted prejudice** can be harmful to both individuals and society.

13 One major disadvantage of cities is **traffic congestion**.

14 Some politicians **take the middle ground** to appeal to more voters.

15 Many countries do not have comprehensive **welfare systems** to take care of disabled people.

TASK 1 단어 배열하여 문장 완성하기 Build a Sentence

Day 10 답변 문장의 내용 예측하기

Daily Check-up   p.142

01 1) 당신은 이 테이블을 어디서 샀나요? 2) ①
    답변 It is from a flea market near my office. 사무실 인근 벼룩시장에서요.

02 1) 교수님이 조별 과제에 관해 너에게 무엇을 물어보셨니? 2) ①
    답변 She wanted to know who had collected the data. 그녀는 누가 자료를 수집했는지 알고 싶어 하셨어.

03 1) 지금 소풍에 갈 준비됐니? 2) ②
    답변 No, Julie hasn't returned from the restroom yet. 아니요, Julie가 화장실에서 아직 돌아오지 않았어요.

04 1) 이 제품 설명서의 설명이 꽤 혼란스럽네요. 2) ①
    답변 I do not understand what it says either. 저도 그것이 뭐라고 쓰여 있는지 이해할 수 없어요.

05 1) 최신 과학 박람회는 정말 대성공이었어요! 2) ②
    답변 We never realized how creative the students could be. 저희는 학생들이 이렇게 창의적일 수 있는지 전혀 몰랐어요.

06 1) 당신은 아까 왜 마케팅 부서에 들렀어요? 2) ②
    답변 I needed to confirm when they could send me the poster. 그들이 포스터를 언제 저에게 내줄 수 있는지 확인해야 했어요.

07 1) 이번 주 토요일 낚시 여행에 너도 가니? 2) ②
    답변 I want to rest this weekend. 저는 이번 주말에는 휴식하기를 원해요.

08 1) 주차장에 차가 한 대도 없네요. 2) ①
    답변 Haven't you seen the notice about the painting job? 도색 작업에 대한 공지를 못 보셨나요?

Daily Test   p.144

01 1) 나는 학교 요가 프로그램 신청 마감일을 놓치고 말았어. 2) 프로그램 관리자님이 금요일까지로 연장했다는 것 몰라?
    답변 Don't you know the program manager extended it to Friday?

02 1) 네 차 수리를 완료하는 것이 왜 이렇게 오래 걸려? 2) 교체 부품 중 하나를 해외에서 주문해야 했어.
    답변 One of the replacement parts had to be ordered from overseas.

03 1) 나는 이번 여름에 남미로 긴 여행을 가고 싶어. 2) 먼저 어느 나라부터 시작하고 싶어?
    답변 Which country would you like to start with first?

04 1) 당신은 발표 시작 전에 문서들을 출력할 수 있나요? 2) 프린터가 제시간에 모든 페이지를 끝내길 바라요.
    답변 I hope the printer finishes all the pages in time.

05 1) 리허설 전에 감독님이 뭐라고 하셨어요? 2) 오늘 내가 Maria의 역할을 대신할 수 있는지 물어봤어요.
    답변 He asked if I could cover Maria's part today.

06 1) 기숙사 맞은편에 생긴 새 카페가 요즘 엄청나게 인기 있어졌어. 2) 그 카페가 저녁에 몇 시에 문 닫는지 알아?
    답변 Do you know what time it closes in the evening?

07 1) 저는 여기 근처에 좋은 식당을 찾고 있어요. 2) 우리 형이 맛있는 이탈리아 요리를 어디서 즐길 수 있는지 알려줄 수 있어요.
    답변 My brother can tell you where to enjoy delicious Italian dishes.

08 1) 지금 주문하면 같은 혜택을 받을 수 있을까요? 2) 당신은 그 혜택을 더 이상 받을 수 없어서 유감입니다.
    답변 I'm afraid you can't get that offer anymore.

Day 11 예측한 답변 문장 완성하기

Daily Check-up
p.152

01 She <u>wondered why the budget had to be reduced</u>.
해석 질문 제품 디자이너가 회의 중에 무엇을 물어봤나요?
답변 그녀는 예산이 왜 줄어들어야 했는지 궁금해했어요.

02 The music <u>was too loud to enjoy</u> properly.
해석 질문 어젯밤 페스티벌은 어땠어?
답변 제대로 즐기기에는 음악이 너무 시끄러웠어.

03 Do <u>you need a ride to get</u> there?
해석 질문 나는 길 아래 새로 생긴 피자집에 가볼 계획이야.
답변 너는 거기까지 태워 주기를 원하니?

04 I'm <u>not sure whether I will have time to go</u>.
해석 질문 너는 내일 Jenna 집에 파자마 파티 가니?
답변 내가 갈 시간이 있을지 불확실해.

05 The chef said he <u>already ordered them</u> this morning.
해석 질문 주방에 양파가 거의 다 떨어졌어요.
답변 셰프님이 오늘 아침에 이미 주문하셨다고 하셨어요.

06 Do you know <u>how long it will take</u>?
해석 질문 공공 배드민턴장이 보수 공사로 문을 닫았어요.
답변 그것이 얼마나 걸릴지 아세요?

07 She wanted to confirm that they are still <u>under warranty</u>.
해석 질문 Sylvia가 헤드폰에 대해 무엇을 물어봤니?
답변 그녀는 그것들이 아직 보증기간인지 확인하고 싶어 했어.

08 Could <u>you tell me later how it went</u>?
해석 질문 저는 오늘 오후에 학교 축구부 코치 면접이 있어요.
답변 어떻게 됐는지 나중에 말해줄 수 있나요?

09 Would you <u>like to try some other flavors</u>?
해석 질문 네가 어제 가져온 쿠키들이 정말 맛있었어.
답변 다른 맛들도 먹어 볼래?

10 Her <u>flight is scheduled to arrive this</u> Friday morning.
해석 질문 Evelyn이 출장에서 언제 오는지 아세요?
답변 그녀의 항공편이 이번 주 금요일 아침에 도착할 예정이에요.

Daily Test
p.154

01 Which <u>model is she planning to purchase</u>?
해석 질문 우리 엄마는 이번 주에 새 휴대폰 사는 걸 생각 중이셔.
답변 그녀가 어떤 모델을 살 계획이셔?

02 He <u>needed to know</u> how many <u>hard copies he should print</u>.
해석 질문 Jake가 왜 참가자 명단을 보고 싶어 했어?
답변 그는 인쇄해야 할 인쇄본이 몇 부인지 알 필요가 있었어.

03 Thanks. We definitely <u>wanted more sunlight while we work</u>.
해석 질문 당신의 팀이 사무실 배치를 바꾼 방식이 마음에 들어요!
답변 고마워요. 확실히 우리는 일하는 동안 더 많은 햇빛을 원했어요.

04 I found the wider shelves really practical.
  해석 질문 보수 공사 이후에 그 식료품점에 가 보셨어요?
       답변 저는 더 넓어진 진열대가 정말 실용적이라고 느꼈어요.

05 Could you tell me why you decided to do that?
  해석 질문 저는 내년 3월부터 해외 지사에서 일하기로 동의했어요.
       답변 당신이 왜 그렇게 하기로 결정했는지 말해줄 수 있나요?

06 I am uncertain if I will be able to make it on time.
  해석 질문 금요일 정오까지 이 동아리 신청서를 제출해야 한다고 선생님께서 말씀하셨어.
       답변 내가 제시간에 해낼 수 있을지 불확실해.

07 Having dinner on the sea was such a great experience.
  해석 질문 가족이랑 가셨던 크루즈 여행은 어떠셨어요?
       답변 바다 위에서 저녁 식사를 한 건 정말 멋진 경험이었어요.

08 I haven't heard anything about that yet.
  해석 질문 다음 학기에 누가 하키 팀을 지도하실지 알아?
       답변 나는 그것에 관해 아직 아무것도 못 들었어.

09 Should I request the manager adjust the workshop schedule?
  해석 질문 매년 이 시기에는 연회장 예약이 쉽지 않아요.
       답변 워크숍 일정을 조정해 달라고 제가 관리자한테 요청해 볼까요?

10 Did she also say what time would work best?
  해석 질문 저희 의뢰인이 방금 전화를 해서 회의를 내일 오후로 미루자고 했어요.
       답변 그녀가 몇 시가 가장 괜찮은지도 말해줬나요?

Day 12 Task Test

p.158

01 I am curious about where you found those colorful pictures.
  해석 질문 어제 수업에서 내 발표에 대해 어떻게 생각해?
       답변 네가 그 다채로운 사진들을 어디서 찾았는지 궁금해.

02 Thanks. I bought it from the cosmetics fair last week.
  해석 질문 이 샴푸 향이 정말 좋다.
       답변 고마워. 지난주에 화장품 박람회에서 샀어.

03 Actually, everyone picked me to take charge of the project.
  해석 질문 새로운 프로젝트 관리자로 누가 뽑혔어요?
       답변 사실 프로젝트를 맡으라고 모두 저를 뽑았어요.

04 Do you know any place where we can rent a bigger vehicle?
  해석 질문 모든 캠핑 장비를 운반하기에는 너의 차가 충분히 크지 않다고 생각해.
       답변 너는 더 큰 차량을 빌릴 수 있는 장소를 아니?

05 When are you planning to do it?
  해석 질문 건강검진 공지가 게시판에 올라왔어요.
       답변 언제 그것을 받을 계획이신가요?

06 He asked if I could come back home a day earlier.
  해석 질문 너희 아버지께서 너의 여행에 관해 무엇을 확인하고 싶어 하셨어?
       답변 그는 내가 하루 일찍 집에 돌아올 수 있는지 물어 보셨어.

07 It wasn't easy because we had to practice every day.
   해석 질문 어젯밤 너의 밴드 공연은 정말 인상적이었어!
        답변 매일 연습해야 해서 쉽지 않았어.

08 Which points stood out to you the most?
   해석 질문 이사회 회의 중 여러 이슈가 제기되었어요.
        답변 어떤 쟁점들이 당신에게 가장 눈에 띄었어요?

09 Can you tell me if there is another lecture for this week?
   해석 질문 내가 들었던 강의가 내 진로에 유익해 보였어.
        답변 이번 주에 다른 강의가 있는지 말해줄 수 있어?

10 He got them during the sale at the grocery store.
   해석 질문 Garrett이 이 토마토 상자들을 언제 산 거야?
        답변 그는 할인 기간에 식료품 가게에서 그것들을 샀어.

11 I didn't exactly hear what it was about.
   해석 질문 방금 그 동물원 운영시간 관련 방송이 무엇에 관한 거였어?
        답변 무엇에 관한 것이었는지 정확히 못 들었어.

12 Did the teacher say which roles we were assigned?
   해석 질문 올해 학교 축제에서 공연할 연극 계획이 확정되었어.
        답변 선생님께서 우리가 어떤 역할을 배정받았는지 말씀하셨니?

13 Which dish do you want to try out?
   해석 질문 오늘 저녁 이 레시피 책에서 뭔가를 요리해 볼 계획이야.
        답변 너는 어떤 요리를 시도해 보고 싶어?

14 I never imagined how popular it would become.
   해석 질문 Anna의 캠핑 영상이 일주일 만에 수백만 조회를 얻었어.
        답변 나는 그것이 얼마나 인기를 끌게 될지 상상도 못했어.

15 It says our train will arrive thirty minutes late.
   해석 질문 역 전광판에 뜬 알림 좀 읽어줄래?
        답변 우리 열차가 30분 늦게 도착할 거라고 쓰여 있어.

16 She explained what costumes we will wear for the event.
   해석 질문 Jane이 우리에게 크리스마스 파티 세부 사항에 대해 알려줬어?
        답변 그녀는 우리가 파티에서 어떤 의상을 입을 것인지 설명해 줬어.

17 Is that the one that she has been working on for three months?
   해석 질문 Brenda가 회사 로고 디자인을 드디어 끝내서 상사가 기뻐 보였어.
        답변 지난 3개월 동안 그녀가 해오던 것이 그거야?

18 I wonder if we could have some seafood instead.
   해석 질문 오늘 점심으로 고깃집에 가는 건 어때?
        답변 대신 우리가 해산물을 먹을 수 있을지 궁금해.

19 They asked me about the robbery in my apartment building.
   해석 질문 어제 경찰이 왜 당신의 집에 왔어요?
        답변 그들은 우리 아파트 건물에서 일어난 절도에 대해 저에게 물어봤어요.

20 Yes, I wanted to ask why he has not fixed the air conditioner yet.
   해석 질문 당신은 어제 집주인과 이야기하지 않았어요?
        답변 맞아요, 저는 그가 왜 아직 에어컨을 고치지 않았는지 물어보고 싶었어요.

TASK ❷ 이메일 쓰기 Write an Email

Day 13 문제 파악하기

Daily Check-up p.172

01

| 당신은 최근 온라인 매장으로부터 전자 제품을 주문했는데, 그것이 도착했을 때 문제가 있었습니다. 당신은 회사의 고객 지원팀에 연락하여 문제를 알리고 해결책을 요청하고자 합니다.

고객 지원팀에 이메일을 쓰세요. 당신의 이메일에서:
· 당신 주문의 상세 정보를 설명하세요.
· 당신이 수령한 전자 제품의 문제를 설명하세요.
· 회사에 적절한 해결책을 요청하세요. | 수신: support@shinyelectronics.com
제목: 제품 관련 문제 |

어휘 electronic device 전자 제품 appropriate [əpróupriət] 적절한

노트

- 목적   배송된 상품에 있는 문제를 알리고 해결책을 요청
- 항목 1   주문 내역에 대한 세부 사항 제공
- 항목 2   수령한 전자 제품의 문제에 대해 설명
- 항목 3   회사에 적절한 해결책을 요청

02

| 당신이 사는 아파트 건물에서, 일부 차량들이 지정된 공간이 아닌 곳에 자주 주차되어 주민들에게 불편을 주고 있습니다. 당신은 이 문제를 알리고 개선 방안을 제안하기 위해 건물 관리자 Mr. Williams에게 연락하려고 합니다.

Mr. Williams에게 이메일을 쓰세요. 당신의 이메일에서:
· 주차 문제를 언급하세요.
· 이 문제가 주민들에게 어떤 영향을 끼치는지 설명하세요.
· 상황을 개선할 방법을 제안하세요. | 수신: Mr. Williams
제목: 주차 공간 관련 문제 |

어휘 designated [dézignèitid] 지정된 inconvenience [ìnkənvíːniəns] 불편 resident [rézədənt] 주민

노트

- 목적   아파트 주차 문제를 알리고 개선안을 제안하려고 이메일 보냄
- 항목 1   지정된 공간 밖에 주차되는 문제 언급
- 항목 2   주민들에게 어떤 영향을 주는지 설명
- 항목 3   상황을 개선할 방법 제안

Daily Test

p.174

01 당신은 최근 Johnson 교수님이 진행한 온라인 수업에 참석했습니다. 수업이 끝난 후, 교수님은 앞으로의 수업을 개선하기 위해 학생들에게 의견을 공유해 달라고 요청했습니다. 당신은 그 수업에 대한 자신의 생각을 제공하고자 합니다.

Johnson 교수님에게 이메일을 쓰세요. 당신의 이메일에서:
· 수업을 준비하고 진행해 주신 것에 대해 감사를 표하세요.
· 수업에서 가장 도움이 되었다고 생각한 점을 설명하세요.
· 앞으로의 수업을 개선할 방법을 제안하세요.

수신: Johnson 교수님
제목: 온라인 수업에 대한 피드백

어휘 thought [θɔːt] 생각 organize [ɔ́ːrgənàiz] 준비하다

노트

- 목적   온라인 수업에 대한 나의 생각 제공
- 항목 1   수업 준비 및 진행에 대한 감사 표현
- 항목 2   수업에서 가장 도움이 된 점 설명
- 항목 3   향후 수업 개선 방법 제안

02 당신은 업무용 컴퓨터와 관련하여 어려움을 겪어 왔습니다. 작업 중에 컴퓨터가 자주 멈추거나 꺼지곤 합니다. 당신은 이 문제를 IT 지원팀에 알리고 수리를 요청하려고 합니다.

IT 지원팀에 이메일을 쓰세요. 당신의 이메일에서:
· 컴퓨터에서 겪고 있는 문제를 설명하세요.
· 그 문제가 당신의 업무에 어떤 영향을 주는지 설명하세요.
· 수리를 요청하고 언제 진행될 수 있는지 문의하세요.

수신: IT 지원팀
제목: 컴퓨터 수리 요청

어휘 freeze [friːz] 멈추다 shut down (기계 등이) 꺼지다

노트

- 목적   컴퓨터에 생긴 문제를 알리고 수리를 요청
- 항목 1   컴퓨터가 멈추거나 꺼지는 문제 설명
- 항목 2   문제가 업무에 어떤 영향을 주는지 설명
- 항목 3   수리 요청 및 그것이 언제 가능한지 확인

Day 14 아웃라인 잡기

Daily Check-up p.182

01

당신의 친구 Lily는 규칙적으로 운동을 시작하는 것에 대해 고민하고 있지만, 그녀는 어떤 운동이 초보자에게 좋은지 확신하지 못하고 있습니다. 그녀는 당신이 꾸준히 운동하고 피트니스 경험이 있다는 것을 알기 때문에 당신에게 조언을 부탁했습니다.

Lily에게 이메일을 쓰세요. 당신의 이메일에서:
- 당신의 운동 루틴을 설명하세요.
- 규칙적인 운동의 이점을 설명하세요.
- 그녀가 즐길 수 있을 만한 운동을 제안하세요.

수신: Lily
제목: 운동에 관한 조언

어휘 regularly [régjulərli] 규칙적으로 fitness [fítnis] 피트니스, 운동

아웃라인

- 목적 친구 Lily에게 운동 조언
  exercise advice to Lily
- 항목 1 주 3회 조깅, 주말 요가, 집에서 간단 근력 운동
  jogging three times a week, yoga on weekends, simple strength exercises at home
- 항목 2 규칙적 운동 → 건강 유지, 스트레스 해소, 집중력 향상
  regular exercise → good health, reduce stress, improve concentration
- 항목 3 걷기, 스트레칭으로 가볍게 시작, 댄스 수업, 친구와 함께 수영
  start with walking, stretching, dance class, swimming with a friend

02

당신은 다음 주에 있을 외국 손님 방문 준비를 담당하는 직원입니다. 그런데 최근에 손님 방문에 영향을 줄 수 있는 예기치 못한 문제가 생겼습니다. 당신은 이 상황을 알리고 해결 방안을 제안하기 위해 손님 대표인 Ms. Rivera에게 이메일을 써야 합니다.

Ms. Rivera에게 이메일을 쓰세요. 당신의 이메일에서:
- 손님 방문에 관한 원래의 계획을 설명하세요.
- 발생한 문제를 자세히 설명하세요.
- 그 문제를 해결하기 위한 가능한 방안들을 제안하세요.

수신: Ms. Rivera
제목: 방문 일정 관련 안내

어휘 representative [rèprizéntətiv] 대표

아웃라인

- 목적 손님 맞이 관련하여 발생한 문제를 알리고, 해결 방안을 제안하기
  report problems with guest visit, suggest solutions
- 항목 1 City 호텔 예약, 4월 8일부터 10일까지, 더블 룸 3개
  reservation at City Hotel, Apr 8-10, three double rooms
- 항목 2 호텔 시설 보수 예정 → 엘리베이터 몇 대 사용 불가능, 소음 발생할 수 있음
  hotel maintenance planned → some elevators unavailable, possible noise
- 항목 3 인근 다른 호텔로 대체 예약하거나, 고객 방문 일정 조정 제안
  suggest reserving nearby hotel or adjust guest visit schedule

Daily Test

01

당신은 새로 개설된 학교 밴드의 회장입니다. 당신의 밴드는 다가오는 학교 가을 축제에서 처음으로 공연을 하게 되어, 함께할 밴드 부원들을 모집하려고 합니다.

수신: 학우들에게
제목: 학교 밴드에 초대

학우들에게 이메일을 쓰세요. 당신의 이메일에서:
- 공연의 세부 사항을 설명하세요.
- 밴드에서 모집 중인 자리와 어떤 경험과 기술이 선호되는지 설명하세요.
- 학우들이 어떻게, 언제 지원할 수 있는지 설명하세요.

어휘 upcoming [ʌ́pkʌmiŋ] 다가오는 prefer [prifə́:r] 선호하다

아웃라인

- 목적 가을 학교 축제 밴드 공연에 반 친구들에게 함께하자고 초대
  invite classmates to join the band performance for the fall festival
- 항목 1 학교 대표가 될 기회 an opportunity to represent the school
  값진 경험이 될 것임 will be a valuable experience
- 항목 2 보컬, 기타, 드럼 등 주요 멤버 모집 recruiting singers, guitarists, drummers
  해당 악기를 최소 1년 이상 다뤄본 사람 우대
  preferred at least 1 year of experience with the instrument
- 항목 3 다음 주 금요일까지 이메일로 신청 apply by this Friday via email
  첫 리허설은 다음 주 월요일 방과 후 밴드실에서 진행
  first rehearsal on Monday after school in the band room

02

당신의 직장에서, 팀원들은 공유 드라이브에 문서와 파일을 함께 사용하고 있습니다. 그러나, 파일들이 잘 정리되어 있지 않아 문제를 발생시킵니다. 당신은 이 문제에 대해 알리고 개선 방안을 제안하기 위해 팀원들에게 이메일을 쓰려고 합니다.

수신: 팀원들
제목: 파일 정리에 대한 제안

팀원들에게 이메일을 쓰세요. 당신의 이메일에서:
- 공유 파일의 문제를 설명하세요.
- 그 문제가 팀의 업무에 어떤 영향을 주는지 설명하세요.
- 파일 정리를 개선할 방법을 제안하세요.

어휘 workplace [wə́rkpleis] 직장 shared drive 공유 드라이브

아웃라인

- 목적 팀원들에게 파일 정리 문제를 알리고 개선 방법 제안
  file organization issue, suggest improvements
- 항목 1 최신 파일을 찾기 힘듦 hard to find the latest files
  문서 이름 제각각, 중복 파일 많음 inconsistent file names, duplicate files
- 항목 2 보고서 작성 지연 delays in preparing reports
  협업 효율 떨어짐, 시간 낭비 less efficient teamwork, waste of time
- 항목 3 주기적 점검 계획 schedule regular checks
  통일된 파일명 규칙 만들기, 폴더 구조 새로 정리
  suggested a unified naming system, reorganize folders

Day 15 이메일 쓰기

Daily Check-up p.194

01

당신의 친구 Paige는 곧 중요한 취업 면접을 앞두고 있지만, 어떻게 준비해야 할지 확신하지 못하고 있습니다. 당신은 면접 경험이 있기 때문에 그녀에게 조언을 해주려고 합니다.	수신: Paige 제목: 취업 면접 요령

Paige에게 이메일을 쓰세요. 당신의 이메일에서:
- 취업 면접에 대한 당신의 경험을 공유하세요.
- 면접을 준비하는 요령을 알려주세요.
- 그녀가 준비할 수 있도록 도와줄 방법을 제안하세요.

도입
To Paige,

인사말
Hi, this is Jeremy.

목적
I heard you have a job interview coming up, so I would like to share a few tips that might help you prepare.

본문

항목 1
Last month, I had an interview at a marketing company. Most of the questions were about my past experiences, teamwork, and motivation for the job.

항목 2
To get ready, I recommend researching the company in advance and practicing answers to common interview questions. It is also helpful to speak your answers out loud to build confidence.

항목 3
If you'd like, I can help you by doing a mock interview with you. I could also review your résumé or we could practice answers together. Finally, I'd be glad to share some relaxation tips that helped me stay calm.

마무리

맺음말
I hope this advice makes you feel more confident.

서명
Talk soon,
Jeremy

어휘   motivation [mòutəvéiʃən] 동기   mock interview 모의 면접   résumé [rézumèi] 이력서

02

당신은 프로젝트에 관한 발표를 하기 위해 팀 회의에 참석해야 합니다. 그러나, 같은 시간에 중요한 고객 미팅이 잡혀 있습니다. 프로젝트 회의 일정을 다시 조정할 수 있을지 팀장인 Mr. Thomas에게 요청하려고 합니다.

Mr. Thomas에게 이메일을 쓰세요. 당신의 이메일에서:
- 프로젝트 회의 일정을 다시 조정해 달라고 요청하세요.
- 당신이 회의에 참석할 수 없는 이유를 설명하세요.
- 회의의 새로운 시간을 제안하세요.

수신: Mr. Thomas
제목: 회의 일정 조정 요청

어휘 presentation [prìːzentéiʃən] 발표 propose [prəpóuz] 제안하다

도입

Dear Mr. Thomas,

인사말

I hope you are doing well.

목적

I'm writing to ask if the project meeting for my presentation can be rescheduled.

본문

항목 1

I would like to request a new time for the project meeting so that I can attend and give a presentation. If possible, I'd appreciate moving it to a time when I'm available.

항목 2

I'm unable to join at the current time because I have an important client meeting scheduled at the same time. The client meeting was confirmed last week and is difficult to move, so I'm asking about adjusting our team meeting instead.

항목 3

How about we meet on Wednesday at 4:30 p.m. or Thursday at 10:00 a.m.? If those times are not convenient, I'm happy to follow a time that suits everyone.

마무리

맺음말

Thank you for your attention to this matter. Please let me know what time would be best, and I'll adjust my schedule accordingly.

서명

Best Regards,
Gabriela

어휘 available [əvéiləbl] ~할 수 있는, ~이 가능한 confirm [kənfə́ːrm] 확정하다 adjust [ədʒʌ́st] 조정하다

Daily Test

p.198

01

당신은 주말여행 동안 Parker's 게스트 하우스에서 이틀 밤을 머물렀습니다. 숙박 후, 주인인 Ms. Parker가 의견을 요청하기 위해 당신에게 연락했습니다. 당신은 게스트 하우스를 개선하는 데 도움이 될 수 있도록 경험에 대한 자신의 생각을 공유하려고 합니다.

Ms. Parker에게 이메일을 쓰세요. 당신의 이메일에서:
- 그녀의 따뜻한 환대에 감사를 표하세요.
- 숙박 중 즐겼던 점을 공유하세요.
- 게스트 하우스를 개선할 수 있는 방법을 제안하세요.

수신: Ms. Parker
제목: 제 숙박에 대한 의견

도입

Dear Ms. Parker,

인사말

My name is Maggie, and I'm the person who stayed at your guesthouse last weekend.

목적

I'm writing this email to share my thoughts about my stay.

본문

항목 1

Your kindness was unforgettable. You were very welcoming at check-in, provided helpful travel information, and even offered a delicious breakfast service.

항목 2

During my stay, I especially enjoyed the comfortable room and the quiet, clean facilities. The bed was very comfortable and allowed me to rest well, and the beautiful surroundings made the stay even better.

항목 3

One small suggestion I have is to improve the Wi-Fi speed and offer more breakfast options. Small changes like these could make the experience even better.

마무리

맺음말

Thank you again for your care, and I hope to stay at your guesthouse again in the future.

서명

Best Regards,
Maggie

어휘 unforgettable [ənfərgétəbəl] 잊을 수 없는   welcoming [wélkəmiŋ] 환영하는   facility [fəsíləti] 시설

02

당신은 다음 주 금요일에 집에서 작은 저녁 모임을 계획하고 있습니다. 당신은 친구 Alex를 초대하려고 합니다.	수신: Alex 제목: 저녁 모임 초대

Alex에게 이메일을 쓰세요. 당신의 이메일에서:
· 모임에 대한 세부 사항을 공유하세요.
· 행사에 계획한 것들을 언급하세요.
· 참석할 수 있는지 확인해 달라고 요청하세요.

어휘 gathering [gǽðəriŋ] 모임

도입

Hi, Alex,

인사말
I hope this email finds you well.

목적
I'm planning a small dinner gathering at my house. I'd love for you to join.

본문

항목 1
The dinner will be next Friday evening at my house, starting at 7 p.m. It will be a small gathering with just a few close friends.

항목 2
I'm preparing some special food and a nice atmosphere for the evening. I'll be making homemade pasta for dinner and cheesecake, which is your favorite, for dessert. I'll also have jazz music playing in the background.

항목 3
Please let me know if you can make it to the dinner. If possible, it would be great if you could confirm before the weekend.

마무리

맺음말
I hope you can join us for the evening. Looking forward to your reply.

서명
Kind regards,
Norris

어휘 atmosphere [ǽtməsfìər] 분위기 homemade [houmméid] 수제의, 집에서 만든

Day 16 Task Test

p.204

01

당신은 주어진 정보를 읽고 이를 바탕으로 이메일을 쓸 것입니다. 당신은 이메일을 쓰기 위해 7분이 주어질 것입니다. 당신의 절친한 친구 Zack이 다음 달에 처음으로 당신의 도시에 방문할 예정입니다. 그는 여행을 즐겁게 만들기 위해 추천을 요청했습니다. 당신은 Zack에게 이메일을 써서 제안을 하고자 합니다. Zack에게 이메일을 쓰세요. 당신의 이메일에서: · 그가 방문해야 할 장소를 추천하세요. · 그가 꼭 맛보아야 할 현지 음식을 제안하세요. · 당신 나라에서 여행하는 것에 대한 조언을 하세요. 최대한 많은 내용을 완전한 문장으로 작성하세요.	수신: Zack 제목: 도시 여행을 위한 추천

아웃라인

- 목적   친구의 첫 방문을 위한 장소 추천 및 조언
          local recommendations and travel advice for his first visit
- 항목 1 방문할 장소 추천 recommend places to visit
          경복궁·창덕궁: 도심의 전통 궁궐 traditional palaces in the city center
          홍대: 트렌디한 거리, 패션 상점 및 라이브 쇼 trendy streets, fashion stores, and live shows
- 항목 2 추천할 지역 먹거리 local food to try
          한국식 바비큐 Korean BBQ
          삼겹살 및 다양한 반찬 grilled pork belly with assorted side dishes
- 항목 3 여행 조언 travel advice
          소액 현금 지참 권장, 일부 시장에서 현금 선호
          recommend carrying a little cash, some street markets and smaller shops still prefer cash

답안 쓰기

Hi, Zack!

It's so exciting to hear that you're visiting my city next month! Let me recommend some local places to help you enjoy your trip. First, you don't want to miss the traditional palaces in the center of the city. They are Gyeongbokgung and Changdeokgung. Also, how about checking out the trendy streets and fashion stores in Hongdae? You can also watch some street performances and live shows there. For food, I recommend you try Korean BBQ. I will text you the location of a BBQ restaurant that my family often visits. You are going to love the grilled pork belly and side dishes. Finally, one useful tip is to carry a little cash. Cards are widely accepted, but some street markets and smaller shops still prefer cash. I hope this helps you plan your trip well!

Best,
Liam

답안 해석

안녕, Zack!
다음 달에 네가 내 도시에 온다니 정말 기대돼! 여행을 더 즐길 수 있도록 현지 명소 몇 곳을 추천해줄게. 먼저, 도심에 있는 전통 궁궐들을 놓치면 안 돼. 그것들은 경복궁과 창덕궁이야. 또, 홍대의 멋진 거리와 패션 가게들을 둘러보는 건 어때? 거기서는 거리 공연과 라이브 쇼도 볼

수 있어. 음식으로는 한국식 바비큐를 추천해. 우리 가족이 자주 가는 바비큐 식당 위치는 문자로 보내줄게. 삼겹살과 반찬들이 정말 마음에 들 거야. 마지막으로, 유용한 팁 하나를 주자면 현금을 조금 가지고 다녀. 카드가 널리 받아들여지지만, 일부 시장이나 작은 가게들은 여전히 현금을 선호하거든. 이게 네 여행 계획에 도움이 되었으면 해!

안부를 전하며,
Liam

어휘 palace [pǽlis] 궁궐 trendy [tréndi] 멋진, 유행을 따르는 grilled pork belly 삼겹살 side dish 반찬

02

당신은 주어진 정보를 읽고 이를 바탕으로 이메일을 쓸 것입니다. 당신은 이메일을 쓰기 위해 7분이 주어질 것입니다.

당신은 대학교 마지막 학기에 있으며, 졸업하기 위해 필수 과목 한 과목이 필요합니다. 그러나, 그 수업을 신청할 수 없었습니다. 이 과목은 Watson 교수님이 가르치기 때문에, 당신은 그 수업에 참여하는 것에 대해 그에게 연락하고자 합니다.

Watson 교수님께 이메일을 쓰세요. 당신의 이메일에서:
· 당신이 등록하고자 하는 과목을 언급하세요.
· 이 과목이 당신에게 왜 중요한지 설명하세요.
· 그 과목 수업에 참여할 수 있도록 허락을 구하세요.

최대한 많은 내용을 완전한 문장으로 작성하세요.

수신: Watson 교수님
제목: 수강 신청 요청

어휘 graduate [grǽdʒuèit] 졸업하다 permission [pərmíʃən] 허락

아웃라인

- 목적   수강 신청에 실패한 수업에 참여하기 위한 요청
          to request joining the course which I failed to apply for
- 항목 1 고급 통사론 advanced syntax
          수요일과 금요일 수업 중 수요일 수업 희망
          would like to attend the Wednesday session
- 항목 2 졸업 필수 과목임 major requirements to graduate
          내년에는 인턴쉽이 예정되어 있음, 다음 학기엔 못 들음
          planning an internship next year, unable to take next semester
- 항목 3 참여 고려 요청 consider adding me to the class
          첫 번째 주부터 수강 희망 → 필요한 서류 제출하겠음
          want to attend from the first week → will submit any required paperwork

답안 쓰기

Dear Professor Watson,

I hope you are doing well. I'm writing to ask if I could possibly join your course, Advanced Syntax, this semester. I noticed that the course is offered on Wednesdays and Fridays, and I would like to attend the Wednesday session if possible. I am currently in my final semester, and since this course is one of the major requirements, I must take it to graduate. In addition, I am planning to start an internship next semester, so I won't be able to take this course later. Therefore, I would greatly appreciate it if you could consider adding me to the class. If it helps, I want to attend from the first week and submit any required paperwork within this week. Thank you very much for your time and understanding. I look forward to your response.

Best regards,
Olivia

답안 해석

Watson 교수님께,

잘 지내고 계셨기를 바랍니다. 이번 학기에 제가 교수님 수업인 고급 통사론 수업에 참여할 수 있을지 여쭙기 위해 이메일을 쓰게 되었습니다. 수업이 수요일과 금요일에 제공된다는 것을 알았는데, 가능하다면 수요일 수업에 참여하고 싶습니다. 저는 현재 마지막 학기에 있으며, 이 과목이 전공 필수 과목 중 하나이기 때문에 졸업하기 위해 반드시 수강해야 합니다. 또한, 다음 학기부터 인턴십을 시작할 계획이라, 이후에는 이 과목을 들을 수 없습니다. 따라서, 교수님께서 저를 수업에 추가하는 것을 고려해 주신다면 매우 감사하겠습니다. 가능하다면, 첫 주부터 수업에 참석하고 싶으며 필요한 행정 서류를 이번 주 안에 바로 제출할 의사가 있습니다. 시간을 내어 주시고 이해해 주셔서 진심으로 감사합니다. 교수님의 답변을 기다리겠습니다.

감사합니다.
Olivia 드림

어휘 syntax [síntæks] 통사론 major requirement 전공 필수 과목 submit [səbmít] 제출하다 paperwork [péipərwə̀:rk] 서류

TASK ❸ 학술 토론 의견 쓰기 Write for an Academic Discussions

Day 17 답안 구조 잡기

Daily Check-up

01

Chavez 교수
기업들은 종종 신중한 숙고를 필요로 하는 재무적인 결정에 직면합니다. 그것들이 한 선택은 회사의 전반적인 성장과 성공에 지속적인 영향을 미칠 수 있습니다. 예를 들어, 기업들은 목표를 달성하도록 도울 숙련된 인력을 확보할 수 있는 가장 좋은 방법을 결정해야 합니다. 이제, 저는 여러분이 다음의 질문을 논의하기를 바랍니다. 기업들은 현 직원들을 교육하는 데 투자해야 할까요, 아니면 단순히 원하는 기술을 가진 새로운 직원들을 고용해야 할까요? 왜 그렇죠?

Victoria
저는 기업들이 현 직원들을 교육하는 것을 우선시해야 한다고 생각합니다. 이것은 기업들이 그들에 충직한 숙련된 노동자들을 유지하는 데 도움을 줍니다. 직원들이 회사가 자신의 전문적인 성장과 경력 향상에 계속 투자한다고 느낄 때, 그들은 남아 있고 쉽게 떠나지 않을 가능성이 더 높습니다.

Cindy
현 직원들에게 투자하는 것이 중요하다는 것에는 동의하지만, 저는 기업들이 원하는 기술을 가진 새로운 직원들을 고용하는 것을 우선 고려해야 한다고 생각합니다. 이미 해당 분야를 전문으로 하는 사람들을 데려오는 것이 아마 원하는 결과를 얻기 위한 가장 빠르고 가장 비용 효율적인 방법일 것입니다.

어휘 consideration[kənsìdəréiʃən] 숙고 attain[ətéin] 확보하다, 얻다 workforce[wɔ́ːrkfɔ̀ːrs] 인력
prioritize[praióːrətàiz] 우선시하다 loyal[lɔ́iəl] 충직한 specialize[spéʃəlàiz] 전문으로 하다 cost-effective 비용 효율적인

아웃라인

- 나의 의견   현 직원들을 교육하는 데 투자해야 한다 should invest in training current employees
- 이유   새로운 직원들은 그 직장에 익숙하지 않고 적응하는 데 상당한 시간을 필요로 하기 때문에 덜 생산적이다.
-          <u>New workers are less productive because they are not familiar with the workplace and require a significant amount of time to adjust.</u>

02

Isabella 박사
교과서에서, 우리는 예술가들이 개인과 사회 전반에 영향을 미치는 특별한 능력을 가지고 있다는 것을 읽었습니다. 음악부터 문학, 시각 예술에 이르기까지, 예술가들의 작품이 어디에나 있다는 것을 고려하면, 그들의 영향력은 틀림없이 클 것입니다. 저는 이것에 대한 여러분의 생각을 듣고 싶습니다. 여러분의 생각에, 오늘날 예술가들이 사람들에게 미치는 가장 지대한 영향은 무엇입니까? 왜 예술가들이 그렇게 영향력이 있다고 생각하나요?

Jamal
저는 예술가들이 미치는 한 가지 주요한 영향은 사람들에게 영감을 주고 동기를 부여하는 능력이라고 생각합니다. 예술은 사람들을 감정적으로 움직이게 하고 변화나 행동에 대한 열망을 불러일으키는 힘을 가지고 있습니다. 예를 들어, 자연의 아름다움을 묘사하는 그림은 사람들이 환경을 돕기 위한 조치를 취하도록 고무할 수 있습니다.

Adrian
사실, 어떤 예술가들은 해롭거나 잘못된 가치관을 조장함으로써 사회에 부정적인 영향을 끼칠 수 있습니다. 실제로, 어떤 음악가들은 그들의 가사에서 폭력이나 마약 사용을 미화하는데, 이것은 감수성이 예민한 젊은이들에게 영향을 미칠 수 있습니다. 마찬가지로, 저속하거나 불쾌한 작품을 만드는 시각 예술가들도 더러 있습니다.

어휘 profound[prəfáund] 지대한 influential[ìnfluénʃəl] 영향력이 있는 spark[spɑːrk] 불러일으키다 glorify[glɔ́ːrəfài] 미화하다
impressionable[impréʃənəbəl] 감수성이 예민한 vulgar[vʌ́lgər] 저속한, 천박한 offensive[əfénsiv] 불쾌한

아웃라인

- 나의 의견   다양한 배경의 사람들을 연결한다 connect people from diverse backgrounds
- 이유   예술가들의 작품은 사람들이 서로 다른 언어를 사용할 때조차도, 그들이 서로 이해하고 공감하게 만들 수 있다.
The works of artists can make people understand and empathize with one another, even when they speak different languages.

Daily Test
p.220

01

Morris 박사
1980년대에 급속한 기술 발전의 시기가 시작되었고 현재까지 계속되고 있습니다. 그것은 개인용 컴퓨터, 모바일 기기, 그리고 인터넷과 같은 디지털 기술의 발달에 의해 특징지어집니다. 우리 모두가 알고 있듯이, 이러한 혁신은 인간 사회에 수많은 방식으로 큰 영향을 끼쳤습니다. 지금까지 디지털 기술의 발명이 인간에게 미쳐 온 가장 큰 영향은 무엇이라고 생각하나요? 이러한 발전이 왜 그러한 영향을 미쳤다고 생각하나요?

Oscar
하나만 선택하기는 어렵지만, 저는 우리의 일상생활에서의 증가된 효율성이라고 생각합니다. 모든 것이 훨씬 더 빠르고 간소화되어, 우리의 시간과 노력을 절약시킵니다. 예를 들어, 온라인 뱅킹은 우리가 집에서 재정을 관리할 수 있게 해 주기 때문에, 우리는 은행을 방문하는 데 시간과 에너지를 낭비할 필요가 없습니다.

Diana
저는 다른 견해를 가지고 있습니다. 가장 큰 영향은 우리의 사생활에 미쳐 왔습니다. 소셜 미디어와 다른 디지털 플랫폼들이 우리의 개인 정보를 수집, 분석 및 공유하면서, 우리는 누가 우리의 정보에 접근하는지 결코 알 수 없습니다. 우리의 사생활을 보호하는 것은 현대 사회에서 필수적인 과제가 되었습니다.

어휘   characterize[kǽriktəràiz] 특징짓다   efficiency[ifíʃənsi] 효율성   streamline[stríːmlàin] 간소화하다
privacy[práivəsi] 사생활   analyze[ǽnəlàiz] 분석하다   access[ǽkses] 접근   essential[isénʃəl] 필수적인

아웃라인

- 나의 의견   의사소통에 혁신을 일으켰다 revolutionized communication
- 이유   디지털 기술 덕분에 우리는 전 세계의 사람들과 즉시 의사소통할 수 있다.
We can instantly communicate with people all over the world thanks to digital technology.
- 구체적 근거 1   − 이것은 국제적 협력, 문화적 교류, 그리고 정보와 아이디어의 확산을 위한 새로운 기회를 열었다.
 일반적 진술   This has opened up new opportunities for global collaboration, cultural exchange, and the spread of information and ideas.
- 구체적 근거 2   − 예) X와 인스타그램과 같은 소셜 미디어 플랫폼들은 우리가 새로운 친구를 사귀게 해 주었고
 예시   멀리 사는 사람들과 커뮤니티를 형성하도록 해 주었다.
ex) Social media platforms like X and Instagram have allowed us to make new friends and form communities with people who live far away.

02

da Silva 박사
미국에서 유튜브가 81퍼센트의 성인에 의해, 넷플릭스가 55퍼센트의 성인에 의해 사용되는 등, 스트리밍 서비스는 많은 사람들의 주요 오락거리가 되어 왔습니다. 그것들의 인기에도 불구하고, 이러한 서비스의 잠재적인 부정적 영향에 대한 우려가 커지고 있습니다. 이 문제에 대한 여러분의 입장은 무엇입니까? 스트리밍 서비스가 긍정적인 영향을 미친다고 생각하나요, 아니면 부정적인 영향을 미친다고 생각하나요, 그리고 왜 그렇게 생각하나요?

Yujin
저는 과도한 스트리밍이 사람들에게 해로울 수 있다고 생각하는데 이는 그들이 업무를 효과적으로 완수하는 것을 방해할 수 있기 때문입니다. 너무 많은 선택지가 이용 가능하므로, 사람들은 종종 프로그램을 몰아서 보거나 동영상을 둘러보며 시간 가는 것을 잊습니다. 이것은 미루는 버릇, 감소된 집중력, 그리고 당면한 일에 대한 산만함으로 이어질 수 있습니다.

Ted
저는 스트리밍 서비스가 긴 하루 끝에 긴장을 풀고 스트레스를 해소할 수 있는 편리하고 즐거운 방법을 제공한다고 생각하며, 이것은 우리가 재충전하고 창의력을 증진시키는 데 도움이 될 수 있습니다. 사람들이 자신의 시간을 관리하고 업무의 우선순위를 정하기만 한다면, 저는 스트리밍 서비스가 본질적으로 생산성에 해롭다고 생각하지 않습니다.

어휘 excessive[iksésiv] 과도한　detrimental[dètrəméntəl] 해로운　lose track of time 시간 가는 것을 잊다　binge-watch 몰아서 보다　procrastination[proukræ̀stənéiʃən] 미루는 버릇　distraction[distrǽkʃən] 산만함　at hand 당면한　unwind[ʌ̀nwáind] 긴장을 풀다　recharge[rìːtʃɑ́ːrdʒ] 재충전하다　inherently[inhérəntli] 본질적으로

아웃라인

- 나의 의견: 긍정적인 영향을 미친다　have a positive effect

- 이유: 스트리밍 서비스는 사람들이 비교적 저렴한 비용으로 광범위한 정보에 접근할 수 있게 한다.
  Streaming services allow people to access a wide range of information at a relatively low cost.

- 구체적 근거 1 일반적 진술: – 사람들은 전 세계의 유익한 콘텐츠를 시청함으로써 그들의 지식을 확장할 수 있다.
  People can broaden their knowledge by watching informative content around the world.

- 구체적 근거 2 예시: – 예) 만약 어떤 사람이 환경에 관심이 있다면, 그 사람은 스트리밍 서비스에서 세계적인 전문가들이 출연하는 다큐멘터리를 쉽게 찾을 수 있다.
  ex) If someone is interested in the environment, he or she can easily find documentaries featuring global experts on streaming services.

Day 18 답안 핵심 문장 쓰기

Daily Check-up p.228

01

Martin 교수
우리 교과서의 지금 단원은 인쇄 광고에서 텔레비전 광고에 이르기까지, 많은 다양한 마케팅 형식을 살펴보고 있습니다. 사실, 우리가 보는 거의 모든 곳에 광고가 있고, 그것들은 사회에 상당한 영향을 미쳐 왔습니다. 그래서, 저는 우리가 수업 토론 게시판에서 고려할 한 가지 질문을 제안하고 싶습니다. 광고가 사회에 가져온 가장 큰 변화는 무엇이라고 생각합니까?

Stacey
광고는 중요한 대의명분에 대한 인식을 높이고 고취함으로써 사회에 긍정적인 변화를 가져왔습니다. 광고는 많은 청중에 이를 수 있어, 시급한 문제들에 대해 사람들에게 교육하고 알리는 효과적인 도구가 됩니다.

Austin
제 관점으로는, 사회에 미친 광고의 가장 큰 영향은 비현실적인 미적 기준의 조장입니다. 광고는 대부분의 사람들이 달성할 수 없는 이상을 종종 제시하며, 미에 대한 우리의 인식에 영향을 미쳐 왔습니다. 이것은 또한 섭식 장애의 증가를 초래했습니다.

어휘 advertisement[ǽdvərtáizmənt] 광고　commercial[kəmə́ːrʃəl] 광고　awareness[əwérnəs] 인식
cause[kɔːz] 대의명분, 목적　perception[pərsépʃən] 인식　disorder[disɔ́ːrdər] 장애

나의 의견 문장 쓰기

나의 의견
In my opinion, the most significant impact that advertising has had on society is the creation of a culture of overconsumption.

이유
This is mainly because advertisements make people buy new things to stay trendy.

02

Devi 박사
정치인들은 정책을 형성하고 변화를 주도하는 데 중요한 역할을 합니다. 하지만, 그들은 종종 다른 리더십 스타일을 가지고 있고, 어떤 것이 가장 효과적인지에 대한 논쟁이 계속되고 있습니다. 저는 여러분이 다음 수업 전에 다음 질문에 대해 논의하기를 바랍니다. 여러분은 정치인들에게 어떤 리더십의 자질이 더 중요하다고 생각합니까? 강력한 개인적 리더십과 결단력입니까, 아니면 협력을 촉진하고 효과적으로 여러 집단의 사람들과 소통하는 능력입니까? 이유는 무엇입니까?

Clara
강력한 리더는 목표를 세우고 달성하는 데 더 효과적입니다. 그들은 집단 내에서 일함으로써 발생할 수 있는 문제에 의해 방해받지 않습니다. 또한, 그들은 명확한 비전을 가지고 다른 사람들에게 동기를 부여함으로써 장기적으로 협력을 촉진할 수 있습니다.

Ethan
Clara의 요점은 이해하지만, 저는 사람들을 하나로 모으고 잘 협력할 수 있는 능력이 더 중요하다고 생각합니다. 의사소통에 뛰어나고 타협점을 찾으려고 노력하는 정치인은 공통의 목표를 달성하기 위해 다양한 집단의 사람들과 함께 일할 수 있습니다.

어휘 determination[ditə̀ːrmənéiʃən] 결단력　foster[fɔ́ːstər] 촉진하다, 조성하다　impede[impíːd] 방해하다　excel[iksél] 뛰어나다
find the middle ground 타협점을 찾다

이유 문장 쓰기

나의 의견
In my opinion, pursuing collaboration and communication is more vital for politicians.

이유
The main reason is that politicians who seek cooperation can build strong relationships with other countries' leaders.

Daily Test

01

Tara 박사	Angelina
우리 모두가 알고 있듯이, 소규모 지역 시장들은 대형 슈퍼마켓과 경쟁하는 것을 점점 더 어려워하고 있습니다. 예를 들어, 전자 상거래와 세계화의 부상은 소비자들이 전 세계의 제품에 접근하는 것을 더 쉽게 만들어, 지역 시장에 부담을 주었습니다. 이러한 문제들을 고려할 때, 정부는 소규모 지역 시장을 지원해야 합니까, 아니면 대형 슈퍼마켓의 우세가 세계 자유 시장 경제의 불가피한 결과입니까?	저는 소규모 지역 시장을 지원하는 것이 경제에 도움이 된다고 굳게 믿습니다. 소규모 지역 시장은 중소 기업에서 생산되는 지역 조달 제품을 제공합니다. 따라서, 우리가 이러한 소규모 시장에서 물건을 살 때, 그 돈은 지역 경제에 머무르며, 참여하는 기업들의 성장을 촉진합니다. **David** 저는 대형 슈퍼마켓의 증가하는 인기가 이로우며, 정부는 개입을 자제해야 한다고 생각합니다. 이러한 업체는 공급업체로부터 대량으로 물품을 구매할 수 있어, 단위당 가격이 낮아집니다. 결과적으로, 품목들은 저소득층 가정들에 보다 적당한 가격이 됩니다.

어휘 globalization[glòubəlizéiʃən] 세계화 dominance[dá:mənəns] 우세, 지배 inevitable[inévətəbəl] 불가피한 refrain[rifréin] 자제하다 supplier[səpláiər] 공급업체 affordable[əfɔ́:rdəbəl] (가격 등이) 적당한, 저렴한

나의 의견 문장과 이유 문장 쓰기

나의 의견

In my opinion, the government should be responsible for providing financial support to small local markets.

이유

The main reason is that local markets tend to utilize more environmentally sustainable manufacturing practices by avoiding mass production.

02

Brown 박사	Zhen
지난 몇 주 동안, 우리는 전 세계의 식문화와 공중위생 사이의 상호 연관성에 대해 논의해 왔습니다. 그것은 음식에 관한 인기 있는 텔레비전 프로그램과 소셜 미디어의 음식 유행과 같은 요소들에 의해 큰 영향을 받아 왔습니다. 어떤 사람들은 패스트푸드의 증가하는 이용 가능성이 과거에 비해 덜 건강한 식문화를 낳았다고 말합니다. 여러분은 요즘 사람들이 더 건강하지 못한 식문화를 가지고 있다는 것에 동의합니까? 그렇게 생각하는, 혹은 그렇게 생각하지 않는 이유는 무엇인가요?	제가 보기에, 사람들은 과거에 더 건강한 식문화를 가지고 있었습니다. 역사적으로, 많은 문화권은 가공되지 않은 자연식품과 현지에서 재배된 농산물의 소비를 강조했습니다. 하지만, 산업화되고 농촌 지역이 사라지면서, 이러한 식품들은 구하기가 어려워졌고, 결과적으로 덜 건강한 가공식품으로의 전환을 초래했습니다. **Carolina** 우리가 조사를 바탕으로 더 많은 정보에 입각한 식단 선택을 할 수 있기 때문에, 저는 현재 더 건강한 식문화를 가지고 있다고 생각합니다. 영양 과학의 발전 덕분에, 우리는 서로 다른 음식과 영양소가 우리의 건강에 어떻게 영향을 미치는지 더 잘 이해합니다. 이 지식을 통해 우리는 해로운 음식은 피하면서 유익한 영양소가 많은 음식을 찾을 수 있습니다.

어휘 interconnection[ìntərkənékʃən] 상호 연관성 emphasize[émfəsàiz] 강조하다 unprocessed[ʌnprá:sest] 가공되지 않은 produce[prədjú:s] 농산물 industrialization[indʌ̀striəlizéiʃən] 산업화 disappearance[dìsəpíərəns] 사라짐, 소멸 processed[prá:sest] 가공된 dietary[dáiətèri] 식단의

나의 의견 문장과 이유 문장 쓰기

나의 의견

In my opinion, today's food culture is healthier.

이유
The primary reason is that improved cooking technology, like induction stoves, makes it easier to prepare healthy meals.

Day 19 답안 쓰기

Daily Check-up p.240

01

Inez 박사
공공 정책은 사회에 상당한 영향을 미치고 많은 사람들의 삶을 향상시킬 수 있습니다. 물론, 어떤 정책을 지원하고 투자할지 선택하는 것은 제한된 자원이나 상충되는 의견 때문에 어려운 과정이 될 수 있습니다. 그런 만큼, 국회의원들이 어떤 사안에 초점을 맞출지 결정하는 것이 중요합니다. 그것이 여러분에게 달려 있다면, 아이들을 위한 교육 기술을 개발하는 것과 노인들을 재교육하는 것 중 어느 것을 우선시하시겠습니까?

Bethany
중요한 것은 우리 사회의 미래이기 때문에, 우리는 젊은 세대에 집중해야 합니다. 우리의 세계는 점점 더 디지털화되고 있습니다. 불과 10년 사이에 얼마나 많이 변했는지 생각해 보세요. 우리 아이들에게 장래의 성공을 위한 준비를 시킬 수 있도록 더 나은 교육 기술이 필요합니다.

Jun
지금, 우리는 고령화 사회에 살고 있기 때문에, 노인들을 재교육하는 것을 우선시해야 합니다. 우리는 그 어느 때보다 오래 살고 있으며, 매년 노인들의 수는 증가하고 있습니다. 우리는 노인들이 노동력에 계속 참여하고 경제에 기여할 수 있도록 보장 방법을 찾아야 합니다.

어휘 conflicting [kənflíktiŋ] 상충되는 the elderly 노인 digitize [dídʒitaiz] 디지털화하다 workforce [wə́ːrkfɔ̀ːrs] 노동력

나의 의견 쓰기

도입
I understand why Bethany thinks that the development of educational technology for children is important as they are the future.

나의 의견
However, in my opinion, providing ongoing education to the older generations should be our top priority.

이유와 근거 쓰기

이유
This is mainly because it can ease the caregiving burden on younger generations for their aging parents or grandparents.

구체적 근거 1 : 일반적 진술
The elderly trained in new technology are more likely to attain financial freedom by finding employment after retirement.

구체적 근거 2 : 예시
For example, my grandfather retired from a bank at the age of 60. After participating in a digital literacy program at a local community center, he acquired computer skills, which enabled him to work as a financial consultant. By staying economically active, he not only takes pride in his life but also remains financially independent from my parents. As a result, my parents can invest more in my younger brother's education as they don't have to support my grandparents.

어휘 ongoing[áːŋgouiŋ] 지속적인 ease[iːz] 줄여 주다, 덜어 주다 caregiving[kérgìviŋ] 부양
employment[implɔ́imənt] 일자리, 고용 retirement[ritáiərmənt] 은퇴 literacy[lítərəsi] 활용 능력

02

Nomikos 박사
지난 몇 주 동안, 우리는 세계에 영향을 미치고 있는 심각한 환경 위기와 미래 세대를 위해 그것들을 어떻게 해결할 수 있을지에 대해 논의해 왔습니다. 개인뿐만 아니라, 대기업 또한 다양한 방식으로 환경 문제에 기여하는 것은 부인할 수 없습니다. 다음 수업 전에, 온라인 토론 게시판에서 이 문제에 대해 논의해 봅시다. 대기업에 의해 야기된 가장 중대한 환경적 영향은 무엇입니까? 왜 그렇게 생각하죠?

Zoe
저는 기름 유출이 대기업에 의해 야기된 중대한 문제라고 생각합니다. 그것들은 해양 동물들에게 해를 끼칠 수 있고 지역 사업체에 부정적인 영향을 미칠 수 있습니다. 예를 들어, 2010년 딥워터 호라이즌 기름 유출은 멕시코 만에 심각한 영향을 미쳤습니다. 그것은 동물들에게 해를 끼치고 사람들이 생계를 유지하는 것을 어렵게 만들었습니다.

Thomas
제 견해로는, 자원 고갈이 대기업에 의해 야기된 중대한 환경적 영향입니다. 목재와 광물과 같은 천연 자원의 추출과 사용은 생태계에 해를 끼쳤고 이러한 자원의 고갈을 초래했습니다. 상업적 목적을 위한 삼림 벌채는 생물 다양성의 손실, 토양 침식, 그리고 기후 패턴의 변화를 야기했습니다.

어휘 crisis[kráisis] 위기 undeniable[ʌ̀ndináiəbəl] 부인할 수 없는 corporation[kɔ̀ːrpəréiʃən] 기업, 회사 oil spill 기름 유출
make a living 생계를 유지하다 depletion[diplíːʃən] 고갈 extraction[ikstrǽkʃən] 추출 timber[tímbər] 목재
mineral[mínərəl] 광물 ecosystem[ìːkousístəm] 생태계 deforestation[diːfɔ̀ːristéiʃən] 삼림 벌채
biodiversity[bàioudivə́ːrsəti] 생물 다양성 erosion[iróuʒən] 침식

나의 의견 쓰기

나의 의견

In my opinion, water pollution, resulting from industrial waste, is one of the most serious environmental problems caused by large corporations.

이유와 근거 쓰기

이유

This is mainly because once water is contaminated, restoring it to its original state is difficult, and this directly affects human life.

구체적 근거 1 : 일반적 진술

Generally, large companies prioritize profits over environmental concerns and often neglect to adopt proper waste management practices. Without adequate measures, hazardous materials are disposed of recklessly, ending up in bodies of water and leading to significant environmental damage.

구체적 근거 2 : 예시

For example, contaminated water can cause marine life to die and people to suffer from water scarcity. In India, water pollution has triggered a shortage of drinking water.

맺음말

Overall, I believe that water pollution is the foremost concern and that corporations have a responsibility to act in ways to prevent further contamination.

어휘 contaminate[kəntǽmənèit] 오염시키다 restore[ristɔ́ːr] 복구하다 directly[diréktli] 직접적으로
neglect[niglékt] 등한시하다, 무시하다 adequate[ǽdikwət] 적절한 hazardous[hǽzərdəs] 위험한
dispose[dispóuz] 폐기하다, 버리다 recklessly[rékləsli] 무분별하게 scarcity[skɛ́ərsəti] 부족(함)
trigger[trígər] 초래하다, 촉발시키다 shortage[ʃɔ́ːrtidʒ] 부족

Daily Test

01

Lee 교수	Jin
초기 동굴 벽화부터 현대 블록버스터에 이르기까지, 예술은 아이디어를 표현하고 변화를 촉진하기 위해 인류 역사의 많은 부분에 걸쳐 사용되어 왔습니다. 지난 100년 동안, 시각 예술 작품, 영화, 그리고 음악을 포함하여 사회에 깊은 인상을 남긴 몇몇 예술 작품들이 있어 왔습니다. 저는 이것에 대한 여러분의 생각을 듣고 싶습니다. 어떤 특정 예술 작품이 사회에 가장 큰 영향을 미쳤습니까?	저로서는, 가장 영향력 있는 예술 작품은 파블로 피카소의 「게르니카」입니다. 전쟁의 참상과 무고한 민간인들의 고통을 묘사함으로써, 이 그림은 강력한 반전 메시지를 전달합니다. 그것은 당시의 사회적 환경에 상당한 영향을 미쳤고 세계 평화 운동의 상징이 되었습니다.
	Sara
	저는 비틀즈의 앨범 「애비 로드」가 사회에 가장 큰 영향을 미쳤다고 생각합니다. 'Come Together'와 'Here Comes the Sun'과 같은 그 앨범에 수록된 노래들은 수백만 명의 사람들에게 반향을 불러일으켰고 1960년대의 반문화 운동을 정의하는 데 도움을 주었습니다. 그것들은 또한 음악적 경계를 넓혔고 그들의 뒤를 잇는 수많은 예술가들에게 영향을 주었습니다.

어휘 inspire[inspáiər] 촉진하다, 고무하다 depict[dipíkt] 묘사하다 horror[hɔ́:rer] 참상, 공포 innocent[ínəsənt] 무고한
civilian[sivíliən] 민간인 resonate[rézənèit] 반향을 불러일으키다 counterculture[káuntərkλ̀ltʃər] 반문화

나의 의견 쓰기

나의 의견

In my opinion, one work of art that has undoubtedly changed society is the film *Black Panther*.

이유와 근거 쓰기

이유

The main reason is that it defied stereotypes and empowered Black people worldwide.

구체적 근거 1 : 일반적 진술

For years, Hollywood has been criticized for its lack of diversity, both in front of and behind the camera. *Black Panther* went against this norm by featuring a predominantly Black cast and crew. The film was a celebration of African culture and a rejection of the stereotypes that have plagued Black people for centuries.

구체적 근거 2 : 부연 설명

Furthermore, the film's financial success challenged the commonly held belief that films featuring Black actors are less profitable than mainstream blockbusters. This has led to more opportunities for underrepresented groups in Hollywood.

맺음말

Overall, the film's celebration of African culture, its representation of marginalized communities, and its financial success have all contributed to its legacy.

어휘 undoubtedly[ʌ̀ndáutidli] 의심할 여지 없이 defy[difái] 도전하다, 거부하다 empower[impáuər] 힘을 실어 주다
norm[nɔːrm] 규범 feature[fíːtʃər] 포함시키다 predominantly[pridá:mənəntli] 주로, 우세하게
celebration[sèləbréiʃən] 찬미, 기념 rejection[ridʒékʃən] 거부 plague[pleig] 괴롭히다 mainstream[méinstrìːm] 주류
underrepresented[ʌ̀ndərèprizéntid] 불충분하게 대표된, 대표성이 낮은 marginalized[máːrdʒinəlàiz] 소외된
legacy[légəsi] 여파, 유산

02

Gomez 박사
전문화 교육은 특정한 학습 영역에 집중하는 것을 수반합니다. 이것이 대학생들에게는 일반적이지만, 어린 학생들에게 이 선택지를 제공할지에 대한 많은 논쟁이 있습니다. 여러분의 생각을 듣고 싶으니, 다음과 같은 시나리오를 고려해 보세요. 뛰어난 과학적 능력을 가진 아이를 교육하는 가장 좋은 방법은 무엇일까요? 주로 과학에 집중하는 것일까요, 아니면 다른 과목을 포함시킴으로써 폭넓은 교육을 제공하는 것일까요?

Sandra
저는 폭넓은 교육을 제공하는 것이 가장 좋은 방법이라고 생각합니다. 다른 과목을 배우는 것은 학생들이 다른 사람들과 의사소통을 더 잘 하도록 도울 수 있는데, 이는 과학에서 필수적입니다. 과학 분야에서 일할 때, 인적 네트워크를 형성하고 다른 사람들과 효과적으로 협업할 수 있는 것은 중요합니다.

Kevin
저는 학생들이 과학에 뛰어난 재능을 보인다면, 역사나 예술과 같은 과목들을 듣도록 요구하는 것은 시간 낭비라고 굳게 믿습니다. 과학에 집중하는 것은 그들의 전문 지식을 개발하는 데 매우 중요합니다. 그들에게 관련이 없는 과목을 공부하도록 강요하는 것은 그들의 잠재력을 저해할 수 있습니다.

어휘 specialized[spéʃəlàizd] 전문화된 exceptional[iksépʃənəl] 뛰어난 network[nétwəːrk] 인적 네트워크를 형성하다
expertise[èkspərtíːz] 전문 지식

나의 의견 쓰기

도입
I understand why Kevin thinks that taking other courses may waste the time of students with a talent for science.

나의 의견
However, in my opinion, the most effective way to educate scientifically gifted children is to offer them a comprehensive education.

이유와 근거 쓰기

이유
The primary reason is that a well-rounded education fosters creativity and innovation, which can be useful for a career in the sciences.

구체적 근거 1 : 일반적 진술
In fact, having a broad understanding of many subjects can inspire scientists to approach problems from various perspectives and find unique solutions. Many scientific breakthroughs have been made by those who can move beyond their technical knowledge and apply ideas from different fields.

구체적 근거 2 : 예시
For example, while Einstein is best known for his contributions to physics, he was also an avid violinist. He believed that music helped him to relax and think more clearly, and he often used music to inspire his scientific thinking.

맺음말
Therefore, I think a comprehensive education is key to nurturing and maximizing the potential of children with scientific abilities.

어휘 comprehensive[kɔ̀mprihénsiv] 종합적인 well-rounded 균형 잡힌 breakthrough[bréikθrùː] 발전, 발견
apply[əplái] 적용하다 avid[ǽvid] 열렬한 nurture[nə́ːrtʃər] 키우다 maximize[mǽksəmàiz] 극대화하다

Day 20 Task Test

p.250

01

Tiller 박사
지난 20년 동안, 기술은 빠른 속도로 발전해 왔습니다. 우리는 우리의 삶을 더 편리하게 하고 생산성을 향상시키는 새로운 도구들에 계속해서 접근할 수 있는 것처럼 보입니다. 그것들은 또한 회사 운영 방식에서부터 아이들을 교육하는 데 사용되는 방법에 이르기까지 모든 것에 영향을 미치며, 사회에 큰 영향을 끼쳤습니다. 여러분은 최근 몇 년간 우리의 삶을 바꾸는 데 가장 영향력이 있었던 도구가 무엇이라고 생각합니까? 그 이유는 무엇이죠?

Emily
제 생각에는, 최근 몇 년간 우리의 삶을 바꾼 가장 영향력 있는 도구는 인공지능(AI)입니다. 이 기술은 의료, 금융, 교통을 포함하여 다양한 분야에 적용되었습니다. 예를 들어, 인공지능은 질병을 더 일찍 그리고 더 정확하게 발견하기 위해 사용되고 있으며, 조기 치료를 통해 어쩌면 생명을 구할 수 있을 것입니다.

James
제 견해로는, 스마트폰이 오늘날 우리가 삶을 사는 방식에 지대한 영향을 끼쳤다고 생각합니다. 그것들은 카메라, 전화기, 그리고 사전과 같은 많은 물건들을 결합하여, 세계를 변혁시켰습니다. 그것들 덕분에, 가족 그리고 친구들과 계속 연락하며 지내고, 원격으로 일을 하고, 방대한 정보에 접근하는 것이 더 쉬워졌습니다.

어휘 rapid [rǽpid] 빠른 convenient [kənvíːniənt] 편리한 boost [buːst] 향상시키다 productivity [pràːdəktívəti] 생산성
operate [άːpərèit] 운영하다 integrate [íntəgrèit] 적용하다 detect [ditékt] 발견하다 accurately [ǽkjurətli] 정확하게
potentially [pəténʃəli] 어쩌면 treatment [tríːtmənt] 치료 revolutionize [rèvəlúːʃənaiz] 변혁시키다

아웃라인

●	나의 의견	온라인 상점 online stores
●	이유	우리가 물건을 사는 방식과 전체 소매 산업을 변화시켰음
●		transformed the way we buy goods & entire retail industry
●	구체적 근거 1	— 사업을 시작할 새로운 기회를 만들어내 경쟁을 증가시켰음
●	일반적 진술	created new opportunities to start businesses → has increased competition
●	구체적 근거 2	— 예) 아마존과 알리바바를 통해 실제 매장 없이 사업을 운영할 수 있음
●	예시	ex) Amazon & Alibaba: can run businesses without physical storefront

답안

In my opinion, the tool that has most profoundly changed our lives in recent years is online stores. This is mainly because they have transformed not only the way we buy goods but also the entire retail industry. That is, the tool has created new opportunities for individuals to start businesses, which has increased competition in the market. For example, with the rise of e-commerce giants like Amazon and Alibaba, online shopping has become more accessible and convenient than ever before. With the ability to sell products online, individuals can now run their own businesses without the need for a physical storefront. Overall, online stores have become a game changer for both consumers and businesses alike, making them one of the most impactful tools of recent years.

답안 해석
제 생각에는, 최근 몇 년간 우리의 삶을 가장 크게 변화시킨 도구는 온라인 상점입니다. 이는 주로 그것들이 우리가 물건을 사는 방식뿐만 아니라 전체 소매 산업을 변화시켰기 때문입니다. 즉, 이 도구는 개인들이 사업을 시작할 새로운 기회를 만들어 냈고, 이는 시장에서의 경쟁을 증가시켰습니다. 예를 들어, 아마존과 알리바바와 같은 전자 상거래 대기업들의 부상과 함께, 온라인 쇼핑은 그 어느 때보다 더 이용하기 쉽고 편해졌습니다. 온라인으로 제품을 판매할 수 있는 기능을 통해, 사람들은 이제 실제 매장 없이도 자신의 사업을 운영할 수 있습니다. 전반적으로, 온라인 상점은 소비자와 기업 모두에게 게임 체인저가 되어, 최근 몇 년 동안 가장 영향력 있는 도구 중 하나가 되었습니다.

어휘 transform[trænsfɔ́:rm] 변화시키다   retail[rí:teil] 소매(업)   accessible[æksésəbəl] 이용하기 쉬운
physical[fízikəl] 실제의, 물리적인   storefront[stɔ́:rfrʌnt] 매장, 가게
game changer 게임 체인저(상황 전개를 완전히 바꿔놓는 사람, 아이디어, 혹은 사건)   impactful[ímpæktful] 영향력 있는

02

O'Brian 교수
우리가 이전에 논의했듯이, 발표 수업은 학생들에게 사람들 앞에서 발표하는 능력을 향상시킬 수 있는 기회를 제공합니다. 따라서, 어떤 사람들은 모든 대학생이 졸업하기 전에 발표 수업을 들어야 한다고 생각합니다. 그래서 저는 다음 질문에 대해 논의하고 싶습니다. 여러분은 발표 수업이 모든 대학생에게 의무적이어야 한다는 것에 동의하나요? 그렇게 생각하는, 혹은 그렇게 생각하지 않는 이유는 무엇인가요?

Sam
발표 수업은 학생들이 자신감을 형성하는 데 도움을 줄 수 있기 때문에 저는 그것이 대학에서 의무적이어야 한다는 것에 동의합니다. 사람들 앞에서 발표하는 것에 대해 불안해하는 것은 흔하지만, 이 두려움은 적절한 지도를 통해 경감될 수 있습니다. 이러한 상황에서 자신감을 가지는 것은 학생들이 추구하려고 선택하는 어떤 진로에서도 유용합니다.

Julia
사람들 앞에서 발표하는 능력이 유용할 수 있지만, 모든 전공이 그것을 필요로 하는 것은 아닙니다. 예를 들어, 프로그래머들은 청중에게 그들의 작업물을 발표할 필요가 거의 없습니다. 컴퓨터 전공자들이 자신의 기술적 능력을 발전시키는 데 집중하도록 장려하는 것이 그들이 발표 수업을 듣도록 강제하는 것보다 유익합니다. 대학들은 학생들이 그들의 진로와 관련된 능력을 갖추게 해야 합니다.

어휘 be obligated to ~해야 한다   mandatory[mǽndətɔ̀:ri] 의무적인, 필수의   confidence[kánfədəns] 자신감
guidance[gáidns] 지도   audience[ɔ́:diəns] 청중   force[fɔ:rs] 강제하다, 강요하다   relevant[réləvənt] 관련된

아웃라인

●	나의 의견	전공과 상관없이 꼭 발표 수업을 들어야 함 should take a speech class, regardless of their major
●	이유	대학은 미래 취업을 위한 중요한 단계임, 면접 없이 일자리를 얻기 힘듦 crucial step in future employment, almost impossible to get a job without an interview
●	구체적 근거 1 일반적 진술	- 면접을 잘 보려면 의사소통 능력이 필요함 → 채용 과정에서 발표도 시킴 need communication skills to perform well in interviews → ask to give presentations during the hiring process
●	구체적 근거 2 예시	- 예) 동아리 선배: 발표 수업 듣고 인상적인 발표함 → 꿈꾸던 직업을 얻었음 ex) club senior: took speech class and delivered impressive presentation → got the position

답안

I understand why Julia thinks that not every university major requires public-speaking skills. However, in my opinion, all university students should take a speech class, regardless of their major. This is because college is a crucial step in preparing for future employment, and it is almost impossible to get a job without an interview. To perform well in an interview, students need communication skills, and some companies even ask applicants to give presentations during the hiring process. For example, one of my seniors in a career club once took a speech class to overcome his fear of public speaking. After training, he became more confident and delivered an impressive presentation during his interview. As a result, he got the position that he had hoped for. Therefore, universities should make speech classes a graduation requirement, because they help students develop essential skills in any career.

답안 해석
저는 Julia가 모든 대학 전공이 말하기 능력을 필요로 하는 것은 아니라고 생각하는 이유를 이해합니다. 그러나 제 생각에는, 모든 대학생들은 전공에

상관없이 발표 수업을 들어야 합니다. 그 이유는 대학이 미래의 취업을 준비하는 데 있어 중요한 단계이며, 면접 없이 일자리를 얻는 것은 거의 불가능하기 때문입니다. 면접에서 좋은 성과를 내기 위해서는 학생들이 의사소통 능력을 필요로 하며, 일부 회사들은 채용 과정 중 지원자들에게 발표를 하도록 요구하기도 합니다. 예를 들어, 저의 진로 동아리 선배 중 한 명은 공개 연설에 대한 두려움을 극복하기 위해 발표 수업을 들었습니다. 훈련을 받은 후, 그는 더 자신감이 생겼고, 면접 중에 인상적인 발표를 했습니다. 그 결과 그는 꿈꾸던 직업을 얻었습니다. 따라서, 대학들이 발표 수업을 졸업 요건으로 정해야 하며, 이는 학생들이 어떤 직업에서도 필수적인 기술을 기르는 데 도움이 되기 때문입니다.

어휘 regardless of ~와 상관없이   crucial [krúːʃəl] 중요한   employment [implɔ́imənt] 취업, 고용   applicant [ǽplikənt] 지원자
senior [síːnjər] 선배; 노인   overcome [òuvərkʌ́m] 극복하다   requirement [rikwáiərmənt] 요건
essential [isénʃəl] 필수적인

Actual Test

p.258

01 How can we find out which companies will be coming next semester?
해석 질문 우리 학교 취업 박람회 진짜 유익했어.
답변 다음 학기에 어떤 회사들이 오는지 어떻게 알 수 있을까?

02 Could you tell me when we should get together?
해석 질문 우리 방학 숙제를 위해 조별 과제 얘기를 해야겠어.
답변 우리 언제 모여야 하는지 말해 줄래?

03 Have you heard any details about how the engineers designed the railroads?
해석 질문 새 고속열차가 요즘 많은 관심을 받고 있어요.
답변 기술자들이 그 철도를 어떻게 설계했는지 들어본 적 있어요?

04 She wanted to know how serious my injury was.
해석 질문 오늘 아침에 코치님이 왜 당신을 찾았어요?
답변 그녀는 내 부상이 얼마나 심한지 알고 싶어 하셨어요.

05 His team achieved remarkable results last quarter.
해석 질문 관리자가 Jeremy가 곧 승진할 거라고 했어요.
답변 그의 팀이 지난 분기에 아주 좋은 성과를 냈대요.

06 On which page were you able to find the old newspapers?
해석 질문 시립 도서관이 디지털 자료실을 막 개설했어요.
답변 그 옛날 신문들은 어느 페이지에서 찾을 수 있었어요?

07 Do you happen to know how I can join it?
해석 질문 자연사 박물관에서 방문객들을 대상으로 특별 퀴즈 행사를 개최할 예정이라고 들었어.
답변 너는 내가 어떻게 그것에 참가할 수 있을지 아니?

08 Do you want me to help organize our things?
해석 질문 자전거 여행을 위한 짐을 싸려면 시간이 좀 더 필요해요.
답변 우리의 물건들을 정리하는 것을 제가 좀 도와드리기를 원하세요?

09 I'm not sure why he turned down the offer.
해석 질문 왜 Kramer가 농구팀 주장 맡는 것을 거절했어?
답변 그가 왜 그 제안을 거절했는지 잘 모르겠어.

10 The theater that opened last month has comfortable seats.
해석 질문 이 근처에 영화 보기 좋은 곳 추천해 줄래요?
답변 지난달에 새로 연 극장이 편한 좌석들을 갖추고 있어요.

11 당신은 최근에 자녀와 함께 시립 도서관의 어린이 코너를 방문했고, 어린이 코너에 약간의 관리가 필요하다는 것을 알게 되었습니다. 당신은 문제를 논의하고 몇 가지 제안을 하기 위해 시립 도서관에 이메일을 보내고자 합니다.

수신: 시립 도서관
제목: 어린이 코너에 대한 의견

시립 도서관에 이메일을 쓰세요. 당신의 이메일에서:
- 어린이 코너에서 좋았던 점을 설명하세요.
- 당신이 발견한 문제점들을 설명하세요.
- 개선을 위한 제안을 하세요.

최대한 많은 내용을 완전한 문장으로 작성하세요.

어휘 maintenance [méintənəns] 관리, 보수

아웃라인

- **목적** 어린이 코너의 문제점을 논의하고 개선을 제안
  discuss the problems in the children's section and offer suggestions
- **항목 1** 많은 새 책들, e-book을 편하게 볼 수 있는 태블릿들
  many new books, tablets to read e-book comfortably
- **항목 2** 책들이 제자리에 꽂혀 있지 않음 → 원하는 책을 찾기 어려웠음
  books were not in the right places → not easy to find what we wanted
  태블릿에 금이 감 → 아이들이 손을 다칠까 봐 걱정함
  cracks on some of the tablets → worried that children might hurt their hands
- **항목 3** 책장을 더 자주 관리하기 check the bookshelves more often
  손상된 태블릿은 치우기 remove damaged tablets

답안 쓰기

To whom it may concern,

My name is Emily Park, and I recently visited the children's section with my son. I'm writing to let you know about some problems I noticed and to suggest some improvements. First of all, I was happy to see that the section had many new books, and I also liked that the library offers tablets to read e-books comfortably. However, I found some problems during our visit. Many books on the bookshelves were not in the right places, so it was not easy to find what we wanted. In addition, there were cracks on the screens of several tablets. I was really worried that children might hurt their hands. I hope the staff can check the bookshelves more often and remove any damaged tablets for safety. Thank you for your attention, and I look forward to your reply.

Best regards,
Emily Park

답안 해석

관계자분께,

제 이름은 Emily Park이며, 저는 최근에 제 아들과 함께 어린이 코너를 방문했습니다. 저는 제가 발견한 몇 가지 문제를 알려드리고 몇 가지 개선점을 제안하기 위해 씁니다. 우선, 저는 그 코너에 많은 새 책들이 있는 것을 보고 기뻤으며, 또한 도서관이 전자책을 편하게 읽을 수 있도록 태블릿을 제공하는 점도 마음에 들었습니다. 그러나, 방문 중에 몇 가지 문제를 발견했습니다. 책장 위의 많은 책들이 올바른 위치에 꽂혀 있지 않아서, 우리가 원하는 책을 찾기가 쉽지 않았습니다. 게다가, 여러 태블릿의 화면에 금이 가 있었습니다. 저는 아이들이 손을 다칠까 봐 정말 걱정이 되었습니다. 직원들이 더 자주 책장을 점검하고 안전을 위해 손상된 태블릿은 치워 주셨으면 합니다. 관심을 가져 주셔서 감사드리며, 답장을 기다리겠습니다.

진심을 담아,
Emily Park 드림.

어휘 comfortably [kʌ́mfərtəbli] 편하게 crack [kræk] 금, 틈

12

Stevens 박사
우리는 과학자들이 그들 연구의 잠재적인 오용에 대해 책임을 져야 하는지에 대해 토론해 왔습니다. 이것의 예는 알프레드 노벨의 다이너마이트 발명입니다. 다이너마이트는 건설업과 광산업에 혁명을 일으켰지만, 그것은 또한 전쟁의 파괴적인 무기가 되었습니다. 어떤 사람들은 과학자들이 그들의 연구로부터 초래될 수 있는 모든 부정적인 결과에 대해 책임을 져야 한다고 주장하는 반면, 다른 사람들은 이것이 과학의 발전을 저해할 것이라고 믿습니다. 이 문제에 대한 여러분의 생각은 무엇이며, 그 이유는 무엇입니까?

Josh
저는 과학자들이 잠재적인 오용에 대해 걱정하지 않고 새로운 연구 방법을 자유롭게 탐구할 수 있어야 한다고 생각합니다. 그들의 연구가 어떻게 사용되는지를 통제하는 것은 그들의 책임이 아닙니다. 오히려, 과학적 발견의 사용을 규제하는 것은 정책 입안자들과 다른 이해 관계자들에게 달려 있습니다. 과학자들에게 다른 사람들의 행동에 대한 책임을 지우는 것은 불공평하고 혁신을 늦출 것입니다.

Sarah
과학적 진보가 중요하지만, 그것이 공공의 안전을 희생시켜서는 안 됩니다. 과학자들은 그들의 연구가 어떻게 사용될 수 있는지를 포함하여 그들 연구의 영향을 숙고할 책임이 있습니다. 그들은 자신들의 연구 결과가 오용되지 않도록 보장하는 조치를 취해야 하며, 그렇게 하지 않을 경우 책임을 져야 합니다.

어휘 misuse[mìsjúːz] 오용; 오용하다 mining[máiniŋ] 광산업 destructive[distrʌ́ktiv] 파괴적인 hold accountable 책임을 지우다 hinder[híndər] 저해하다 avenue[ǽvənjùː] 방법, 길 stakeholder[stéikhòuldər] 이해 관계자 regulate[régjulèit] 규제하다 at the expense of ~을 희생하여 implication[ìmplikéiʃən] 영향, 의미

아웃라인

- 나의 의견   과학자들이 책임을 져야 함   scientists must be held responsible
- 이유   그들이 더 윤리적인 방식으로 연구를 수행하도록 장려함
  encourage them to conduct work in more ethical manner
- 구체적 근거 1   책임은 과학자들이 주의하여 연구를 수행하는 동기가 될 것임
  일반적 진술   accountability will serve as incentive for scientists to carry out research with care
- 구체적 근거 2   예) 유전자 편집의 경우 책임감 있게 기술이 개발될 수 있도록 보장하는 조치가 필요할 것임
  예시   ex) gene-editing: measures to ensure that tech. is developed responsibly will be necessary

답안

I understand why Josh thinks that scientific progress depends on the freedom of scientists to explore new research avenues without concerns about the future actions of others. However, in my opinion, scientists must be held responsible for any adverse consequences that may result from their research. This is mainly because requiring scientists to take responsibility for their research will encourage them to conduct their work in a more ethical manner. Accountability will serve as a powerful incentive for scientists to carry out their research with greater care and consideration. For example, with the development of gene-editing technology, there are concerns about the potential unintended consequences of altering the human genome. If we leave that research solely at the discretion of scientists, we could end up repeating past mistakes, such as using dynamite for fighting wars. To avoid this, measures to ensure that the technology is developed responsibly will be necessary for the sake of future generations.

답안 해석
저는 왜 Josh가 과학적 진보는 다른 사람들의 미래 행동에 대한 걱정 없이 새로운 연구 방법을 탐구할 수 있는 과학자들의 자유에 달려 있다고 생각하는지 이해합니다. 하지만, 제 생각에는, 과학자들은 그들의 연구에서 발생할 수 있는 어떤 부정적인 결과에라도 책임을 져야 합니다. 이는 주로 과학자들에게 그들의 연구에 대한 책임을 지도록 요구하는 것이 그들이 더 윤리적인 방식으로 그들의 연구를 수행하도록 장려할 것이기 때문입니다. 책임은 과학자들이 더욱 주의하고 고려하여 연구를 수행하는 강력한 동기가 될 것입니다. 예를 들어, 유전자 편집 기술의 발달로, 인간 유전체를 변경하는 것의 의도하지 않은 잠재적 결과에 대한 우려가 있습니다. 만약 우리가 그 연구를 오로지 과학자들의 재량에 맡긴다면, 우리는 결국 다이너마이트를 전쟁에 사용한 것과 같은 과거의 실수를 반복하게 될 것입니다. 이것을 피하려면, 미래 세대를 위해서 책임감 있게 기술이

개발될 수 있도록 보장하는 조치가 필요할 것입니다.

어휘　depend on ~에 달려 있다　adverse[ædvə́:rs] 부정적인　ethical[éθikəl] 윤리적인　accountability[əkàuntəbíləti] 책임　incentive[inséntiv] 동기, 장려(책)　consideration[kənsìdəréiʃən] 고려, 숙고　unintended[ʌ̀ninténdid] 의도하지 않은　genome[dʒí:noum] 유전체, 게놈　discretion[diskréʃən] 재량

MEMO

MEMO

해커스인강 HackersIngang.com
본 교재 인강

고우해커스 goHackers.com
토플 보카 외우기 · 토플 스피킹/라이팅 첨삭 게시판 · 토플 공부전략 강의 · 토플 자료 및 유학 정보

고우해커스

토플 시험부터
학부·석박사, 교환학생,
중·고등 유학정보까지

고우해커스에 다 있다!

유학전문포털 235만개 정보 보유
고우해커스 내 유학 관련 컨탠츠 누적게시물 수 기준 (~2022.04.06.)

200여 개의 유학시험/생활 정보 게시판

17,200여 건의 해외 대학 합격 스펙 게시글
고우해커스 사이트 어드미션포스팅 게시판 게시글 수 기준 (~2022.10.14.)

goHackers.com

1위 해커스어학원
260만이 선택한 해커스 토플

단기간 고득점 잡는 해커스만의 체계화된 관리 시스템

01 토플 무료 배치고사
현재 실력과 목표 점수에 딱 맞는 학습을 위한 무료 반배치고사 진행!

02 토플 Trial Test
월 2회 실전처럼 모의테스트 가능한 TRIAL test 응시기회 제공!

03 1:1 개별 첨삭시스템
채점표를 기반으로 약점파악 및 피드백, 1:1 개인별 맞춤 첨삭 진행!

[260만] 해커스어학원 누적 수강생 수, 해커스인강 토플 강의 누적 수강신청건수 합산 기준(2003.01~2018.09.05. 환불자/중복신청 포함)
[1위] 한경비즈니스 2024 한국브랜드만족지수 교육(온·오프라인 어학원) 1위

해커스어학원 단기 졸업 시스템으로
빠르게 토플 졸업 go ▶